GOLDMANN TASCHENBÜCHER
PSYCHOLOGIE UND PÄDAGOGIK

Band 9506

Ruth Dirx · Kinder brauchen gute Eltern

Die Vorstellungen von der idealen Erziehungsmethode haben sich in unserer Zeit im Vergleich zum technischen Fortschritt nur wenig geändert. Um im Zuge der längst nötigen Neuorientierung auf diesem Gebiet nicht in extreme Ansichten zu verfallen, ist es nötig, einen Weg der Mitte zu finden, der allen modernen Erziehungsansprüchen gerecht wird.
Ruth Dirx bietet im vorliegenden Band ein derartiges Programm. Sie sieht die Erziehung der Kinder und Jugendlichen frei von Autorität und Zwang, ohne allerdings die Richtung der antiautoritären Erziehung zu vertreten. Mit zahlreichen Beispielen aus ihrer eigenen Erfahrung – sie leitete viele Jahre selbst einen Kindergarten – erklärt sie die einzelnen Probleme und gibt Hinweise für eine sinnvolle Beschäftigung mit dem Kind.
Unbedingter Gehorsam, Sauberkeit und Ordnung, Kindergarten- und Vorschulerziehung im Elternhaus z. B. werden ausführlich besprochen. Darüber hinaus kommen auch die Jugendlichen in Aufsätzen und Diskussionsbeiträgen, die auszugsweise im Buch wiedergegeben werden, zu Wort.

RUTH DIRX

Kinder brauchen gute Eltern

Mit 24 Bildern

Ein Buch für Mütter und Väter

WILHELM GOLDMANN VERLAG MÜNCHEN

7028 · Made in Germany. Genehmigte Taschenbuchausgabe. Die Originalausgabe erschien unter demselben Titel im Econ Verlag, Düsseldorf und Wien. Gesetzt aus der Linotype-Garamond-Antiqua. Druck: Presse-Druck, Augsburg. Verlagsnummer 9506. Le/Ko
ISBN 3-442-09506-9

Inhalt

Der Gehorsamszwang auf der Anklagebank

Die Folgen einer strengen Erziehung. Meine kleine Freundin Nora hat einen Hund geschenkt bekommen, ein sehr junges Tier. Wenn es durch die Wohnung rennt, muß man alle zerbrechlichen Gegenstände in Sicherheit bringen. Eines Tages riß Noras Vater die Geduld: »Das Tier muß zum Dresseur, der ihm beibringt, wie man sich anständig benimmt.« Aber der Fachmann riet ab: »Das Tier ist noch zu jung. Lassen Sie es noch eine Weile herumtollen. Wenn man den Hund zu früh das Gehorchen lehrt, wird er später unter Umständen bösartig.«

Vergleiche zwischen Tieren und Menschen hinken. Trotzdem macht einen die Sache nachdenklich. Wir wissen heute, daß die meisten Kinder, die von ihren Eltern »hart angefaßt« wurden, ihre Kinder ebenfalls später unnachsichtig zu strafen pflegen und daß Kinder, die unbarmherzig geschlagen wurden, häufiger zur Grausamkeit neigen als Kinder, die mit Liebe, Nachsicht und Geduld erzogen wurden.

Aus einer Kinderstube, in der mehr geweint als gelacht wird, in der mehr harte und böse als freundliche und fröhliche Worte zu hören sind, gehen junge Menschen hervor, die aufs Wort gehorchen und Disziplin gelernt haben. Aber der Erfolg dieser Erziehung wird teuer bezahlt.

Während das Kind sich unter den Zwang des Gehorsams beugt, verkümmert die Fähigkeit zu lieben. Mit Befehlsgehorsam und einem straffen Ordnungsprinzip kann man zwar eine Gesellschaft zusammenhalten. Aber die Liebe ist eine Kraft, die unsere Gesellschaft erst vermenschlicht. Ohne Liebe wird die Gesellschaft über kurz oder lang zu einer Bande.

Die wunderwirkende Tracht Prügel. »Sie können sagen, was Sie wollen«, erklärte mir ein energischer Vater, »eine Tracht Prügel wirkt ab und zu Wunder. Mein Sohn ist manchmal unausstehlich, dann komme ich gegen seinen Dickschädel einfach nicht anders an. Sobald ich ihm den Hintern verhaue, ist er folgsam wie ein Hündchen.«

Der Vergleich mit dem hündischen Gehorsam trifft die Sache ziemlich genau. Auch die Tatsache, daß der Geschlagene dem

Schläger meist durchaus nichts nachträgt, darf man als typisches Zeichen für diese Art des Gehorsams ansehen.
Unlängst stand ein Mann vor dem Richter, der wegen Tierquälerei angeklagt war. Er hatte seinen Hund häufig so grausam geschlagen, daß sich der Tierschutzverein einschaltete und Anklage erhob. Der Verteidiger des Hundehalters wollte seinen Mandanten entlasten und ließ den Hund in den Gerichtssaal führen. Sobald der Hund seinen Herrn sah, sprang er schwanzwedelnd auf ihn zu, drängte sich an ihn und leckte ihm die Hand.
»Da sehen Sie selbst«, so argumentierte er, »wie gern der Hund seinen Herrn hat, also kann er ihn nicht so schlecht behandelt haben, wie der Kläger es darstellt.«
Aber mit der Beweisführung kam er nicht durch. Der Kläger hatte vorsorglich einen Tierpsychologen zur Verhandlung gebeten; der konnte dem Gericht nachweisen, daß ein Hund, und wenn er noch so erbarmungslos geschlagen wird, demütig und anhänglich die Hand leckt, die ihn geschlagen hat.

Das kinderfeindlichste Land. Vor einigen Jahren lag der Engländer Peter Ward am Strand von St. Juan in der Sonne. Ab und zu ließ er seine Zeitung sinken und beobachtete das bunte Badeleben. In einer Rundfunksendung erzählt er darüber:
»Zwei Kinder, Robert und Michael, spielten zusammen am Strand. Plötzlich kamen sie auf die Idee, zum Trocknen aufgehängte Badeanzüge einzusammeln. Natürlich hatten die Besitzer etwas dagegen und beschwerten sich bei den jeweiligen Eltern. Robert, der kleine Franzose, mußte seinem Vater das Versprechen geben, auf diesen Spaß zu verzichten. Wenn er sein Versprechen halte, bekomme er zur Belohnung ein Bonbon. Der Vater von Michael, ein Herr aus Deutschland, schritt sofort zur Exekution. Der Junge kam übers Knie, und eine brutale Hand hinterließ Spuren auf dem kleinen Popo. Hier begegneten sich auf engstem Raum zwei ›Erziehungsweltanschauungen‹, und«, so resümiert der nüchterne Engländer, »beide führten zum gewünschten Erfolg.«
Peter Ward, von Beruf Sozialpädagoge, macht kein Hehl daraus, welcher von beiden Methoden er den Vorzug gibt. Als Gegner der Prügelstrafe bedrückt ihn die Tatsache, daß in Deutschland immer noch etwa 80 Prozent der Eltern für »eine gelegentliche Tracht Prügel« plädieren.

In Deutschland ein Kind zu sein, so meint er, sei schon ein hartes Los. Er hält die Deutschen für »das kinderfeindlichste Land, das ich kenne«, und fährt fort, »viele Deutsche taugen nicht zu Demokraten, weil man von Generation zu Generation den Mut zum Widerspruch aus den Schwächsten, nämlich den Kindern, herausprügelt. Man erzieht sie zu Treue, zur vielzitierten Nibelungentreue. Und so zieht sich die Legende vom subalternen deutschen Obrigkeitsgläubigen durch die jeweiligen Geschichtsbücher. Die Mehrzahl der Deutschen war kaisertreu, hitlertreu, adenauertreu.«

Ein schwieriger Fall. »Mein Kind ist die Treppe heruntergefallen«, sagte eine Mutter aus einem Vorort von Milwaukee, als sie ihr Kind im Krankenhaus ablieferte. Während die Schwester die Personalien aufschrieb, untersuchte der Arzt das Kind und stellte einen Schädelbruch fest. Dabei fiel ihm auf, daß dem Kind büschelweise die Haare herausgerissen worden waren. Als das Kind ausgezogen auf dem Operationstisch lag, sah man, daß der kleine Körper von blutigen Striemen bedeckt war.

Die Wunden heilen, das war die erste Aufgabe. Aber ebenso wichtig erschien dem Arzt eine Hilfsaktion, die sich mit der Mutter befaßte. Bei einem Gespräch mit der Frau stellte sich heraus, daß sie selbst als Kind erbarmungslos geschlagen worden war. »Es hat mir aber nicht geschadet«, betonte sie, und sie erklärte dem Psychiater, daß sie Prügel für ein durchaus richtiges, weil wirksames Erziehungsmittel halte. Was sie mit ihrem Kind angestellt hatte, bedauerte sie aufrichtig. »Aber«, so entschuldigte sie sich, »das Kind ist besonders schwierig, da sind mir einfach meine Nerven durchgegangen.«

Schweigepflicht bei Kindesmißhandlung? Grausamkeit gegenüber den schwachen Gliedern unserer Gesellschaft gibt es auf der ganzen Welt. Soll man sich mit dieser Tatsache abfinden? Albert Camus hat einmal gesagt: »Wir können vielleicht nicht verhindern, daß diese Schöpfung eine Welt ist, in der Kinder gemartert werden. Aber wir können die Zahl der gemarterten Kinder verringern.«

Allein in der Bundesrepublik sterben jährlich etwa 90 Kinder unter der brutalen Hand ihrer Eltern. Die schauerliche Phantasie dieser Eltern denkt sich Strafen aus, die denen der KZ-

Verbrecher in nichts nachstehen. 400 Fälle von Kindesmißhandlung gelangen jährlich vor den Richter. Aber die Erfahrung lehrt, daß längst nicht alle Fälle angezeigt werden.
In den USA gibt es erst seit einigen Jahren eine Meldepflicht von festgestellten oder vermuteten Mißhandlungen an Kindern. Erst nach und nach beginnt man diese Verbrechen zur Kenntnis zu nehmen, über die man bis dahin einfach hinwegsah. Die American Human Society zählte in einem Jahr 662 Fälle von schwerer Kindesmißhandlung, davon 178 mit tödlichem Ausgang, über die in der Presse berichtet worden war. Auch hier schätzt man die sogenannte Dunkelziffer viel höher, weil die meisten Fälle verschwiegen werden. Man nimmt an, daß etwa 10000 Kindern in Amerika jährlich von ihren Eltern durch grausame Mißhandlungen schwere Verletzungen zugefügt werden.
Heute ist in 44 von 50 amerikanischen Staaten die Meldung von Kindesmißhandlungen gesetzliche Pflicht, von der auch die Ärzte nicht entbunden sind. In Deutschland schieben viele Ärzte immer noch ihre Schweigepflicht vor, wenn es um Kindesmißhandlungen geht.
Ein vierjähriger Junge wurde achtmal in ein Berliner Krankenhaus mit schwersten Verletzungen eingewiesen, die offensichtlich auf Mißhandlung hinwiesen. Jedesmal schickte man das Kind wieder nach Hause. Beim neunten Mal starb das Kind an den Verletzungen, und erst jetzt wurde die Polizei verständigt.
Als dieser Fall auf einem Kongreß zur Sprache kam, setzte sich, durchaus noch nicht bei allen Ärzten, die Meinung durch, daß bei Kindesmißhandlungen die Schweigepflicht des Arztes nicht am Platze ist. Der Arzt, so wurde argumentiert, kann von der Schweigepflicht nur dann entbunden werden, wenn der Patient oder dessen gesetzlicher Vertreter es wünschen. Der Vater, der sein Kind halb totgeschlagen hat, müßte also dem Arzt die Erlaubnis geben, ihn, den Übeltäter, anzuzeigen.
Da das Kind sich sein Recht noch nicht nehmen kann, hinkt die Gesetzgebung – die das Recht des Kindes betrifft – stets um Jahrzehnte hinter dem allgemeinen öffentlichen Recht her.

Das Lexikon definiert die Prügelstrafe. Hier ein Beispiel: In Meyers Lexikon aus dem Jahre 1889 wird die Prügelstrafe definiert »als beschimpfende, das Ehrgefühl des Bestraften ver-

nichtende und als mit Rücksicht auf die Verschiedenartigkeit der Körper- und Gemütsbeschaffenheit des Bestraften völlig ungerechte Strafe, sie erwies sich schon 1848 als unvereinbar mit dem Rechtsbewußtsein des deutschen Volkes. Auch in der Armee und in der Marine ist die Prügelstrafe abgeschafft«.
Wohlgemerkt, hier ist die Prügel für erwachsene Menschen gemeint. Aber im gleichen Lexikon finden wir unter dem Stichwort »Züchtigung« die Erklärung: »Zufügung von Peitschen-, Stock- oder Rutenstreichen. Das Recht, jemanden zu züchtigen, steht vor allem Eltern gegen ihre Kinder zu ...«
Dieses Elternrecht hat sich bis heute kaum gewandelt. Das Duden-Lexikon des Jahres 1968 schreibt folgerichtig zum Stichwort »Züchtigungsrecht«: »Von der deutschen Rechtsprechung den Eltern eingeräumte Befugnis, in besonderen Fällen und in Maßen bei der Erziehung der Kinder Gewalt anzuwenden.«

Was heißt maßvolle Züchtigung? Wie sollen Eltern diese Aufforderung zu einer »maßvollen« körperlichen Züchtigung beziehungsweise »Gewaltanwendung« auslegen? Ein temperamentvoller Grobian mit harten Fäusten und kräftigen Armen wird darunter etwas anderes verstehen als eine sensible, zartgebaute Frau. Ein gutmütiger Mensch, der seine Kinder liebt, und ein zum Sadismus neigender Vater stehen der körperlichen Züchtigung mit sehr verschiedenen Voraussetzungen gegenüber.
Was ist das für eine Gesellschaft, die einem großen, starken Erwachsenen von durchschnittlich 60 bis 80 Kilogramm erlaubt, einem kleinen Kind gegenüber Gewalt anzuwenden!
Wenn bereits das Lexikon von 1889 zugibt, daß Schläge das Ehrgefühl des Bestraften vernichten, so setzt die Gesellschaft der zweiten Hälfte des 20. Jahrhunderts anscheinend voraus, daß Kinder kein Ehrgefühl haben.
Was den Eltern recht ist, ist den Lehrern billig, sagten sich unsere Gesetzgeber, als sie zu der Frage Stellung nehmen mußten, ob der Lehrer seine Schüler prügeln darf oder nicht.
Immerhin sind sie ihrer Sache nicht mehr so ganz sicher, das spürt man deutlich, wenn man die Bestimmungen über die Prügelstrafe in den Schulen etwas näher betrachtet. Sie sind überall verschieden.

Das Prügeln ist in der BRD Ländersache. In *Bremen* ist die Prügelstrafe in den Schulen zwar nicht verboten, aber der Erlaß darüber läßt erkennen, daß man von der Prügel nicht viel hält.
In *Hamburg* darf »maßvoll und unter Berücksichtigung des körperlichen Zustandes des Schülers« geprügelt werden.
In *Berlin* darf der Lehrer nur dann schlagen, wenn er sich von einem Schüler körperlich bedroht fühlt.
In *Baden-Württemberg* darf nur bei »besonders verwerflichen Taten« geschlagen werden.
In *Bayern* ist das Prügeln erlaubt. Ausgenommen sind Jungen und Mädchen der drei ersten Schuljahre.
In *Hessen* ist die Prügelstrafe verboten.
In *Niedersachsen* ist Prügeln nur in Sonderfällen erlaubt.
In *Nordrhein-Westfalen* sollen Kinder grundsätzlich nicht geschlagen werden. »Es sind jedoch Fälle denkbar, bei denen die Züchtigung notwendig ist«, heißt es in einer Empfehlung.
In *Rheinland-Pfalz* darf an Volksschulen geprügelt werden, an Mittelschulen und höheren Schulen ist das Schlagen verboten
Im *Saarland* ist die Prügelstrafe erlaubt.
In *Schleswig-Holstein* wird der Lehrer angehalten, nicht in der Erregung zu schlagen, aber er darf die Schläge auch nicht für den nächsten Tag ankündigen. Die Exekution darf nicht im Beisein anderer erfolgen, die Mitschüler sollen jedoch davon erfahren.
Angesichts solcher Bestimmungen kann man nur hoffen, daß die Schulreform auch auf diesem Gebiet einen Wandel herbeiführt. Unser Grundgesetz beginnt mit dem Satz:
»Die Würde des Menschen ist unantastbar, sie zu achten und zu schützen ist die Verpflichtung aller staatlichen Gewalt.«
Wenn man diesen Satz mit den Bestimmungen über die körperliche Züchtigung unserer Kinder vergleicht, muß man die Schlußfolgerung ziehen: entweder wir betrachten das Kind nicht als Menschen, oder mit unserer Einstellung zum Kind stimmt etwas nicht.
Diese Unstimmigkeit ist nichts Unnatürliches, wenn wir uns den geschichtlichen Wandel vor Augen führen, der in den letzten 50 Jahren stattgefunden hat. Daß sich die Umwandlung vom Obrigkeitsstaat zur Demokratie – im Jahre 1918 feierlich erklärt – nicht von heute auf morgen verwirklichen läßt, haben

wir alle miterlebt. Gerade die Jungen und die Jüngsten unserer Generation bekamen es zu spüren, daß man um die Demokratisierung auf dem Gebiet der Erziehung bis heute noch ringt.

Eine historische Erfahrung lehrt uns, daß sich die Strukturen der Familie und der Erziehung immer etwas langsamer wandeln als die politischen Verhältnisse. Wenn die Sache nicht so ernst wäre, könnte man darüber lachen, daß wir uns auf dem Gebiet der Erziehung noch in den Klamotten aus der Zeit unserer Urgroßväter bewegen.

Am Gängelband des Gehorsamszwangs. Wer heute in den Erziehungsbüchern des 19. Jahrhunderts blättert, der stößt immer wieder auf das Wort Gehorsam. Wenn man liest, welche Bedeutung man damals dem »gehorchen lernen« beimaß, so gewinnt man den Eindruck, daß die damalige Gesellschaft nur durch den Gehorsam zusammengehalten wurde.

Man sollte meinen, daß Menschen, die die Schrecken der Hitlerzeit miterlebt haben, dem Gehorsam größtes Mißtrauen entgegenbrächten, denn gerade die Unterwerfung unter den Zwang hat die meisten Grausamkeiten erst ermöglicht. Um so mehr überrascht es einen, daß auch heute immer noch von vielen Eltern der Gehorsam als eine der wichtigsten Tugenden angesehen wird.

Ein heute 50jähriger schreibt mir in einem Leserbrief: »Meine Eltern waren sehr streng. Mein Vater hat mich oft herzhaft verdroschen. Mein Vater erzählt mir, daß sein Vater ihn sogar oft blutig geschlagen hat. Wir sind durch diese strenge Erziehung alle ordentliche und anständige Menschen geworden. Darum haue ich meine Kinder auch, wenn's sein muß, gehörig durch. Wenn Sie zu Hause vier Kinder hätten und wollten ohne Schlagen auskommen, dann wären Sie bald in einem Irrenhaus.«

Um diesen Mann zu verstehen, muß man wissen, daß sich ein unter strengem Gehorsam erzogener Mensch eine Erziehung ohne Zwang einfach nicht vorstellen kann. Ja, für solche Menschen ist es überhaupt schwer, sich zu selbständigem Denken und Handeln emporzuarbeiten. Sie lehnen sich gern an stärkere Autoritäten an, die ihnen die Entscheidung, in der sie so geringe Übung besitzen, abnehmen. Diese Anlehnung ersetzt ihnen die Sicherheit, die ihnen fehlt, weil ihr Gewissen nicht auf eigenen Füßen zu stehen gelernt hat. So ist es ihnen fast unmöglich, sich vorzustellen, wie ihre heranwachsenden Kinder ohne den festen Halt, den ihnen die Anlehnung an eine starke Autorität vermittelt, in der Welt bestehen können. Darum verfallen sie so leicht wieder in denselben Fehler, den ihre Eltern gemacht haben, und führen auch ihre eigenen Kinder wieder am Gängelband des Gehorsamszwangs.

Eltern ohne Konzept. »Unartige« Kinder hat es zu allen Zeiten, bei allen Völkern gegeben, aber wie der Erwachsene ihnen begegnen soll, darüber gibt es verschiedene Ansichten. Das gesunde Kind hat noch eine ungebrochene Spielfreude, einen elementaren Wissensdrang. Es möchte alles anfassen, um es zu »begreifen«, und dabei gerät es oft mit den Ordnungsvorstellungen der Erwachsenen in Konflikt. Seine Lebensäußerungen sind lebhafter, geräuschvoller, als es den ruhebedürftigen älteren Menschen manchmal lieb ist.

Besonders aufregend geht es bei der Willensbildung des heranwachsenden Kindes zu. Auf einer bestimmten Entwicklungsstufe will es immer grundsätzlich anderes als der Erwachsene. Nicht um den Erwachsenen zu ärgern, wie dieser törichterweise oft annimmt, sondern aus dem natürlichen, man könnte fast sagen dialektischen Bedürfnis heraus, beide Möglichkeiten zu prüfen, auch den entgegengesetzten Weg auszuprobieren. Bei diesem Bemühen gerät das Kind jedoch häufig mit dem Erwachsenen aneinander, der es so gern in eine Schablone pressen, auf einen genau vorgezeichneten Weg führen möchte. Kinder und Heranwachsende, die sich diesem Bestreben ihrer Erzieher widersetzen, gelten seit eh und je als unartig, als ungezogen.

Seit einiger Zeit sind diese Vorstellungen aber etwas ins Wanken geraten. Es gibt zwar immer noch Eltern, die ihre Kinder so streng erziehen, daß sie aufs Wort gehorchen, aber sie sind nicht mehr, wie früher, in der Überzahl. Die meisten Eltern lassen ihren Kindern heute etwas mehr Freiheit, etwas mehr Spielraum. Manche tun es bewußt, damit der wachsende Wille sich entfalten kann, damit die Kinder selbständiger werden, um in die später von ihnen geforderte Entscheidungsfreiheit hineinzuwachsen.

Viele, ich möchte behaupten, die meisten Eltern, geben ihren Kindern aber leider nicht aus begründeter Einsicht mehr Freiheit, sondern lassen aus reiner Bequemlichkeit die Zügel schleifen. Und gerade diese bequemen Eltern sind es oft, die heute wieder nach einer strengeren Erziehung rufen. Sie haben sich um die Erziehung ihrer Kinder so gut wie gar nicht gekümmert, haben »alles laufenlassen«, wie man so sagt.

Das ging eine Weile gut. Solange die Kinder klein waren, waren auch die Wünsche klein. Und sie erfüllten den Kindern jeden Wunsch, ganz einfach, um Ruhe zu haben. Dann wurden die Kinder größer, und mit ihnen wuchsen die Bedürfnisse. Diese Kinder, nie daran gewöhnt, Rücksicht zu üben, eckten jetzt überall an, nicht nur bei ihren Eltern.

Nun wachen die Eltern auf und sind empört, daß die Kinder immer anders wollen als sie selbst, daß sie mehr wollen, als sie ihnen geben können. Diese Kinder wissen nur, wie man Wünsche erfüllt bekommt. Sie haben nie gelernt, ihre Wünsche mit den Wünschen ihrer Mitmenschen in Einklang zu bringen. Die ratlosen Eltern setzen jetzt ihre ganze Hoffnung auf die Schule. Der Lehrer wird vielleicht alles noch nachholen, was sie versäumt haben. »Fassen Sie mein Kind nur ja ganz streng an!« So ermuntern sie ihn.

Und wenn das alles nichts genützt hat, drohen sie dem heranwachsenden Sohn mit dem Militär: »Dort werden sie dir die Hammelbeine schon lang ziehen!« Wenn sie es noch einmal zu tun hätten, so würden sie ihre Kinder von vornherein strenger anfassen, hört man sie sagen.

In der Tat kann man heute wieder eine Neigung zu einem härteren Gehorsamszwang beobachten. Sie taucht überall dort auf, wo die Erziehung offensichtlich versagt hat. Ohne einen gewissen Zwang geht es einfach nicht, sagen sich die Erwachsenen, wie soll das Kind sonst lernen, sich in die Gemeinschaft einzufügen.

Natürlich soll das Kind sich einordnen, darum gewöhnen wir es daran, Rücksicht zu nehmen und Hilfsbereitschaft zu üben. Aber diese schönen Tugenden lernt man nicht durch Zwang. Hilfsbereitschaft und Rücksichtnahme eignet sich das Kind durch Nachahmung an.

Wenn Eltern und Erzieher ihm darin mit gutem Beispiel vorangehen, eignet es sich allmählich diese Dinge an. Das geht allerdings nicht von heute auf morgen. Nicht von ungefähr braucht der Mensch, um erwachsen zu werden, 18 bis 20 Jahre, während das Tier diesen Prozeß in knapp ein bis zwei Jahren

hinter sich bringt. Das bedeutet, daß Eltern und Erzieher dem heranwachsenden Menschenkind 18 bis 20 Jahre lang ein gutes Beispiel geben müssen.
Diese Erziehung durch gutes Beispiel erfordert Geduld und Liebe. Die ungeduldigen Erzieher möchten schneller zum Ziel kommen, und das gelingt ihnen sogar durch strenge Befehle, Strafen und Drohungen. Diese Erziehung ist eine Art von Dressur. Ähnlich wie dem Tanzbär, den man zum Klang einer Trommel auf heiße Eisenplatten jagte und ihm dadurch das Tanzen beibrachte, kann man jedem Kind durch Strafen und Drohungen bestimmte Verhaltensweisen einimpfen.

Die Kindererziehung und das Strafgesetz. Jahrhundertelang hat man ja nicht nur Kinder, sondern das ganze Volk durch grausame Strafen zum Gehorsam gezwungen. Die alte Dorfordnung, die noch bis zu Beginn des 19. Jahrhunderts gültig war, umfaßte ein 35 Seiten langes Register mit Androhung von körperlichen Strafen, wie Halseisen, Peitschenhiebe, Spießrutenlaufen und dergleichen. Solche Strafen drohten kleinen Dieben, unehelichen Müttern so gut wie Leuten, die sich gegen die Obrigkeit auflehnten. Dabei waren um 1800 bereits die Folterstrafen abgeschafft, 50 Jahre vorher hatte der Delinquent noch mit Schlimmerem zu rechnen: Ohren- und Zungenabschneiden, Augenausstechen, Naseabschneiden, Zwicken mit glühenden Zangen, Abhacken der Finger oder Hände, Fell über die Ohren ziehen und Rädern waren an der Tagesordnung.
Diese jahrhundertelange Praxis einer Erziehung durch grausame Strafen hat in den Menschen eine tiefsitzende Angst und Unsicherheit erzeugt. Auch nach Abschaffung der grausamsten Strafen wurden sie das Gefühl nicht los, daß es ohne Strafen eigentlich nicht ginge.
Seit 200 Jahren sind unsere Strafgesetze und die Kindererziehung Schritt für Schritt menschenfreundlicher geworden. Aber nach jeder Humanisierungswelle hören wir warnende Stimmen, die ihre Zeitgenossen beschwören: »Ihr seid zu weich, ihr müßt die Jugend härter anfassen. Seht ihr nicht, was ihr mit eurer Nachsicht erreicht, die Jugend hat ja vor nichts mehr Respekt! Früher herrschte doch noch mehr Ordnung, weil die Angst vor Strafe die Menschen in Schach hielt!«
Viele Menschen glauben, daß früher mehr Ordnung geherrscht

habe, aber diese Ansicht ist falsch. Die öffentliche Sicherheit ist heute viel größer als etwa zu Beginn des 19. Jahrhunderts, wo sich jeder Reisende noch von Räubern bedroht fühlen mußte. Die hübschen alten Mauern und Tore unserer mittelalterlichen Städte waren alles andere als eine schöne Zier, sondern ein notwendiger Schutz gegen Räuber und Krieger, die man damals nie ganz genau voneinander unterscheiden konnte. Nach Jakob Burckhardt wimmelte es damals in der Welt von freiwilligen und unfreiwilligen Mördern. Und diese Unsicherheit wird größer, je härter die Strafen werden.

Ohne gehorsame Kinder keine gehorsamen Untertanen. Der Höhepunkt der Grausamkeit in der Erziehung wie in der Strafjustiz fällt zusammen mit der Machtausbreitung des Feudalismus. Der harte Gehorsamszwang ist eine typische Erscheinung dieser Epoche. Nur durch Androhung von harten Strafen konnte man die Leibeigenen zu immer größeren Arbeitsleistungen und die Bauern zu Abgaben zwingen. Unter diesem Druck entwickelte sich auch in der Erziehung allmählich ein immer stärkerer Gehorsamszwang.

Da die Erwachsenen mit brutalen Maßnahmen zu rechnen hatten, wenn sie dem Befehl der Obrigkeit nicht nachkamen, wurde auch den Kindern schon eingeschärft, sich zu fügen und unterzuordnen. Ein altes Hausbuch jener Zeit rät:

»Wenn deine Kinder geschleckt haben, so sollst du Birkenquasten machen und mit demselbigen das wehren, daß sie hinten und vorne blitzen und aufspringen.« Und Hans Sachs meint sogar: »Wer seinem Kind der Ruten spart, der haßt seinen Sohn nach Feindes Art.«

Die Entdeckung, daß man durch Prügel das Wohlverhalten des Kinder schneller erzwingen kann als durch ein gutes Vorbild, hatte verheerende Wirkungen. Der Erzieher war nun völlig der Mühe enthoben, den Kindern ein ständiges gutes Beispiel vorzuleben. Mit der Rute konnte er sie, wie mit einem Zauberstab, innerhalb weniger Minuten fügsam machen.

Natürlich hat es auch damals gute Eltern gegeben, die den Kindern das, was sie ihnen abverlangten, auch vorlebten. Aber das autoritäre Erziehungssystem brach nicht zusammen, wenn sie es unterließen. Darum ist in den Hausbüchern des 16. bis 18. Jahrhunderts kaum einmal vom guten Beispiel des Erziehers die Rede, seine Pflichten beschränken sich fast aus-

schließlich auf die Züchtigung. Der Begriff Kinderaufzucht wird stets mit Züchtigung gleichgesetzt.
Trotz dieser strengen Erziehung nehmen die Klagen über die Unbotmäßigkeit der Jugend in jener Zeit kein Ende. Kein Wunder, daß die durch unnachsichtigen Gehorsamszwang zurückgedrängte Aktivität von Zeit zu Zeit gleichsam explodierte. Die übelsten Kinderstreiche, die uns bekannt sind, stammen aus der Zeit des härtesten Zwanges.

Das Licht der Aufklärung dringt in die Kinderstuben. Einzelne verständige Pädagogen warnten zwar damals schon vor den Folgen dieser Prügelpädagogik, aber sie wurden kaum vernommen. Der Obrigkeitsstaat brauchte gehorsame Untertanen, darum hat sich in Deutschland, länger als in anderen Ländern, der Gehorsamszwang so großer Beliebtheit erfreut.
Während man sich in England und Frankreich, in Schweden und Amerika schon bemühte, die Kinder zu selbständigem Denken und Handeln zu erziehen, huldigte man in Deutschland noch lange einer Erziehung zur sklavischen Unterordnung.

Die Nationalerziehung des 19. Jahrhunderts und der militarische Drill. Im Deutschland des 18. und 19. Jahrhunderts hatte, parallellaufend zu einem übersteigerten Nationalismus, eine fanatische Begeisterung für alles Militärische um sich gegriffen. Der militante Geist jener Zeit machte auch vor der Kinderstube nicht halt.
Vor dem Schloß des Soldatenkönigs Friedrich Wilhelm I. marschierte jeden Morgen eine Kompanie von Knaben in Soldatenröcken auf. Sie wurde im Exerzieren gedrillt, und die Korporale liefen an den Reihen entlang, schrien sie an und schlugen mit der Fuchtel auf die Rücken der kleinen Knirpse ein, bis sie so exakt wie eine Maschine funktionierten. Einer dieser Knaben war der Kronprinz, der spätere Friedrich der Große. Er litt unsäglich unter dem strengen Drill. Aber der Vater, der den inneren Widerstand des Sohnes spürte, versuchte sich mit Gewalt durchzusetzen.
Im Jahre 1729 schrieb der inzwischen 16jährige Friedrich an seine Mutter:
»Ich bin in der äußersten Verzweiflung. Der König hat gänzlich vergessen, daß ich sein Sohn bin. Heute früh kam ich wie gewöhnlich in mein Zimmer, sowie er mich sah, erwischte er

mich beim Kragen und schlug mich auf das grausamste mit seinem Stock. Vergebens suchte ich mich zu decken, seine Wut war so fürchterlich, daß er seiner nicht mächtig war, und nur seine Ermüdung bewirkte, daß er mich ließ. Ich bin zum Äußersten getrieben, ich habe zuviel Ehre in mir, um solch eine Behandlung zu ertragen, und ich bin entschlossen, auf eine oder andere Weise ein Ende zu machen.« Ein Jahr später versucht er tatsächlich auszubrechen. Aber die Flucht mißlingt. Friedrich wird ins Gefängnis geworfen und muß zusehen, wie man seinen Freund, der mit ihm fliehen wollte, hinrichtet. Als man den Freund zu Richtstätte führt, fällt Friedrich in Ohnmacht. Er sieht nicht mehr, wie das Urteil vollzogen wird, aber er träumt jahrelang davon.

Nach dieser Bestrafung lehnt Friedrich sich nicht mehr auf. Er fügt sich in die Entscheidungen des Vaters. Aber was für ein Mensch ist aus ihm geworden. Friedrich war mit den besten Anlagen geboren, mit einem lebendigen Streben nach Freiheit und einem tiefen Verständnis für die Kunst und die Wissenschaften. Diese Neigungen hat er sein Leben lang nicht verleugnet, aber er war kein glücklicher Mensch. Die unbarmherzige Erziehung hatte sein Verhältnis zum Mitmenschen gründlich vergiftet und seine Seele in zwei sich widersprechende Elemente gespalten.

Auf der einen Seite sympathisierte er mit der Philosophie der französischen Aufklärung, die sich für Freiheit und Menschenwürde einsetzte. Das hinderte ihn aber nicht, die Menschen aufs tiefste zu verachten. Von den Frauen sagte er einmal: »Ich liebe das weibliche Geschlecht, aber ich liebe es wie ein Schmetterling. Ich will nur den Genuß, nachher verachte ich es.«

Geliebt hat Friedrich eigentlich nur seine Hunde, die Menschen nannte er oft allesamt eine »verfluchte Rasse«. Unter diesem Zwiespalt hat er selbst vermutlich am meisten gelitten. Niemand hat berichtet, daß er ihn je hätte lachen sehen. Unfähig, die Menschen zu lieben, setzte er sich doch für eine Beseitigung der ärgsten Auswüchse der Gewaltherrschaft ein. Unter seiner Regierung wurde in Preußen 1754 die Folter abgeschafft, und den Erziehern der Ritterakademie verbot er das Schlagen der Zöglinge. In der Begründung heißt es:

»Die Zöglinge sind Leute von Stand, denen man Seelenadel einflößen muß. Man muß ihnen Strafen auferlegen, die ihren Ehrgeiz anstacheln, nicht aber solche, die sie erniedrigen.« Diese

Humanisierung bezog sich jedoch nur auf »Leute von Stand«. Wenn ein gemeiner Mann nicht parierte, griff Friedrich oft und gern zu seinem berühmt gewordenen Krückstock. Ganz allgemein blieben damals alle fortschrittlichen Erziehungsgedanken nur auf die gehobenen Stände beschränkt. Und auch hier galten die Pädagogen, die sich gegen den strengen Gehorsamszwang wandten, eigentlich immer als Außenseiter. Von der Regierung wurden sie sogar als gefährliche Umstürzler angesehen.

Daß sich gerade in Preußen der Gehorsamszwang zu solcher Vollkommenheit entwickelte, kam nicht von ungefähr. Man kann dieses Land geradezu als ein Modell betrachten, an dem sich ablesen läßt, wie der Gehorsamszwang entsteht.

Sein Stammland, die Mark Brandenburg, war in seinen Anfängen eine Militärkolonie. Von hier aus entwickelte sich Preußen durch ständige Eroberungen zu einem Militärstaat. Unter dem Mantel einer Missionierung der »barbarischen« Slawen verbargen sich handfeste Interessen der Fürsten, der Ritter und Kaufleute, die hier neue Rohstoffgebiete und Absatzmärkte sahen.

Diese Besitzergreifung war nur möglich durch eine starke Militärmacht. Das Heer verkörperte diesen Staat, von dem Mirabeau einmal sagte, daß der Krieg »die nationale Industrie Preußens« sei. Diese Industrie stützte sich auf zuverlässige Soldaten.

Mit der Einführung der allgemeinen Schulpflicht bemächtigte sich der Staat dieser Einrichtung sogleich als einer Erziehungsstätte, aus der die künftigen Soldaten hervorgehen sollten. »Gehorsam ist die Seele aller Schulen«, heißt es in einem Gesetz über das Schulwesen.

Hand in Hand mit der Erziehung zum Gehorsam ging die Verherrlichung des Krieges. Vor allem der Geschichtsunterricht mußte dazu herhalten, um den »kriegerischen Geist« zu wekken. »Man räume der vaterländischen Geschichte«, schreibt Rambach, »das Feld ein, welches ihr gebührt und welches gleichgültige Dinge unter dem Vorwand der Religiosität usurpierten. Ob der Sohn unseres Vaterlandes etwas von David und Salomo weiß, ist sehr gleichgültig, aber den großen Kurfürsten, den großen König soll er kennen, vom Sinai und Moria braucht er nichts zu wissen, aber vom Weißen Berge bei Prag, von den Schlachten bei Leuthen, Roßbach, Kunersdorf und Lautern muß er auf das genaueste unterrichtet sein . . .«

Trotz aller Versuche, den Kindern militärischen Geist einzuimpfen, wurde die Schule immer wieder ein Stein des Anstoßes für den Militarismus. Die Ideen der Aufklärung, die durch die Französische Revolution ausgelöste Unruhe machten auch vor den Schultüren nicht halt. Wo sollte man mit Bildung und Aufklärung anfangen, wenn nicht in der Schule.

Daß diese Bildung aber eines Tages zu einer Gefahr werden könne, daß der gehorsame Untertan im Licht der Aufklärung seine eigene Situation, seine Unterdrückung und Ausbeutung erkennen würde, das befürchteten die Vertreter des Obrigkeitsstaates sicher nicht zu Unrecht.

In vielen Verordnungen und Gesetzen des ausgehenden 18. und des ganzen 19. Jahrhunderts wird immer wieder darauf hingewiesen, daß die Kinder in der Schule um alles in der Welt nicht zuviel lernen dürfen. »In den Schulen des Nahrungsstandes soll also nur gelehrt und geübt werden, was diesem Stande zu wissen nötig ist, um ihn für die Lage und Geschäfte seines Standes geschickt, bereitwillig und zufrieden zu machen – damit er nicht verdrossen und aufsässig, sondern tätig froh und gehorsam werde, die Einrichtungen des Landesherrn und seiner Oberen achte und befolge.« In den Schulreformen des Staatsministers v. Massow heißt es: »Den rechtlichen und politischen Katechismus sowie die Zeitungen verbanne ich ganz aus den gemeinen Schulen. – Es würden sich besonders bei jetzigen Zeiten des Freiheitsschwindels bald böse Ratgeber finden. Ist einmal das Leben selbst unter Autorität des Staates dem gemeinen Mann erleichtert, so kann jener nicht mehr die Freiheit, was gelesen werden soll, einschränken. Wenn erst der gemeine Mann liest, was er will, so ist Ruhe und Ordnung des Staates untergraben.«

Durch das ganze 19. und beginnende 20. Jahrhundert zieht sich der Streit zwischen zwei Richtungen in der Erziehung. Die einen wollen die Jugend bilden, um ihren Gesichtskreis zu erweitern, die anderen sehen ihre Hauptaufgabe in einer Erziehung zum Gehorsam, weil sie die Ordnung des Staates – des Obrigkeitsstaates – gefährdet sehen, wenn die Jugend das Gehorchen nicht mehr lernt.

Zu Beginn unseres Jahrhunderts, in den kurzen Jahren der Weimarer Republik, gab es in Deutschland zum erstenmal eine Regierung, die eine Erziehung zum freien, selbständigen Menschen förderte. Knappe 14 Jahre konnte sich die junge Demokratie behaupten. In so kurzer Zeit kann man schwerlich ein Volk, das jahrhundertelang unter straffem Gehorsamszwang gelebt hat, von der Notwendigkeit selbständigen Denkens und Handelns überzeugen.

Der Nationalsozialismus des 20. Jahrhunderts und die Folgen des blinden Gehorsams. Die Führer, die sich das deutsche Volk dann in den dreißiger Jahren wählte, hatten ein tiefes Mißtrauen gegen alle demokratischen Formen des Zusammenlebens. Sie ordneten die Gesellschaft nach militärischen Gesichtspunkten und griffen dabei auf die bekannten, primitiven Formen des Befehlens und Gehorchens zurück. Der Herrenmensch auf der einen Seite und der perfekt Ausführende auf der anderen waren die Schlüsselfiguren dieses Systems.

Einer der Anführer dieser »Herrenmenschen«, Robert Ley, sagte: »Die neuen Führer müssen herrschen wollen.« Diesem Ziel, so führte er weiter aus, sollten alle Erziehungsmaßnahmen dienen, unter anderem z. B. auch der Reitunterricht. Die zukünftigen Führer sollten »reiten lernen, um zu lernen, ein lebendes Wesen absolut zu beherrschen«.

Absolut beherrschen, das bedeutete auf der anderen Seite absolute Unterwerfung. Der Gehorsam war die Zauberformel, die das ganze System zusammenhielt. Der Gehorsam – Gefolgstreue nannten sie es – wurde mit allen erdenklichen Mitteln belohnt. Dem Ungehorsamen – im Sprachgebrauch der Nazis dem Verräter – drohte die Vernichtung. Diese Angst im Nacken machte die großen und kleinen »Herrenmenschen« dieses Systems zu allen erdenklichen Taten und Untaten fähig.

Als die Untaten der Nazis nach dem Krieg allgemein bekannt wurden, hat man viel daran herumgerätselt, wie es zu solch unmenschlichen Handlungen kommen konnte. Man war geneigt, die Männer, die Millionen Menschen in den Tod getrieben hatten, als abnorm veranlagte Ungeheuer anzusehen.

Aber dann stellte man mit einer gewissen Verwunderung fest, daß diese vermeintlichen Verbrecher, nachdem sie aus der Befehlsgewalt des Führers entlassen waren, keinem Menschen mehr ein Haar gekrümmt hatten. Von Adolf Eichmann versicherte der Psychiater, er sei völlig normal, »seine Einstellung zu Frau und Kindern, Mutter und Vater, zu Geschwistern und Freunden sei nicht normal, sondern vorbildlich«.

Von Kindesbeinen an zu striktem Gehorsam erzogen, war

Eichmann immer nur sklavisch bemüht, Befehle auszuführen. In der Gerichtsverhandlung in Israel berief er sich darauf, daß er »nicht niederen Motiven gefolgt sei, daß ihm nur eins ein schlechtes Gewissen bereitet hätte, wenn er den Befehlen *nicht* nachgekommen wäre und Millionen von Männern, Frauen und Kindern *nicht* mit unermüdlichem Fleiß und peinlicher Sorgfalt in den Tod transportiert hätte«. Er äußerte einmal, daß er – wenn man es ihm befohlen – seinen eigenen Vater umgebracht hätte.

Um einen Einblick in das Seelenleben dieser Massenmörder zu gewinnen, hat man einige von ihnen aufgefordert, ihre Lebensgeschichte niederzuschreiben. Vom Kommandanten des Vernichtungslagers Auschwitz besitzen wir auf diese Weise eine ausführliche Beschreibung seines Werdegangs. Über seine Kindheit schreibt er:

»Ich wurde von meinem Vater nach strengen militärischen Grundsätzen erzogen. Ganz besonders wurde immer darauf hingewiesen, daß ich Wünsche und Anordnungen der Eltern, Lehrer, Pfarrer usw., ja, aller Erwachsenen unverzüglich durchzuführen bzw. zu befolgen hätte und mich durch nichts davon abhalten lassen dürfe. Was diese sagten, sei immer richtig. Diese Erziehungsgrundsätze sind mir in Fleisch und Blut übergegangen.«

Höß machte seinem Vater durchaus keinen Vorwurf daraus, im Gegenteil, er scheint sogar sehr stolz auf diese strenge Erziehung zu sein. Diese Einstellung ist typisch für den streng erzogenen Menschen. Da man ihm alle Gewissensentscheidungen immer abgenommen hat, fühlt er sich geborgen, sobald er Befehle ausführen kann. Er kennt keine Gewissensbisse wie der freie, selbständige Mensch, das gibt ihm eine, freilich etwas makabre, Form von Sicherheit.

In einer seiner Reden rief Robert Ley einmal triumphierend aus: »Warum liebt der deutsche Mensch Adolf Hitler? Weil er sich bei Adolf Hitler geborgen weiß, das Gefühl der Geborgenheit, das ist es!«

In der Tat fühlte sich so mancher brave, zu striktem Gehorsam erzogene Deutsche bei diesem »Führer« geborgen, der ihm mit starker Hand so manche Gewissensentscheidung abnahm. In der Einführung der Selbstbiographie des Auschwitz-Kommandanten Höß schreibt der Herausgeber Martin Broszat: »Höß' Autobiographie verdeutlicht, daß es nicht irgendein verkommener Auswurf der Menschheit war, der die Technik des Massenmords erfand und durchführte, sondern das Werk ehrgeiziger, pflichtbesessener, autoritätsgläubiger, prüder Philister, die, im Kadavergehorsam erzogen, kritik- und phantasielos mit bestem Gewissen und Glauben sich einredeten oder sich einreden ließen, die ›Liquidierung‹ Hunderttausender von Menschen sei ein Dienst für Volk und Vaterland.«

Als Höß in Polen und Eichmann in Jerusalem vor dem Richter standen, da beriefen sie sich immer wieder auf den Gehorsam. Sie hätten doch nicht anders gekonnt, als den Befehlen ihres Vorgesetzten zu gehorchen.

Der Deutsche war immer geneigt, im Gehorsam vor allem den blinden Gehorsam zu sehen. Diese Einstellung führt auch heute noch oft zu Mißverständnissen. Vor einiger Zeit berichtete eine deutsche Zeitung über die Ausbildung deutscher Piloten in Amerika. Die amerikanischen Fluglehrer waren vom Können ihrer Schüler beeindruckt, sie beobachteten jedoch grundlegende charakterliche Unterschiede im Vergleich mit den Amerikanern. Einer der Ausbilder sagte: »Ich könnte drei der Jungens hinter mir herfliegen und direkt gegen den Berg brummen lassen, sie würden mir folgen; amerikanische Piloten dagegen würden protestieren: Der ist nicht bei Trost! Sie würden abdrehen und wegfliegen.«

Es wird vermutlich noch eine Weile dauern, bis in Deutschland alle Eltern und Erzieher eingesehen haben, daß man mit Gehorsamszwang großes Unheil anrichten kann. Anstelle des Gehorsams sollten wir uns bemühen, die Bereitwilligkeit zu wekken, die Einsicht zu fördern. Dabei kann man allerdings keinen Zwang, keinen Drill anwenden. Bei einer Erziehung zur Bereitwilligkeit darf das Gewissen nicht zum Schweigen gebracht werden, sondern es muß Rede und Antwort stehen. Die Grundlagen zu einer solchen Erziehung werden in frühester Jugend gelegt. Hier entscheidet es sich, ob das Gewissen des Kindes selbständig zu arbeiten beginnt oder ob es sich unter dem Zwang eines strengen Erziehers duckt und verkümmert.

Die Vertreter einer autoritären, strengen Erziehung haben immer zuviel Wert auf das Wohlverhalten des Kindes und zuwenig Wert auf das Wohlverhalten des Erziehers gelegt. Die Eltern, die in erster Linie sich selbst erziehen, die sich um alle Tugenden, die sie an ihren Kindern sehen möchten, in erster Linie selbst bemühen, kennen kaum Erziehungsschwierigkeiten.

Ein Vater, der seinen Kindern selbst ein gutes Beispiel gibt, braucht nicht auf seine Autorität zu pochen, er *besitzt* die Achtung und die Liebe seiner Kinder. Er braucht seine Kinder nicht zum Gehorsam zu zwingen, weil sie ihm bereitwillig auf dem von ihm angedeuteten Weg folgen. Mit Zwang und Strenge erzielt man kurzfristige Augenblickserfolge. Liebe, Nachsicht und ein gutes Beispiel wirken etwas langsamer, aber weit nachhaltiger, und sie schaffen ein menschenfreundlicheres Klima, das alle Beteiligten zufriedener und glücklicher macht.

Erziehung ohne Zwang – was kommt dabei heraus?

Eine Erziehung ohne Gehorsamszwang ist für die meisten von uns nur schwer vorstellbar, da man sie, soweit unsere Blicke reichen, kaum einmal praktiziert hat.
Selbst gutherzige Eltern, die ihren Kindern eine glückliche Jugend und mehr Freiheit gönnen möchten, fürchten, daß diese Kinder – mit einem ungebrochenen Rückgrat aufgewachsen – in unserer Gesellschaft möglicherweise unter Anpassungsschwierigkeiten zu leiden haben.
Wir kennen aus unserer europäischen Geschichte bestenfalls Einzelpersonen, die ohne Zwang aufwuchsen. In einer Gesellschaft, die den Untertanengeist sorgfältig züchtete, wirkten sie wie fremde Vögel, die bestaunt oder verspottet, wenn nicht gar verachtet und eingesperrt wurden.

Völker, die ihre Kinder nicht schlagen. Wenn wir Beispiele einer Erziehung ohne Zwang suchen, müssen wir den Blick über unseren eigenen Kulturkreis hinausrichten. Als die Ethnologen seit dem Ende des 18. Jahrhunderts in fremde Erdteile auszogen, um die Lebensgewohnheiten bis dahin kaum bekannter Völker zu studieren, da stießen sie auf ein bis heute noch kaum bekanntgewordenes Phänomen: Sie beobachteten, daß diese sogenannten Naturvölker in ihrer Erziehung keinen Gehorsamszwang kennen. Übereinstimmend berichteten sie: Diese Völker schlagen ihre Kinder nie!

Man könnte vielleicht hier einwenden: Was gehen uns die Naturvölker an? Sie leben unter völlig anderen ökonomischen Bedingungen, also können uns ihre Erziehungsmethoden kaum interessieren. Was die Errungenschaften der Zivilisation anbetrifft, bestehen hier in der Tat weder Berührungspunkte noch Vergleichsmaßstäbe. Aber es gibt darüber hinaus doch etwas Gemeinsames. Nicht nur die Tatsache, daß ihre Gesellschaft aus Eltern und Kindern besteht, die – genau wie wir – Erziehungsprobleme kennen. Diese Völker leben *nicht* in einem Obrigkeitsstaat.

Der Unterschied ist der: Wir leben *nicht mehr*, und diese Völker leben *noch nicht* unter einem Feudalsystem. Während wir eine Demokratie aufbauen, befinden sich diese Völker *noch* auf einer quasi demokratischen Stufe, in einer genossenschaftlichen Form des Zusammenlebens. Hier bestehen Berührungspunkte, und von hier aus gesehen interessieren uns die Erziehungsgewohnheiten dieser Völker.

Wie wirkt sich soziale Gleichheit in der Erziehung aus? Als die Ethnologen des 18. bis 20. Jahrhunderts ihre Beobachtungen machten, lebten einige dieser Völker noch in rein genossenschaftlichen Verbänden, die keine Reichen und keine Armen kennen, weil der Besitz Gemeineigentum ist. Von den Angehörigen eines Indianerstammes schreibt H. B. Cushman:

»Es gab keine gesellschaftlichen Stände bei ihnen, alle fühlten sich gleich, vom selben Rang und in demselben Zustand sozialer Gleichheit.«

Heute befinden sich die meisten Naturvölker bereits auf einer Zwischenstufe, einer halb genossenschaftlichen, halb feudalen Form des Zusammenlebens. Da sich jedoch die Familienstruktur stets langsamer wandelt als die ökonomischen und die politischen Verhältnisse, sind auch heute noch manche Beobachtungen auf dem Gebiet der Erziehung sehr aufschlußreich.

Wenn die Ethnologen das Zusammenleben dieser Völker studierten, so wunderten sie sich stets darüber, daß zwischen Eltern und Kindern ein so ganz anderer Umgangston als der ihnen bekannte herrschte. Nie sahen sie, daß Eltern ihre Kinder straften, daß sie sie beschimpften oder verprügelten. Weil sie alle ihnen bekannten Formen der Erziehung, der »Zucht« vermißten, kamen sie zu der Schlußfolgerung: diese Völker kennen gar keine Erziehung! Da aber gleichzeitig nicht zu über-

sehen war, wie bereitwillig diese Kinder ihren Eltern folgten, verwickelten sich die europäischen Forscher oft in die verblüffendsten Widersprüche.
D. Cranz berichtet von den Eskimos:

Sie folgen ihren Eltern, weil sie wollen. »Die Kinder wachsen ohne alle Zucht auf und werden von den Eltern weder geschlagen noch mit harten Worten bestraft. Man muß aber auch gestehen, daß eine scharfe Zucht bei den grönländischen Kindern teils nicht sehr nötig ist, weil sie so still wie die Schafe herumgehen und auf sehr wenige Ausschweifungen geraten, teils vergeblich sein würde, indem ein Grönländer, wenn man ihm eine Sache nicht bittweise und durch vernünftige Vorstellungen annehmlich machen kann, sich eher totschlagen als dazu zwingen lassen würde ... Sie (die Kinder) folgen ihren Eltern gern, weil sie wollen; wollen aber auch von ihnen gütig, ja freundschaftlich behandelt sein.«
Unter Erziehung verstehen wir die Weitergabe von Fertigkeiten, von Wissensstoff, von Lebensgewohnheiten und Moralvorstellungen. Das alles geschieht bei den Naturvölkern – genau wie bei uns – nur völlig ohne Zwang. Das Kind bildet sich, indem es am Leben der Erwachsenen teilnimmt.
W. C. Willoughby beobachtete: »Die Jugend hört dann auch ihren Eltern zu, wie sie die Ereignisse des Tages diskutieren oder wie sie den Verlauf und die Argumente der Stammesversammlung oder des Familienrates durchgehen und kritisieren, und so lernen sie die Anfänge des Stammesgesetzes, der Sitte und der Geschichte. Das ist keine zielbewußte Erziehung für die Jugend; die älteren Leute folgen bloß dem Zuge ihrer Neigung; aber die Jugend sitzt schweigend dabei und hört zu und findet vieles dabei, worüber sie am nächsten Tag nachdenkt und miteinander diskutiert.«

Spielend lernen, lernend spielen. Ein nordamerikanischer Indianer erinnert sich:
»Man übte im Spiel eigentlich alles, was im späteren Leben zu tun Pflicht war. Unsere Spiele waren dem Leben und den Gewohnheiten unseres Volkes nachgebildet.«
Dabei überlassen die Erwachsenen die Kinder aber durchaus nicht nur sich selbst. Durch Reime und Geschichten ermuntern sie sie zum richtigen Verhalten. Um den Kindern zu zeigen, daß man nicht zu gierig sein soll, um sich beim heißen Essen

nicht den Mund zu verbrennen, spricht man ihnen einen Reim vor, der etwa folgenden Inhalt hat:
»Der Bussard konnte es früher nicht erwarten, bis er essen konnte. Er versuchte die Suppe zu essen, ehe sie kühl war. Eines Tages war er so hungrig, daß er den ganzen Kopf in die Suppe steckte und sich den oberen Teil seines Kopfes verbrühte. Seitdem rührt er kein heißes Essen mehr an. Er sitzt wartend oben auf dem Baum, bis alles so alt geworden ist, daß es stinkt.«
»Wir hatten keine Bibel, wie die weißen Jungen sie haben«, erzählte ein älterer Mann aus Polynesien, »so lehrten uns unsere Mütter richtig zu leben, indem sie uns Legenden davon erzählten, wie alle guten Dinge entstanden waren. Wir hatten Legenden für alles – von der Sorge für unsere Füße bis zu der ›großen Scham‹, die die befiel, die Lügen aussprachen.« Solche Geschichten prägen sich dem Gedächtnis ein, besonders, wenn sie oft wiederholt werden, und das Kind liebt die Wiederholungen.

Das Kind ahmt den Erwachsenen nach. Aber diese Geschichten und Reime sind nur der »theoretische« Teil der Erziehung, daneben steht die Praxis, das Spiel, in dem das Kind die Tätigkeit der Erwachsenen nachahmt. Indem das Kind den Erwachsenen nachahmt, will es als Person erkannt, anerkannt, respektiert werden. Es spielt sich in die Welt hinein, und die Erwachsenen nehmen an diesem Spiel teil. Mal zum Spaß, teils aber auch mit der Absicht, zu belehren, zu erziehen. Hier ein Beispiel aus Australien: »Die Eltern verbringen viel Zeit mit der Unterhaltung und Belustigung ihrer Kinder; aber die wirtschaftliche Seite des Spiels wird dabei nie vergessen. Falls sie während des Spiels irgendeinen praktischen Kniff lehren können, der sich als nützlich erweisen wird, wenn die Zeit des Spielens vorbei sein und das ernstere Stadium des Lebens beginnen wird, so lassen sie diese Gelegenheit nie außer acht.«
Ein Buschmann aus Südwestafrika erzählt aus seiner Jugend: »Als ich Pfeil und Bogen in der Hand hatte, zeigte mir mein Vater, wie ich sie handhaben mußte. Er schoß auf einen fliegenden Vogel, der augenblicklich tot niederfiel, und sagte mir, ich solle vorerst nur auf Vögel schießen. Beim Vogelschießen lernt man am besten das sichere Zielen, das jeder Buschmann verstehen muß, um nicht in Hunger zu geraten.« Was den For-

schern bei Beobachtungen und Erzählungen dieser Art immer wieder auffällt, ist die Tatsache, daß Kinder nie getadelt werden, wenn sie etwas nicht richtig machen. Eine Indianerin berichtet:

»Als ich elf Jahre alt war, sah ich der Mutter oft beim Korbflechten zu. ›Gut, versuch selbst einen zu machen‹, sagte sie zu mir. Sie begann einen kleinen Korb für mich zu flechten. Sie lehrte mich, wie man es macht. Natürlich, ich lernte es bald einigermaßen, aber ich machte es noch schlecht. Da hieß es: ›Du machst noch einen.‹ Er war schon ein bißchen größer, und bald konnte ich es recht gut.«

Eine große Rolle spielt bei der Erziehung dieser Völker das Lob, durch das sie die Kinder ständig ermuntern, sobald sie etwas gut oder richtig gemacht haben.

Wenn Kinder etwas getan haben, das den Erwachsenen nicht gefällt, so machen sie sie in sanftem und freundlichem Ton darauf aufmerksam. Will ein Kind etwas, das es noch nicht darf, so sucht man es durch gutes Zureden davon abzubringen. Oder man appelliert an seine Einsicht, indem man ihm genau erklärt, warum es dieses oder jenes nicht tun darf. F. Bonney schreibt über die australischen Eingeborenen:

»Männer sowohl als auch Frauen sind sehr kinderlieb, von alt und jung wird den Kindern freundliche Aufmerksamkeit geschenkt. Sie werden durch diese von allen Seiten freundliche Behandlung nicht verwöhnt; ein einziges Wort des Älteren genügt meist, um ein Kind vom Unrechttun abzuhalten, und den Eltern wird von den Kindern die größte Achtung gezollt.«

Das Vorbild der Eltern. Bei dieser milden, freundlichen Erziehung ist natürlich das Vorbild von größter Bedeutung. Darum bemühen sich die Erwachsenen auch ständig, den Kindern zu zeigen, wie man sich als anständiger Mensch verhält. Und wenn die Kinder es ihnen gleichtun, werden sie, so daß es alle anderen hören können, gelobt. Da geht ein alter Mann über den Weg, und ein Kind hilft ihm, indem es ihn hinüberführt. Schon rufen alle aus: »Was für ein gutes Kind. Das Kind denkt an die Zeit, wo es auch zu den Alten gehören wird«, oder: »Möge der große Geist, der das sieht, diesem guten Kind ein langes Leben schenken.«

Bei diesen Völkern, die in einer genossenschaftlichen Form zusammenleben, ist es sehr wichtig, daß man gut miteinander auskommt, und die Eltern werden nicht müde, ihre Kinder darauf hinzuweisen. Um das Zusammenleben in der Gruppe von Gleichberechtigten zu erleichtern, wird der sittlichen Erziehung der Kinder größte Beachtung geschenkt. Sie behandeln dabei das Kind genauso, wie sie sich untereinander verhalten.

Harte Strafen sind unbekannt. Ch. F. Hall beobachtete eine Eskimomutter, deren Kind ungezogen war und einen Wutanfall bekam: »Die Mutter sagte nichts zu dem Kind, bis es sich wieder beruhigt hatte. Dann sprach sie mit ihm, und zwar mit gutem Erfolg.«

»Die Väter wissen nicht, was Kinderstrafen sind«, berichtet ein Reisender des 18. Jahrhunderts von den Irokesen, »wenn sie groß sind, sagen sie, so werden sie soviel Vernunft wie wir besitzen und besser werden. Die Mütter bestrafen sie bloß dadurch, daß sie ihnen Wasser über das Gesicht schütten oder bloß damit drohen. Sind die Kinder größer, so stellen ihnen die Mütter die Folgen ihrer Handlungen vor, und wenn es darüber bis zu Vorwürfen kommt, so ist alles, was sie sagen: Du bist ein Taugenichts. Du wirst nie dem Verstand deines Großvaters gleichkommen, der hatte kein so verdorbenes Herz usw. Indessen sind die Kinder doch sehr gelehrig. Beweis genug, daß Erziehung ohne Strafen oft wirksamer ist als mit Strafen und vor allem mit übertriebenen.«

Malinowski, der die Eingeborenen von Melanesien beobachtete, vermißte auch dort das völlige Fehlen einer strengen Disziplin oder des Gehorsamszwangs. »Es kommt gelegentlich vor, daß die Eltern ihre Kinder in der Erregung schlagen«, schreibt er, »aber ebenso häufig schlagen Kinder nach ihren Eltern, und diese wehren den Schlag ärgerlich oder gutmütig ab.«

Als Malinowski den Eltern riet, ihre Kinder doch einmal, wenn sie irgendeine Missetat begangen hätten, zu schlagen oder sonstwie zu strafen, um ihnen eine Lehre zu geben, wiesen sie diesen Gedanken wie etwas Unnatürliches oder Unsittliches von sich.

Auch Claude Lévi-Strauss machte ähnliche Beobachtungen. In seinem Buch »Traurige Tropen« heißt es an einer Stelle: »Wenn die Kinder unzufrieden sind, schlagen sie oft ihre Mutter, ohne daß sich diese dagegen zur Wehr setzt. Die Kinder werden nicht bestraft und noch weniger geschlagen, höchstens wird im Spaß einmal die Hand erhoben.«

Wie das Kind der Mutter diese liebevolle Behandlung dankt, erfahren wir einige Zeilen weiter:

»Die Kinder empfinden für die Mutter eine ebenso unruhige wie anspruchsvolle Zärtlichkeit, eifrig wachen sie darüber, daß die Mutter ihren Teil der Jagdbeute erhält.«

Wenn die Eltern ihren Kindern gegenüber auch überaus nachsichtig und geduldig sind, so heißt das nicht, daß sie nicht auch einmal energisch sein könnten.

»Einmal sah ich einen Chorotiknaben«, berichtet ein Forscher, »der einen Sandfloh im Fuß hatte. Unbekümmert um das Geschrei des Knaben zog die Mutter das gefährliche Insekt mit einer knöchernen Nadel heraus, während zwei Frauen den Knaben festhielten.«

Strafen kennt man bei all diesen Völkern nur bei älteren Kindern. Sie werden vorübergehend aus der Gemeinschaft ausgeschlossen. Aber Prügelstrafen sind – nach Berichten aus den verschiedensten Gegenden der ganzen Welt – bei allen Völkern, die noch in genossenschaftlicher Form zusammenleben, unbekannt.

Alle Forscher wundern sich darüber, und keiner versäumt, dieses Phänomen zu erwähnen. »Kinder werden von ihren Eltern innig geliebt. Der zukünftige Indianer wird nie geschlagen. Sein Ehrgefühl wird frühzeitig im Leben entwickelt.« Solche und ähnliche Berichte finden wir bei allen europäischen Ethnologen.

»Die Worte des weisen Salomon: ›Wer seinen Sohn lieb hat, züchtigt ihn‹, finden hier keine Anerkennung«, erzählt F. Nansen in seinem Buch »Eskimoleben«, »sie halten ja überhaupt jede Züchtigung für unmenschlich.«

Die europäischen Missionare, die die Kinder dieser Völker zum Christentum bekehren wollten, standen dieser Abneigung gegen Schläge oft ziemlich ratlos gegenüber. Aus einem Bericht eines Jesuitenpaters, der im 17. Jahrhundert nach Brasilien kam:

»Alle wilden Stämme dieser Gegend und die von Brasilien können, wie uns versichert wird, kein Kind züchtigen oder ertragen, einer Züchtigung zuzusehen. Was für eine Sorge wird uns das verursachen, wenn wir unsere Absicht verwirklichen, ihre Jugend zu unterrichten.«

Die Unsitte des Schlagens. Wo immer die Naturvölker mit Europäern in Berührung kamen, änderten sich nicht nur ihre Lebensgewohnheiten, sondern auch ihre Erziehungsmaßnahmen. In D. Westermanns Buch »Afrikaner erzählen ihr Leben« berichtet ein Buschmann: »Wenn wir heute unsere Kinder schlagen, so haben wir das von den Weißen gelernt, die sogar erwachsene Buschleute prügeln.«
M. L. Hilger läßt eine alte Indianerin berichten, die ebenfalls über diese »neue Mode«, Kinder zu schlagen, sehr traurig ist: »Ich wurde nie geschlagen. Meine Eltern sprachen mit uns; manchmal schalten sie, wenn wir Unrecht taten. Sie sagten: ›Tut das nicht mehr‹, aber sie schlugen uns nie, wie heute Eltern ihre Kinder schlagen . . . Weder kleinere noch ältere Kinder wurden geschlagen. Die meisten Kinder hatten einen Sinn dafür zu gehorchen, wenn man ihnen sagte, was sie tun sollten. Aber diese jüngere Generation von heutzutage schlägt ihre Kinder. Wir bemerken einen großen Unterschied zwischen der Erziehung, die man den Kindern jetzt gibt, und der, die man ihnen zu unserer Zeit hat zuteil werden lassen. In den alten Tagen verbesserten wir ein Kind auf eine möglichst ungezwungene Art und Weise. Dieses Schlagen und Schimpfen macht ein Kind schlecht, so denken wir.«

Das zweifelhafte Recht des Stärkeren. Als die ersten Berichte der Ethnologen über diese sogenannten »Wilden« bekannt wurden, saßen die europäischen Feudalherren schon nicht mehr sehr fest in ihrem Sattel. Ihre Macht, die sich auf Gehorsamszwang und strenge Strafen gründete, begann langsam zu zerbröckeln. Hier und da traten damals einzelne Pädagogen auf, die dem Gehorsamszwang mißtrauten. Aber sie fanden noch wenig Gehör.
Da das Bürgertum viele Lebensgewohnheiten der Feudalherrschaft übernahm, konnte sich auch der Befehlsgehorsam gegenüber Abhängigen noch lange erhalten. Obwohl der Bürger des 19. Jahrhunderts seinen wachsenden Wohlstand zu Beginn unseres technischen Zeitalters nicht zuletzt der Befreiung seines, des »dritten Standes« verdankte, schloß er den vierten Stand noch lange von dieser Freiheit aus. Erst heute, im 20. Jahrhundert, setzt sich die Erkenntnis durch, daß mehr Freiheit für die ganze Gesellschaft mehr Wohlstand für alle bedeutet. Theoretisch hat sich dieser Gedanke bereits in der Er-

klärung der Menschenrechte und in den Verfassungen vieler Länder niedergeschlagen. In der Praxis setzte er sich langsamer, Schritt für Schritt durch.

Die Solidarität ersetzt den Zwang. Wo die Menschen in einer demokratischen oder genossenschaftlichen Form zusammenleben, wo alle Mitglieder der Gruppe gleiche Rechte und gleiche Pflichten haben, strebt man auch in der Erziehung eine solidarische Grundhaltung an.
Man ist auf gegenseitige Hilfe angewiesen, darum lehrt man die Kinder Rücksichtnahme, Selbstbeherrschung, gegenseitige Achtung. Diese Tugenden können jedoch nicht durch Strafen erzwungen werden. Sie entfalten sich sozusagen von selbst, wenn man sie dem Kind ständig vorlebt.
Um diesen Punkt kreisen heute die meisten Erziehungsschwierigkeiten. Da sich die Familienstruktur stets etwas langsamer wandelt als die Formen des Zusammenlebens in der Öffentlichkeit, beobachten wir heute in unseren Familien immer noch zahlreiche autoritäre Gewohnheiten.
Während in der patriarchalischen Familie der Gehorsam die Ordnung garantiert, wird die partnerschaftliche Familie vom Vorbild der Eltern geprägt. In dieser Familie, die das Kind auf die Demokratie vorbereitet, steht die Erziehung der Kinder an zweiter Stelle, denn der Erfolg dieser Erziehung steht und fällt mit dem wichtigsten Problem in dieser Familie: mit der Selbsterziehung der Eltern.
Auch unsere Demokratie steht und fällt mit dem mehr oder weniger erfolgreichen Wandel von der autoritären zur partnerschaftlichen Familie. Auf dem Wege dorthin unterscheiden wir heute drei Gruppen von Familien:

Zwischen Autorität und Partnerschaft. Die eine Gruppe, wir wollen sie einmal auf der rechten Seite Platz nehmen lassen, vertritt immer noch die konservative autoritäre Erziehung, die strikten Gehorsam und Respekt vor dem Erwachsenen verlangt. Sie ist heute kaum noch konsequent durchführbar, weil der Zahn der Zeit allenthalben an dem Thron der Autoritäten nagt. Diese Gruppe ist nicht mehr sehr groß und nimmt zahlenmäßig ständig ab.
Auf der entgegengesetzten Seite befindet sich eine ebenfalls kleine Gruppe von Eltern, die eine freiheitliche Erziehung an-

streben, deren Ziel der selbständige, selbstverantwortliche, mündige Mensch ist. Sie erkennt das Kind als gleichberechtigten Partner an. An die Stelle des Gehorsams tritt hier – wie schon gesagt – das gute Vorbild der Eltern und das Bemühen, die Einsicht des Kindes zu wecken, die – den Entwicklungsphasen entsprechend – langsam wächst.

Eltern zwischen zwei Stühlen. Zwischen diesen beiden Gruppen steht die große Mehrzahl der Eltern, die sich, da sie sich weder für die eine noch für die andere Seite entscheiden, buchstäblich zwischen zwei Stühle gesetzt haben. Dieser Platz ist nicht sehr bequem, er bereitet ihnen in der Erziehung dauernd Schwierigkeiten.
Diese Eltern machen sich kaum einmal Gedanken über Erziehung, sie lassen die Dinge einfach laufen. Zwar verlangen sie – einem allgemeinen Trend folgend – keinen strikten Gehorsam mehr, aber sie gehen ihren Kindern auch nicht, wie sie es dann tun müßten, mit gutem Beispiel voran. Wenn ihre Kinder dann unangenehm auffallen, wenn sie versagen oder rebellieren, geraten diese Eltern in eine Art Panikstimmung. Wenn sie überhaupt die Schuld bei sich selbst suchen, so bedauern sie nur, daß sie ihre Kinder nicht strenger erzogen haben.
Wenn Eltern heute ihren Kindern mehr Freiheit gönnen, so ist das durchaus kein Fehler. Die meisten haben lediglich versäumt, darüber nachzudenken, *warum* wir Kinder heute nicht mehr zum Gehorsam zwingen, *warum* wir heute alle freier auftreten als unsere Großeltern, *warum* die Jugend heute oft Anstoß erregt, *warum* wir Schwierigkeiten mit der Schule haben, und so fort.

Der turbulente Umzug in die Demokratie. Die Antwort auf alle diese Fragen ist im Grunde einfach: Seitdem wir nicht mehr in einem Obrigkeitsstaat, sondern in einer Demokratie leben, stehen wir in unserer Gesellschaftsordnung nicht mehr übereinander, sondern nebeneinander.
Wer genügend Phantasie besitzt, um sich vorzustellen, was dieser Wandel, diese Umschichtung alles in Bewegung gebracht hat, den wundert es nicht mehr, daß wir bei diesem allesumfassenden »Umzug« Zusammenstöße, Reibereien, Ärger, Scherben und Aufregung kaum vermeiden können.
Eltern, die sich in diesem neuen Haus, in unserer demokrati-

schen Gesellschaftsordnung, einrichten, können die alten Erziehungsvorstellungen einer vergangenen Zeit leichter über Bord werfen, wenn sie wissen, wie diese Vorstellungen gewachsen sind, und warum sie auf unsere heutige Gesellschaft nicht mehr zutreffen.

Wie Kinder ihre Eltern sehen

Erziehung ist keine Geheimwissenschaft. Wer sich über Erziehungsfragen Gedanken macht, der sollte auch einmal die andere Seite hören, die Kinder, die bei der Erziehung lange Zeit der passive – manchmal der leidtragende – Teil sind.

Kinder haben in der Schule oft schon recht komplizierte Denkaufgaben zu lösen. Aber über Fragen der Erziehung läßt man sie – als Unbefugte – kaum einmal nachdenken. Obwohl die Kinder bis zum 15. – manche bis zum 25. – Lebensjahr wirtschaftlich von ihren Eltern abhängig sind, lehren wir sie schon in der Grundschule Rechnen, Schreiben und Lesen. Die älteren Schüler erfahren, wie es in der Welt aussieht, wie man einen Staat demokratisch und undemokratisch regiert. Aber über das Zusammenleben in der Famile läßt man sie im unklaren. Erziehung bleibt für unsere Kinder eine Geheimwissenschaft oder ganz einfach Glücksache.

Auf den folgenden Seiten lassen wir die Kinder einmal selbst zu Worte kommen. Wir haben mit ihnen in Gruppen oder einzeln über Erziehungsfragen gesprochen und diese Gespräche aufgezeichnet. Und wir haben sie direkt gefragt, wie sie sich gute Eltern vorstellen.

Aus den Gesprächen und Antworten geht hervor, daß die Kinder in der Familie einen Schutzraum suchen, und Eltern, die, wenn man die ersten Gehversuche ins Leben unternimmt, ermunternd hinter einem stehen und einem notfalls helfen, wenn man sie darum bittet.

Leider wird dieser Schutzraum machmal als Gefängnis empfunden, oder, wenn keine gemeinsamen Interessen mehr vorhanden sind, nur als eine Vollpension, in der die Kinder nichts zu sagen haben, weil sie keine zahlenden Gäste sind. So finden es denn auch viele Kinder ganz natürlich, daß der Vater in der

Familie immer das letzte Wort hat, weil er – wie es in den meisten Familien der Fall ist – das meiste Geld mit nach Hause bringt.

Wer sollte in der Familie entscheiden? Bei einer Umfrage über die Probleme des Zusammenlebens in der Familie stand zur Debatte: »Wer sollte in der Familie in wichtigen Fragen entscheiden.« Von 810 befragten Kindern nannten hierauf:

278 Kinder den Vater
34 Kinder die Mutter (weil der Vater nicht mehr lebt)
41 Kinder die Mutter
414 Kinder beide Eltern
42 Kinder die ganze Familie, Eltern und Kinder.

Diese Antworten bekommen ein ganz anderes Gesicht, wenn wir einzelne Gruppen gesondert betrachten. Zwischen einer Volksschulklasse in Bayern und einem Gymnasium einer Großstadt im Rheinland besteht dann ein so großer Unterschied, daß der Wandel, in dem sich die Familie heute befindet, deutlich erkennbar wird.

Darum greifen wir einmal zwei Gruppen aus dem Gesamtergebnis heraus.

Eine Volksschule am Rande einer Großstadt in Bayern, 10- bis 11jährige Jungen und Mädchen und
ein Gymnasium einer Großstadt im Rheinland, 13- bis 14jährige Jungen.

Die Kinder der Volksschule in Bayern erkennen vorwiegend den Vater als denjenigen an, der in der Familie den Ton angibt.

Von 62 Kindern nennen
45 den Vater, 5 die Mutter, 10 beide Eltern.

Warum viele Kinder hier den Vater nennen:
»Weil er das Oberhaupt der Familie ist.«
»Weil er der Ernährer der Familie ist.«
»Weil er besser Bescheid weiß.«
»Weil er hart durchgreifen kann.«
»Weil er auf der Mittelschule war.«
»Weil der Vater das Recht hat.«

Die Jungen des Gymnasiums im Rheinland sind anderer Meinung. Von ihnen nennen auf die Frage wer entscheiden soll:
2 den Vater, 4 die Mutter (Vater ist tot), 20 beide Eltern.

Welche Eigenschaften möchten Eltern in ihren Kindern sehen? Eine andere Frage richtete sich auf die Wunschvorstellungen der Eltern: Welche Eigenschaften möchten die Eltern gern an ihren Kindern sehen. Hier zögerten die Kinder keinen Augenblick und nannten einen ganzen Katalog von Eigenschaften. Bei fast allen stand an erster Stelle der Fleiß. Greifen wir einmal 33 Realschülerinnen heraus. Diese Mädchen nennen:

Fleiß	27 mal
Ordnung	17 mal
Sauberkeit	16 mal
Ehrlichkeit	13 mal
Gehorsam	13 mal
Gutes Benehmen	8 mal
Intelligenz	8 mal
Hilfsbereitschaft	4 mal
Freundlichkeit	3 mal

Welch wichtige Rolle anscheinend der Fleiß spielt, geht daraus hervor, daß einige diese Eigenschaft gleich doppelt oder sogar dreimal nebeneinander erwähnen:

»... daß ich zu Hause helfe, Fleiß, gute Noten in der Schule.«

Aus einigen Antworten erkennt man, daß die Kinder die Erwartungen der Eltern kaum erfüllen können oder daß ihnen die ständigen Ermahnungen lästig werden. So antwortet eine Schülerin auf die Frage nach den Eigenschaften, die die Eltern gern an ihren Kindern sähen:

»Natürlich nur das Allerbeste, wie Höflichkeit, Sauberkeit, Ordnung, Fleiß usw. Oft gehen die Eltern zu weit!«

Was mißfällt Eltern an ihren Kindern am meisten? Ein etwas anderes Bild ergibt sich, wenn wir die gleichen Mädchen fragen, was die Eltern an ihnen am meisten kritisieren. Da tritt die Frage nach dem Fleiß etwas zurück. Jetzt nennen

33 Mädchen die Unordnung;
11 Mädchen die Faulheit;
8 Mädchen die Vergeßlichkeit.

Daneben tauchen auf: Schußlichkeit, Tolpatschigkeit, Unaufrichtigkeit, Kritik an den Kleidern und der Frisur. Verhältnismäßig oft tauchen Äußerungen wie diese auf: »Die Eltern kritisieren die Noten in der Schule und meinen, das Kind könnte immer noch besser sein.«

Aber daneben tritt doch der tägliche Kampf gegen die Unordnung ungleich stärker ins Bewußtsein:
»Sie kritisieren das wenige Interesse am Lernen, den wenigen Respekt, den sie Erwachsenen gegenüber haben, und am allermeisten die Unordnung.«
Diese Beobachtung entspricht ziemlich genau der Kritik der Eltern. Klagen über die Unordnung der Kinder stehen bei fast allen Eltern so stark im Vordergrund, daß sich die Frage aufdrängt, ob mit unserem Verhältnis zur Ordnung etwas nicht in Ordnung ist.
Nach den Äußerungen der Kinder scheint »das ewige Nörgeln über die Unordentlichkeit« Hauptgesprächsthema in sehr vielen Familien zu sein. »Zuerst versuchen sie es mit Güte«, schreibt ein 15jähriges Mädchen, »hilft das nicht sofort, fangen sie an zu schimpfen, schreien und brüllen. Ist man dann immer noch kein ›artiges‹ Kind, hat man heftige Wutausbrüche und Ohrfeigen zu befürchten.«

Welche Strafen werden am häufigsten angewendet? Viele Antworten lassen erkennen, daß die Eltern im allgemeinen wenig Geduld aufbringen. Sie möchten, daß das, was sie anordnen, sofort geschieht, und sie versuchen die Kinder, wenn sie nicht gehorchen, dazu zu zwingen. Auf die Frage nach den Strafen nennen die Kinder an erster Stelle die Schläge. Einige zählen gleich einen ganzen Katalog auf: Schläge, Senge, Haue, Tracht Prügel usw. Wenn wir bei den Antworten wieder einmal alle 810 Kinder berücksichtigen, ergibt sich die Häufigkeit der Strafen. Es werden genannt:

Schläge	391 mal
Hausarrest	334 mal
Schimpfen und Brüllen	290 mal
Taschengeldentzug	166 mal
Fernsehverbot	161 mal
Freundliche Ermahnung	125 mal

24 Kinder, Oberschüler, schreiben, daß sie diese Frage lieber nicht beantworten möchten.
Angesichts dieser Zahlen – und aller hier genannten Zahlen –, so aufschlußreich sie auch sind, sollte man jedoch bedenken, daß sie nicht genau der Wirklichkeit entsprechen. Eine Reihe von Kindern, die an dieser Stelle die Schläge gar nicht aufführten,

lassen an einer anderen Stelle durchblicken, daß sie doch geschlagen werden.

Was bewirkt man mit Schlägen? Was man mit Schlägen bewirkt, darauf antworten mehr als die Hälfte der Kinder: »nichts«, oder sie schreiben, daß man mit Schlägen Angst und Trotz erzeugt. Einige erklären auch etwas präziser, warum sie gegen Schläge sind:
»Weil man dann ganz eingeschüchtert wird.«
»Weil man dann bloß abgehärtet wird.«
»Weil man die Kinder damit zu Krüppeln schlägt.«
»Weil man dadurch noch böser wird.«
»Man bekommt Angst und verschweigt alles vor den Eltern.«
»Denn dann mache ich es gerade mit Fleiß.«
»Dadurch wird nichts besser, man soll dem Kind klarmachen, was es falsch und richtig gemacht hat, und daß es das nicht mehr so machen soll. Wenn es das Kind versteht, wird es den Rat der Eltern befolgen.«
Einige, 143 von 810 Kindern, vor allem Jungen, die auf dem Lande leben, sagen ja zur Schläge. Sie schreiben:
»Mit Schlägen bewirkt man, daß die Kinder gehorsam werden.«
Hier tritt uns die Schläge als echtes Dressurmittel entgegen. So ist es nur folgerichtig, daß die meisten Kinder, die die Schläge positiv beurteilen, gar keine andere Begründung angeben als diese:
»Weil es so richtig ist.«
Dagegen haben Mädchen, die in der Stadt aufwachsen, eine eindeutig negative Einstellung zur Prügel. Nicht ein einziges der 33 Mädchen einer Realschule aus dem Ruhrgebiet erkennt Schläge als ein mögliches Erziehungsmittel an. Alle sind der Meinung, daß man mit Schlägen Angst und Trotzreaktionen hervorruft und das Gegenteil von dem erreicht, was man damit erreichen wollte.

Wie steht es mit dem Vorbild? Bei der Frage, was die Eltern tun, damit die Kinder sich die gewünschten Tugenden aneignen, stand auch das Vorbild zur Debatte. Daraufhin gaben einzelne Kinder an, daß die Eltern zumindest einige von den Tugenden, die sie erwarten, auch selbst verkörpern. Viele Kinder mochten diese Frage nicht beantworten, sie ließen sie offen oder schrieben: Verweigere die Antwort.

Aus den Antworten ging hervor, daß die Eltern seltener durch das gute Beispiel und häufiger durch Strafen und Drohungen ihre Wunschvorstellungen durchzusetzen versuchen. Aufforderung – mehrmalige bestimmtere Aufforderung – Befehl – Drohung – Strafe –, das ist der Weg, den die Eltern beschreiten, um bestimmte Verhaltensweisen zu erzwingen. Da sie selbst auf diese Weise erzogen wurden, wissen sie nicht, daß das gute Beispiel viel nachhaltiger wirkt als der augenblickliche Zwang. Wo ein erklärendes Wort, eine freundliche Bitte oft viel mehr bewirkt hätten, da schimpfen und schlagen sie unbeherrscht das Kind.

Wenn die Kinder in ihren Antworten klarmachen wollen, daß die Eltern schimpfen, verwenden sie häufig »Steigerungsformen« wie: brüllen, anschnauzen, toben . . ., oder sie klagen darüber, daß die Eltern so viel herumschreien. Besonders wütend werden die Eltern, wenn ihre Kinder ihr Verhalten nachahmen und ebenfalls »brüllen«, dann »ist der Teufel los«.

Eltern fühlen sich den Kindern gegenüber in einer unnatürlichen Machtposition. Unnatürlich, wenn wir davon ausgehen, daß wir nicht in einem Obrigkeitsstaat, sondern in einer Demokratie leben. Diese einseitige Verteilung aller Macht auf die Elternseite stört das Gleichgewicht in der Familie. Eltern kritisieren, korrigieren, monieren, kontrollieren, tadeln, räsonieren, meckern, rügen, schulmeistern . . ., aber sie selbst werden von ihren Kindern kaum einmal kritisiert, korrigiert . . .

Wie reagieren Eltern auf Kritik? Wir haben darum den Kindern die Frage gestellt, wie ihre Eltern reagieren, wenn man sie auf einen Fehler aufmerksam macht. Kein Mensch ist ohne Fehler, auch die Eltern nicht. Wie muß es auf die Kinder wirken, wenn sie die Fehler ihrer Eltern genau erkennen und ständig so tun müssen, als merkten sie nichts davon?

Und was tun die Eltern, wenn die Kinder sie kritisieren oder korrigieren? Die Antworten der Kinder geben darüber Auskunft:

»Halt dich aus der Sache heraus, sagen sie, oder sie streiten es einfach ab.« –

»Wenn man sie darauf aufmerksam macht, dann schauen sie zuerst streng, dann sagen sie: das ist meine Sache.« –

»Man bekommt eine Ohrfeige oder wird hinausgeschickt.« –

»Sie sagen, jeder Mensch macht Fehler, das ist nicht schlimm.« –

»Sie reden dann von etwas anderem und reden sich aus.« –
»Meine Mutter sagt dann: ›Dir werde ich gleich was sagen‹, und schreit mich an.« –
»Da schieben sie auf mich die Schuld.« –
»Dann lügen sie und sagen, das war ganz anders, und werden ganz rot.« –
Diese Beobachtungen machten die 11- bis 14jährigen Kinder. Aber die Eltern der 16- bis 17jährigen Mädchen verhalten sich kaum anders, wenn sie kritisiert oder korrigiert werden:
»Meine Eltern würden versuchen, sich zu entschuldigen und sagen: was willst du denn, du kannst das gar nicht beurteilen, du bist noch viel zu jung, um das zu beurteilen; außerdem bist du ja auch nicht fehlerlos, und jetzt laß uns in Ruhe, wir wollen fernsehen.« –
»Meine Eltern würde meine Fehler aufzählen: guck dich selber an, würden sie sagen.« –
Ähnlich ist die Situation bei den 14- bis 15jährigen Realschülerinnen. Nur vier von 33 Mädchen geben an, daß ihre Eltern einsehen, wenn sie etwas falsch gemacht haben und von ihren Kindern darauf aufmerksam gemacht wurden. Eines dieser Mädchen schreibt sogar:
»Dann sind sie ganz stolz auf uns, daß wir so etwas gleich bemerken und sie korrigieren.« –
Eine andere schreibt:
»Sie sagen, das war nicht schön von mir, mach es nicht nach.«
Aber diese aufrichtigen Eltern bilden leider eine Ausnahme, die meisten reagieren so:
»Sie sind wütend und sagen, sie dürften das.« –
»Sie geben den Fehler nicht zu, weil sie ein Vorbild sein wollen«, schreibt eines der Mädchen.
Sicher ist das ein Grund. Aber was für ein Vorbild geben diese Eltern, die selbst so überaus empfindlich reagieren, wenn man sie auf einen Fehler aufmerksam macht, und die zugleich ihre Kinder so hemmungslos kritisieren, die so rasch mit Drohungen und Strafen bei der Hand sind, wenn ihre Kinder etwas falsch gemacht haben.

Lernen durch Nachahmung. Unlängst beobachtete ich eine junge Mutter, die mit einem dreijährigen Kind an der Hand in einem Kaufhaus eine Lampe aussuchte. Das Kind stellte eine Frage, aber die Mutter war so in das Gespräch mit dem Verkäufer vertieft, daß sie die Frage überhörte. Das Kind wiederholte die Frage, zweimal, dreimal und dann immer öfter, schneller und lauter, bis die kleine, aber inzwischen sehr laut gewordene Stimme in das Bewußtsein der Mutter drang. Gereizt schrie sie das Kind ebenso laut an: »Willst du wohl stille sein, laß mich doch endlich in Ruhe!« In diesem Augenblick fühlte sie sich, da ich neben ihr stand, beobachtet. Sie wechselte ihren Tonfall und sagte, sichtlich gekränkt, aber immer noch energisch zu ihrem Kind: »Wenn du etwas willst, dann kannst du fragen, aber in anständigem Ton!«

Wie schwer wird es doch den Kindern gemacht, einen »anständigen Ton« zu erlernen. Da die Eltern auf Kritik so »unartig« reagieren, wird das Vertrauensverhältnis zwischen Eltern und Kindern immer wieder in Frage gestellt. Hier wird der Wandel in unserer immer noch teilweise autoritären, aber auch schon halbwegs partnerschaftlichen Gesellschaft deutlich. Viele Kinder bescheinigen ihren Eltern, daß sie eigentlich »ganz nett« oder sogar »prima« sind. Nur vor der Tatsache, daß sie so ängstlich bestrebt sind, ihre eigenen Fehler zu vertuschen oder gar abzustreiten, stehen die Kinder manchmal ziemlich ratlos, wenn sie sich nicht, was auch vorkommt, dagegen auflehnen.

Die Angst vor dem Fehler. Zur Entschuldigung der Eltern muß man darauf hinweisen, daß sie selbst fast alle noch von Eltern erzogen wurden, die das Gehorchen gelernt hatten und die strikten Gehorsam verlangten. Wer als Kind durch Strafen und Drohungen das Gehorchen gelernt hat, dem prägt sich die Angst vor Fehlern so unauslöschlich ein, daß er sich auch als Erwachsener nicht davon befreien kann. Da er als Kind gleichzeitig die Erfahrung gemacht hat, daß nur Kinder gemaßregelt wurden und daß die Erwachsenen vor Kindern stets so auftraten, als ob sie alles richtig machten, hat sich die Erinnerung an den – vor dem Kinde unfehlbaren – Erwachsenen ebenfalls fest eingeprägt.

Den meisten Erwachsenen sitzt diese Erfahrung so »tief in den Knochen«, daß es ihnen unvorstellbar schwerfällt, einen Fehler zuzugeben. Sie geraten, wenn man sie auf einen Fehler aufmerksam macht, spontan in Abwehrstellung. Sie streiten den Fehler ab, versuchen ihn zu vertuschen, schieben die Schuld auf irgendwas oder irgendwen, oder sie gehen zum Angriff über.

»Sie schimpfen und halten mir irgendein vergangenes Unrecht vor«, schreibt eine Sechzehnjährige.

Hier tritt uns das Sprichwort: »Wenn zwei dasselbe tun, ist es noch lange nicht dasselbe« deutlich als Alibi einer vertikal gegliederten Gesellschaft entgegen, die dem sozial Schwächeren verbietet, was sie dem Stärkeren erlaubt. Diese »Moral« wird dem Kind bereits im Laufe der ersten Lebensjahre beigebracht. Hierzu ein Beispiel. In der Vorhalle einer Privatpension steht ein Gast und wartet auf ein Taxi. Das zweijährige Kind der Wirtin springt um ihn herum. Die Mutter kommt aus der Küche und entdeckt, daß das Kind einen Maggiwürfel im Mund herumwälzt. Während sie mit der einen Hand den Würfel aus dem Mund des Kindes herausangelt, schlägt sie mit der anderen auf das Kind ein und zerrt es in die Küche. Nach wenigen Minuten kommt das Kind wieder aus der Küche, läuft um den Gast herum und schlägt ihn, so wie es eben geschlagen wurde. Die Mutter stürzt hinter dem Kind her. Schimpfend und schlagend versucht sie dem Zweijährigen beizubringen, daß es den Gast nicht schlagen darf.

Spätestens mit fünf Jahren wird das Kind gelernt haben, daß große, starke Erwachsene kleine, schwache Kinder schlagen dürfen, daß aber Kinder auf keinen Fall die Erwachsenen schlagen dürfen.

Wie radikal in diesem Punkt das folgerichtige Denken außer Kraft gesetzt wird, das erfahren wir, wenn wir Kindern folgende Frage stellen:

Wenn zwei dasselbe tun . . . »Angenommen, ein Vater schlägt seinen Sohn unberechtigterweise im Zorn, und angenommen, ein Sohn schlägt seinen Vater im Zorn, wie sind diese beiden Handlungen zu beurteilen?«

Je zwanzig von hundert Kindern waren der Meinung, daß beide Handlungen zu verurteilen sind. Die anderen äußerten sich zum Teil unsicher, oder sie sagten klar und deutlich:

»Der Vater darf den Sohn schlagen, weil er das Recht dazu hat, aber der Sohn darf den Vater auf keinen Fall schlagen.«

Einige hatten den Teil der Frage, der darauf hinweist, daß der Vater unberechtigterweise und im Zorn schlägt, entweder gar nicht verstanden oder übersehen, oder sie unterstellten – weil nicht sein kann, was nicht sein darf –, daß der Vater einen berechtigten Grund hatte:

»Schlagen im Zorn ist nicht richtig«, schreibt ein Junge, »aber der Vater hat sicher einen Grund, zornig zu sein, da der Sohn bestimmt unartig war. Der Sohn durfte nicht zurückschlagen.«
Selbst wenn sie beide Handlungen verurteilen, möchten sie die Sache so hinbiegen, daß der Sohn etwas mehr im Unrecht ist. Oder sie erwarten ganz einfach vom Sohn, daß er einsichtiger ist als der Vater:
»Beides ist nicht richtig«, schreibt ein 17jähriges Mädchen, »denn im Zorn sollte man nicht schlagen. Der Vater meint das Recht zum Schlagen zu haben, und der Sohn müßte sich das gefallen lassen. Der Sohn sollte, wenn er geschlagen wird, nicht zurückschlagen und dann, wenn der Vater sich beruhigt hat, sich mit dem Vater unterhalten und ihn so zu einer Entschuldigung bringen.« –
Für den Vater sucht man – selbst wenn er eindeutig im Unrecht ist – nach einer Entschuldigung:
»Es ist nicht schön, wenn Eltern die Kinder schlagen. Aber es ist unmöglich, meiner Meinung nach, wenn die Kinder die Eltern schlagen. Das wird wohl auch die Meinung meiner Eltern sein.«
Den 16- bis 17jährigen war die Zusatzfrage gestellt worden: »Wie würden die Eltern wohl dieselbe Sache beurteilen?«
Die Antwort fiel bei allen Mädchen gleich aus:
»Die Eltern würden den Vater entschuldigen und den Sohn verurteilen.«
»Beide haben nicht das Recht, im Zorn zu schlagen«, schreibt eines der Mädchen, »ich finde es unverschämt, wenn der Vater den Sohn schlägt, nur weil er zornig ist. Die Eltern würden allerdings sagen, daß der Vater das Recht hat, den Sohn zu schlagen, und der Sohn müßte eingesperrt werden.«
Hier zeigt sich, daß die Vorstellungen der Eltern noch weit von einer Gleichberechtigung entfernt sind. Der Erwachsene darf sich ungestraft schlecht benehmen, während der Jugendliche, der doch eigentlich Nachsicht verdient hätte, für den gleichen Fehler streng verurteilt oder bestraft wird.
Und den Kindern erscheint diese Erziehung – da sie keine andere kennen – im Laufe der Zeit als die einzig mögliche. Solange sich die Eltern nicht entschließen, geduldig und beharrlich ein gutes Beispiel zu geben, kommen sie ja auch tatsächlich nicht ohne den Gehorsamszwang aus. Das spüren auch die Kinder – mehr unbewußt als bewußt –, und darum können

sie sich ein Zusammenleben in der Familie ohne den Gehorsamszwang nur schwer vorstellen.

Müssen Kinder immer gehorchen? Ein Junge antwortet auf die Frage, ob die Kinder den Eltern immer gehorchen müssen:
»Ich meine ja, denn sonst würde die Welt nur noch aus Frechheit bestehen.«
Derselbe Junge antwortet allerdings auf die Frage, wie man wohl in der Familie ohne Gehorsamszwang auskommen könne:
»Man müßte den Kindern alles freundlich beibringen und nicht immer sagen: Du mußt.«
Ein anderer Junge schreibt dazu:
»Ohne Gehorsamszwang könnten die Familienmitglieder nicht zusammenbleiben, es wäre ein undisziplinierter Haufen.«
Warum man den Eltern gehorchen muß, dafür geben die Kinder die verschiedensten Gründe an:
»Die Kinder müssen gehorchen, denn die Eltern geben den Kindern alles: Geld für die Schule, Kleidung, Taschengeld.« –
»Ja, man muß gehorchen, denn es kommt immer wieder im Leben vor, daß man sich fügen muß.« –
»Ja, genau bis zum 21. Lebensjahr muß man gehorchen, danach wahrscheinlich nicht mehr so, siehe viertes Gebot.« –
»Ja, weil die Eltern nur unser Bestes wollen, so sagen sie ja immer.« –
Einige sind nicht so ganz sicher. Ein Junge antwortet auf die Frage, ob Kinder ihren Eltern immer gehorchen sollen:
»Ja und nein, nicht in allen Fällen, manchmal kann man nicht gehorchen.« –
Der gleiche Junge hat auch eine Vorstellung davon, wie man das Zusammenleben in der Familie ohne Gehorsamszwang regeln könnte:
»Man müßte als Eltern versuchen, sich nicht so hoch zu stellen. Es müßte Gleichberechtigung sein.«
Hier rührt er an die Wurzeln vieler Konflikte zwischen Eltern und Kindern. Viele Eltern stellen sich tatsächlich nicht neben, sondern über ihre Kinder. Sie fühlen sich, ob sie es zugeben oder nicht, wie auf einem eingebildeten Thron. So wird die Gleichberechtigung illusorisch.
Dieser Thron steht allerdings auf einem soliden Sockel, es ist die finanzielle Basis. Die Eltern haben die Kasse, und die Kinder sind von ihnen abhängig. Indem er darauf hinweist,

schreibt ein Junge auf die Frage, ob man das Zusammenleben in der Familie ohne Gehorsamszwang regeln könne:
»Ist eigentlich gar nicht möglich, da die Eltern den Kindern die finanziellen Mittel entziehen können.«

Fühlst du dich zu Hause wohl? Aber die Kinder haben sich an diesen Zustand gewöhnt. Wenn man sie fragt, ob sie sich zu Hause wohl fühlen, antworten zwei Drittel von ihnen mit einem Ja.
Auch wenn sie gelegentlich Einschränkungen machen:
»Ja, ich fühle mich wohl zu Hause«, schreibt ein Mädchen, »wo sollte ich auch sonst hin?«
Die anderen antworten:
»Ja, weil das Familienleben schön ist.« –
»Ja, denn meine Eltern sind nicht zu streng, aber sie schimpfen und schlagen natürlich auch, aber es ist recht so.« –
»Ja, ich fühle mich zu Hause wohl, weil Vater und Mutter mich ohne zu schlagen erziehen und weil sie nicht bei jeder Frage, die ich stelle, nein sagen, und weil ich sie liebhabe.« –
»Ja, weil es bis jetzt immer gut ausgegangen ist. Ich fühle mich zu Hause wohl, weil es immer lustig zugeht.« –
»Ja, weil ich nichts zu bemängeln habe.« –
Einige machen kleine Einschränkungen, wie dieses Kind:
»Ja, weil meine Mutter lieb ist und nett und freundlich, aber viel Zeit hat sie nicht für uns.« –
Ein anderes schreibt:
»Halb ja, halb nein. Wenn ich Prügel bekomme, denke ich nach, ob ich abhauen soll. Aber manchmal denke ich auch, daß ich nie von zu Hause weg möchte.« –

Wie würdest du deine Kinder später erziehen? Unmittelbar auf die Frage: Fühlst du dich wohl zu Hause, folgte die Frage: Würdest du deine Kinder genauso oder ähnlich erziehen, wie du erzogen worden bist?
Obwohl die meisten Kinder angaben, sich zu Hause mehr oder weniger wohl zu fühlen, antworteten jetzt fast alle: Nein, ich würde meine Kinder ganz anders erziehen!
Hier wurden auch die sonst etwas Wortkargen redselig. Die Dorfschüler, 13 bis 14 Jahre, schrieben hierzu:
»Nein, die Eltern meinen: Das durfte ich nicht, das darfst du auch nicht. So würde man nie von veralteten Ansichten ab-

kommen. Deshalb würde ich meine Kinder anders erziehen.« – »Nein, ich würde meine Kinder nicht so erziehen, wie ich erzogen werde. Die würden mir doch leid tun, denn bei uns ist der Teufel los.« –

»Ich würde meine Kinder ganz anders erziehen. Meine Eltern haben viele altmodische Methoden, die ich nicht für richtig halte, daran ist zum Teil meine Großmutter schuld. Ich halte es für falsch, wenn die Großeltern über Enkel die Oberhand haben wollen.« –

»Nein, meine Kinder brauchen später mal nicht so hart zu arbeiten.« –

Die zehn- bis elfjährigen Kinder einer Kleinstadt in Norddeutschland schreiben:

»Ich würde mehr auf die Bildung meiner Kinder achten.« –

»Nein, ich würde meine Kinder ganz anders erziehen, weil ich nicht soviel schimpfen und hauen würde.« –

»Nee, die Aller-, Allerärmsten hätten so viele blaue Flecken am (durchgestrichenes Wort) und überall.« –

»Nein, nie! Weil sie dann Schlechtes hinter sich haben würden.« –

»Nein, ich würde sie liebevoll erziehen.« –

»Nein, ich möchte nur ein oder zwei Kinder, und die sollen nicht bei jeder Gelegenheit geschimpft werden.« –

»Ich heirate nicht«, antworten drei Kinder auf diese Frage.

Nicht ganz so unzufrieden sind die 13- bis 14jährigen Jungen eines Gymnasiums im Rheinland. Einige schreiben vorbehaltslos:

»Ja, denn wir sind sehr gut erzogen worden.« –

Ein anderer meint:

»Nein, ich würde ihnen Redefreiheit anbieten. Sonst genauso.« –

»Ähnlich«, schreibt ein Junge, »vielleicht nicht ganz so. Der Zwang, wie Entzug bestimmter Dinge, ist vielleicht ganz wirkungsvoll, jedoch meiner Meinung nach nicht richtig, denn man sollte selber, ohne Zwang, einen Fehler erkennen und verbessern.« –

»Ich würde versuchen, meine Kinder besser zu erziehen. Auch um sie nicht in Schwierigkeiten zu bringen, die die Eltern nie oder ganz selten erfahren.« –

Auch die Kinder der Volksschule in Bayern, sie sind 10 bis 11

Jahre alt, wollen ihre Kinder zum größten Teil ganz anders erziehen:
»Weil bei unserer Erziehung die gegenseitige Achtung fehlt.« – »Nein, auf keinen Fall. Warum? Weil meine Eltern kein Verständnis für die heutige Jugend haben.« –
»Ich würde sehr offen zu meinen Kindern sein.« –
»Nein, ich weiß nicht genau warum, aber so wie ich erzogen wurde, möchte ich meine Kinder nicht erziehen, na ja, ich weiß es ja jetzt noch nicht.« –
Von den Mädchen der kaufmännischen Berufsschule, 16 bis 17 Jahre, antworten 6 von 13, sie würden ihre Kinder genauso erziehen, wie sie selbst erzogen wurden, eine Begründung geben sie nicht an. Die anderen schreiben zu dieser Frage:
»Nein, überhaupt nicht. Meine Eltern sind so altmodisch und können nicht verstehen, wenn ihr Kind kein Musterkind ist. Ich würde mich nicht so in ihre Angelegenheiten mischen. Aber ihre Sorgen anhören und sie beraten. Sie sollen auf alle Fälle Vertrauen haben.« –
»Nein, ich würde meine Kinder auf mehr kameradschaftlicher Basis erziehen.« –
»Nein, ich würde eine Erziehung ohne Schläge vorziehen oder auf jeden Fall nicht unnötig schlagen.« –
»Nein, ich würde weniger verbieten. Man muß zu den Kindern den richtigen Kontakt haben.« –

Wie werden Meinungsverschiedenheiten ausgetragen? Ganz allgemein wünschen die Kinder sich mehr »Frieden« im Elternhaus. Außerdem äußern sie den Wunsch nach Gesprächen und Diskussionen. Sie verlangen durchaus nicht, daß die Eltern ihre Meinung annehmen sollen. Sie möchten sich mit den Eltern aussprechen. Aber mit fairen Diskussionen ist es anscheinend noch schlecht bestellt.
Über die Diskussionen, bei denen es Meinungsverschiedenheiten gibt, schreiben die 17jährigen Mädchen:
»Meinungsverschiedenheiten werden bei uns laut und schreiend ausgetragen, bis wir gegenseitig anfangen, uns zu beschimpfen, bis einer anfängt zu heulen. Anschließend werden lange Gesichter gezogen (miese Stimmung). Sie sollten aber ruhig ausgetragen werden. Wobei jeder seine Meinung äußern darf.« –
»Im heftigen Gespräch mit Schimpfe. Man kann sich als Kind

sehr schlecht verteidigen. Die Eltern sollten aber auch mal die Sache von uns aus ansehen.« –

»Im Streit. Es wird nur die Meinung der Eltern als richtig befunden. Es sollte aber auch einmal die Meinung von Kindern akzeptiert werden.« –

Nur ein Mädchen schreibt:

»Meine Eltern hören mich an und genauso umgekehrt, bis wir einen Komplott schließen. Das finde ich auch richtig.« –

Auch in Bayern bekommen die Eltern fast immer recht, wenn Meinungsverschiedenheiten auftauchen:

»Es gibt Streit und geht immer nach dem Willen der Eltern. Man sollte auch manchmal den Kindern das Recht geben.« –

»Der Kleine gibt nach, weil er kein Recht kriegt.« –

»Sie werden immer im Streit ausgetragen. Die Eltern müssen immer recht haben. Man sollte sich meiner Meinung nach friedlich einigen.« –

»Die Eltern sagen: Sei doch still, du sollst nicht mit großen Leuten mitreden.« –

»Dann gibt meistens das weibliche Geschlecht nach.« –

»Viele finden es richtig, daß die Eltern immer recht haben.« –

In den Familien der Gymnasiasten geht es ebenfalls etwas unfein zu, wenn Meinungsverschiedenheiten auftauchen:

»Man redet gegeneinander, oft etwas laut, meist ohne Einigung; man verläßt die Arena, die Eltern sind sauer.« –

»Entwickelt sich ein Streitgespräch, macht Mutter meist zuerst ihre Autorität geltend und haut auf den Tisch, meistens jedoch auf mich.« –

Aus Fehlern könnte man lernen. Aus vielen Antworten geht hervor, daß die meisten Eltern schwer betroffen sind, wenn sie bei einer Auseinandersetzung nicht das letzte Wort haben oder wenn sie von ihren Kindern widerlegt oder kritisiert werden.

Eltern, die von ihren Kindern auf Fehler aufmerksam gemacht werden, sollten eigentlich nur dankbar sein. Abgesehen davon, daß die Kritik manchmal berechtigt ist, wird das Kind, nachdem es die Fehler der anderen beobachten gelernt hat, auch auf seine eigenen Fehler aufmerksam. Hierbei kann es jedoch nicht den zweiten Schritt vor dem ersten tun.

Wenn Eltern, wie sie es so gerne tun, die Kritik mit den Worten zurückweisen: »Kehr du lieber vor deiner eigenen Tür«, und das Kind dann auf seine eigenen Fehler hinweisen, erzeugen sie nicht nur eine Trotzreaktion, sie hemmen auch die natürliche Entwicklung, die über die kritische Beobachtung des Mitmenschen zur kritischen Beobachtung der eigenen Person führt.

Nach diesen Äußerungen, die sich kritisch mit den Eltern auseinandersetzen, folgen Niederschriften, in denen die Kinder die Frage beantworten: »Wie ich mir gute Eltern vorstelle.« Hier stellt sich heraus, daß das Wunschbild der Kinder sich nicht wesentlich von den Vorstellungen unterscheidet, die wir Erwachsenen uns von »guten Eltern« machen. Aber, während wir die Kinder »gut« zu erziehen versuchen, müssen wir – wenn wir ihre Äußerungen aufmerksam lesen – feststellen, daß wir selbst das Prädikat »gut« nicht immer verdient haben.

Aufsätze elf- bis zwölfjähriger Jungen und Mädchen einer Landschule am Niederrhein

Nicht zu allem zwingen. »Ich wünsche mir Eltern, die gutmütig und hilfsbereit sind, die einem helfen, wenn man mit etwas nicht fertig werden kann, und einen nicht murksen lassen. Daß sie dem Nachbarn und Verwandten in der Not beistehen. Sie sollen mich so erziehen, daß ich erst gar nicht auf den Gedanken komme, zu lügen und zu stehlen. Daß sie mich nicht zu jeder Arbeit zwingen und genug Freiheit zum Spiel lassen. So würde ich sicherlich die gestellten Arbeiten gerne verrichten. Daß sie mich freundlich auf meine Fehler aufmerksam machen und nicht gleich schelten. Daß sie mich bei Geschmackssachen mitwählen lassen und daß sie mir bei unangenehmen Sachen gleich die Wahrheit sagen und nicht erst belügen, daß ich es danach doch selber entdecke und das Vertrauen zwischen Eltern und Kindern gebrochen wird. Aber die Hauptsache ist, daß die Eltern für ihre Kinder Zeit haben.«

Nicht alles verbieten. »Ich stelle mir gute Eltern so vor. Das sie ein bißchen Geduld haben, wenn ich mal nicht so gut lernen kann. Daß sie nicht das Geld zum Fenster rauswerfen, sondern sparsam sind. Daß sich nicht Vater und Mutter streiten und daß ich ein schönes Zuhause habe. Ich finde, wenn in der Familie alles so klappt, dann ist es eine gute Familie. Daß die Eltern nicht meine Geschwister vorziehen und daß es Gerechtigkeit gibt. Wenn es keine Gerechtigkeit gibt in der Familie, geht alles drunter und drüber. Und daß die Väter nicht trinken. Daß die Mutter fleißig ist im Haushalt. Nicht daß sie sich überarbeitet, das meine ich nicht.«

Nicht alles verbieten. »Ich stelle mir gute Eltern so vor. Daß sie nett und lieb zu mir sind und mir meine Wünsche oft erfüllen. Zum Beispiel zweimal im Jahr in Urlaub fahren, und sehr oft Fernsehn guken darf. Daß ich auch des öfteren baden gehen darf. Ich liebe ja Tauben sehr, und dann wenn ich mir einen Taubenschlag bauen möchte daß die Eltern mir es dann nicht verbieten.«

Erklären, was gut und böse ist. »Ich stelle mir gute Eltern vor, die mich helfen was ich nicht machen kann, oder was ich nicht begreifen kann. Und das sie strebsam sind und nicht das Geld in Bier und Schnaps vertrinken. Und vor allem das sie mich im rechten Glauben erziehen. Und mir erklären was gut und böse ist. Oder das sie mich nicht zum Dieb erziehen oder mich nicht auslachen wenn ich etwas falsch mache oder das sie mich bei der Schulaufgabe helfen. Ich stelle mir gute Eltern vor die nicht mit dem Nachbar streit anfangen, und das sie fleißig sind, oder die mich die Wahl lassen, ob ich Bauer werden will oder nicht.»

Wenn ich bockig bin. »Meine Eltern sind nett zu mir und ruhig. Die Mutter ist klein, aber trotzdem habe ich sie lieb. Sie kann auch böse werden, wenn ich etwas kaputt geschmissen habe. Dann muß ich das Teil bezahlen. Wenn ich bockig bin und Widerworte gebe dann sagt die Mutter zu mir: Ist gut dann hole ich eben den Vater. Dann tu ich das schnell, was mir die Mutter aufgetragen hat, weil der Vater leicht Ohrfeigen verteilt. Der Vater ist größer und er ist beruflich Sparkassenbeamter. Er ist streng die Mutter nicht so. Aber ich bin mit meinen Eltern sehr zufrieden.«

Ihr Versprechen sollten sie halten. »Nicht richtige Eltern gibt es eine Menge. Nicht richtig ist, wenn man die Kinder ins Bett bringt und ihnen sagt: Vater und ich bleiben heute abend hier und gehen nicht aus. Jetzt steht das Kind aus irgend einem Grund noch einmal auf. Was dann wenn Vater und Mutter doch ausgegangen sind? Dadurch kann das Kind das Vertrauen zu den Eltern verlieren und sehr schwer, vielleicht überhaupt nicht mehr wiederfinden. Oder wenn das Kind zum Vater sagt: Wann gehen wir mal in den Zoo? Morgen, sagt der Vater. Beruhigt schläft dann das Kind ein und träumt von all den Tieren im Zoo. Dann kommt der nächste Morgen und der Vater liest Zeitung und geht nicht mit seinem Kind in den Zoo. Jetzt denkt das Kind: Vater braucht sein Versprechen nicht zu halten, dann tue ich es auch nicht.«

Sie könnten mal mit uns Schulaufgaben machen. »Ich stelle mir gute Eltern so vor das sie nicht bei jeder Kleinigkeit schimpfen, sondern das sie uns auch manchmal bei manchen Sachen unterstützen. Sie sollten uns auch öfter mal ein paar Groschen geben. Und wenn wir mal Probleme haben dann sollten sie sich darum kümmern. Sie sollten auch am Wochenende was mit uns machen und nicht nur am Fernsehapparat sitzen. Sie könnten auch mal mit uns Schulaufgaben machen und nicht nur der Opa. So stell ich mir gute Eltern vor.«

Vater sollte kein Trinker sein. »Meine Eltern sollen lieb und gutmütig sein. Sie sollen auch fleißig und sparsam sein. Mein Vater soll auch kein Trinker sein. Sie möchten mir auch ein bißchen Taschengeld geben. Und ab und zu auch abends Fernsehen gucken lassen. Die Sachen zum anziehen sollte man sich selber aussuchen. Sie sollten auch nicht so viel Schläge geben. Aber wir Kinder nehmen Schläge immer so schlimm aber es muß wohl so sein. Aber das können wir erst im Alter verstehen wenn wir selber Kinder haben.«

Aufsätze zehn- bis elfjähriger Jungen eines Gymnasiums einer Großstadt in Westdeutschland

Sie sollten auf uns aufpassen. »Ich stelle mir gute Eltern so vor: Das sie nicht über die kleinste Missetat schimpfen oder dafür sogar strafen. Wenn im Fernseher eine lehrreiche Sendung ist und wir sie für unseren Lehrstoff gebrauchen können, daß wir sie angucken dürfen. Aber Ordnung müssen sie trotzdem halten, damit wir nicht verwildern. So sagt man, wenn ein Kind in die Schule faul ist, Übungsarbeiten über Übungsarbeiten aufhatte und sie gar nicht erst aufschreibt, um sie dann zu machen. Nein, sie kümmern sich gar nicht darum. Darauf sollten die Eltern am meisten aufpassen. Wenn aber doch einmal eine schlechte Note vorkommt, daß die Eltern sich mit dem Kind einmal Gedanken machen, wie man sie wieder aufholt.«

Fröhliche Eltern hab ich gern. »Diese Frage ist nicht leicht zu beantworten, denn so lange ich denken kann, kenne ich meine Eltern. Erst später und vielleicht erst durch diese Fragestellung vergleiche ich meine Eltern mit den Eltern von Freunden und Bekannten. Dabei fällt mir auf, daß ich an Eltern besonders gern habe, wenn sie fröhlich sind, viel wissen und vielseitig interessiert sind, dabei auch Verständnis haben für alle Kümmernisse und Fragen, und den Stock nur im äußersten Notfall gebrauchen. Auch wenn Eltern mit ihren Kindern Spiele machen und mit ihnen Schwimmen gehen gefällt mir.«

Nicht bei jeder Kleinigkeit aufregen. »Sie müssen ein bißchen streng sein, und dürfen sich nicht alles gefallen lassen. Aber sie dürfen sich auch nicht bei jeder Kleinigkeit aufregen sonst gibt es immer Krach. Auch Schreien und Schläge sind heute veraltet, denn wir leben nicht mehr im 17. Jahrhundert wo jedes Kind mit Gürtel oder noch irgendwelchen Gegenständen geschlagen wurde. Vereinzelt gibt es das auch heute noch. Darum meine ich, daß Eltern streng aber auch großzügig sein sollten.«

Mutter steht mir gegen Vater bei. »Ich kenne meine Eltern seit 12 Jahren, aber richtig kennen und schätzen gelernt habe ich sie erst in den letzten Jahren. Mit meinen Eltern kann ich alles besprechen auch mal böse Streiche. Meine Mutter ist lieb und steht mir gegen meinen Vater bei, wenn dieser schlecht gelaunt ist. Meinem Vater hält es sehr auf Ordnung und er ist leicht erregbar, aber sonst ist er ein gutmütiger Mensch mit dem man Pferde stehlen kann. Im ganzen gesehen kann man sich bei ihnen wohlfühlen.«

Es ist schön, wenn sie sportlich sind. »Die Eltern sollen den Kindern gute Kameraden sein. Dazu gehört, daß die Eltern ihre Kinder verstehen. Kinder müssen das Gefühl haben, daß sie mit allen ihren Sorgen zu ihren Eltern kommen können und von ihnen ernst genommen werden. Vertrauen und Geduld müssen gute Eltern haben. Es ist sehr schön, wenn sie auch sportlich sind. Sie können dann schon mit den Kleinen Skifahren, Schwimmen, Fußball u. a. beibringen. Eltern sollten öfter mal großzügig sein, zum Beispiel ein Eis spendieren, oder eine Radtour machen oder sich nicht aufregen wenn die Kinder vom Spielen mal ganz schmutzig nach Hause kommen. Sie sollten auch nicht gleich sagen »das ist Quatsch«, wenn Kinder etwas basteln das nicht sinnvoll erscheint. Man sollte sie gewähren lassen, damit sie aus ihren Fehlern lernen können.«

Gute Eltern prügeln nicht. »Gute Eltern müssen ihre Kinder vor allen Dingen sehr lieb haben. Aber auch Verständnis gehört dazu. Gute Eltern prügeln ihre Kinder nicht, sondern sie versuchen ihnen klar zu machen, welche Fehler sie gemacht haben und helfen ihnen, damit es demnächst besser wird. Natürlich müssen Kinder auch mal bestraft werden, aber gute Eltern wissen genau, was im Augenblick die richtige Strafe ist. Sehr schön ist es immer, wenn die Eltern Zeit für ihre Kinder haben. Dann werden gemeinsame Ausflüge und Spiele gemacht, oder es wird gebastelt. Oft helfen Eltern ihren Kindern auch bei Arbeiten, denn sie möchten ja gerne, daß ihre Kinder zu tüchtigen Menschen heranwachsen, die im Leben zurechtkommen. Ich glaube, daß es nicht immer leicht für die Eltern ist und daß sehr viel Geduld dazu gehört.«

Sie sollten uns auch mal zu Wort kommen lassen. »Gute Eltern müßten immer Zeit für ihre Kinder haben. Alle Probleme und Interessen muß man mit ihnen besprechen können. Wenn zum Beispiel verbaute Arbeiten vorkommen, sollten sie nicht gleich schimpfen oder mit Schlägen drohen, sondern uns helfen und mit uns lernen. Die Eltern sollen uns auch einmal zu Wort kommen lassen und unsere Meinung hören und nicht einfach befehlen. Gute Eltern haben auch kein Geheimnis vor ihren Kindern.«

Diskussionen

In einem Jugendzentrum einer Großstadt im Rheinland unterhalten sich Jugendliche – sie sind 14 bis 19 Jahre alt – über Erziehungsfragen.

Eine Predigt ist kein Gespräch. Bei diesem klagten die meisten darüber, daß in der Familie so selten ein richtiges Gespräch zu-

stande kommt. Wenn die Eltern mit den Kindern reden, so tun sie es häufig nur aus dem einen Anlaß, weil sie etwas an ihnen auszusetzen haben:
»Ich hatte früher lange Haare«, berichtet ein 17jähriger, »da haben meine Eltern jeden Tag geschimpft und haben gesagt, ich sollte zum Friseur gehen, und ich hab immer nein gesagt. Da haben meine Eltern gesagt: du kriegst jetzt zehn Mark Taschengeld weniger, wenn du nicht zum Friseur gehst, da – also, ich möchte nur etwas zu der Methode sagen, es mir abzugewöhnen, da bin ich schließlich doch zum Friseur gegangen.«
Die Jugendlichen passen sich an, so erklären sie, weil ihre Eltern die Argumente, die sie vorbringen, doch nicht einsehen würden. Zu einer Diskussion, die sich an den verschiedenartigen Standpunkten ja durchaus entzünden könnte, kommt es kaum einmal, weil die Eltern dazu neigen, ihre Argumente in Form von Strafpredigten vorzutragen:
»Selbst wenn ich die Argumente der Eltern sofort einsehe, dann hab ich die Erfahrung gemacht, daß dann die Gardinenpredigt trotzdem noch folgt, weil man sich darauf vorbereitet hat und nicht davon 'runterkommt, sie nun auch auszuspielen.«
Was die Stellung der Kinder in der Familie erschwert, ist die Tatsache, daß sie nicht als gleichberechtigte Partner akzeptiert werden. Gerade das gemeinsame Gespräch, wo man eine Meinung gegen die andere ausspielen darf, wäre ein gutes Übungsfeld demokratischer Verhaltensweisen. Aber zu einem echten Gespräch kann es nicht kommen, wenn die Eltern bei ihren Argumenten auf ihre Autorität pochen. Dabei stört die Eltern, wie eines der Mädchen erklärt:

»... vielleicht schon die Art, wie man mit ihnen spricht. Einerseits wollen sie Kameraden sein, und wenn man dann so mit ihnen spricht wie mit unseresgleichen, dann fangen sie direkt an: Mit mir kannste doch nicht so reden!«

Die guten Eigenschaften. Auf die Frage, welche Eigenschaften die Eltern an ihren Kindern gerne sähen, steht bei den Antworten: Fleiß, Ordnungsliebe, Gehorsam, Ehrlichkeit an erster Stelle, Eigenschaften, die von den Kindern auch durchaus akzeptiert werden. Einige machen sich Gedanken darüber, wie die Ehrlichkeit z. B. zu verwirklichen wäre:
»Ich finde, man sollte ehrlich sein, solange man die anderen dabei nicht verletzt.«

Vertrauen sollte man haben. Bei diesen wünschenswerten Eigenschaften taucht auch das Wort Vertrauen auf:
»Vertrauen sollen wir ihnen.« –
Auf die Frage, ob sie auch Vertrauen zu ihren Eltern hätten, sagt eine Vierzehnjährige:
»Zu meinen Eltern? – Ja – im großen und ganzen schon, allerdings nicht immer.« –
Ob das bedeutet, daß man mit den Eltern über alles sprechen sollte, was einen bewegt, fragt einer.
»Es muß auch Geheimnisse geben«, meint eines der Mädchen, »Vertrauen ist eben, daß man das nicht alles erzählt. Denn das, was man erzählen möchte, daß man das von selber tut und daß die Eltern nicht so furchtbar viel fragen: Was hast du getan, wo bist du gewesen, mit wem bist du zusammen gewesen, was hast du gesprochen. Diese Überwachung, das ist kein Vertrauen.«
Ob man einer Vierzehnjährigen denn schon vertrauen kann, daß sie sich selbst in jeder Situation in der Hand hat?
»Ja, ich möchte schon, aber ich weiß nicht, ob mir das immer gelingt, und wenn dann die Eltern hinter einem stehen und einen verstehen, ist das sehr wichtig, find ich.« –
Hier wird angedeutet, wie sich Eltern verhalten sollen. Ohne das Kind allzufest am Gängelband zu halten, sollten sie beobachtend im Hintergrund stehen, bei diesen ersten Gehversuchen auf dem Weg ins noch unbekannte Leben. Dieses Gefühl, daß die Eltern da sind und einem notfalls helfen, wenn man einmal stolpern sollte, gibt den Kindern das Gefühl der Sicherheit. Auf diese Weise bleibt die Verbindung zu den Eltern bestehen, als eine Bindung, die nicht als Fessel empfunden wird.

Autorität oder Partnerschaft. Bei der Frage der Bindung an die Familie kommt die Autorität zur Sprache, die nach der Meinung einiger doch letztlich die Familie zusammenhält. Ein Siebzehnjähriger meint:
»Also ich bin der Meinung, daß nur einer in der Familie die Autorität innehaben soll, und das ist der Vater, nicht die Mutter, die Mutter sollte gutmütig sein, nachlassend und nicht zu streng. Der Vater sollte autoritä – ä nicht autoritär, – er sollte eine Autorität innehaben.« –
Die anderen stimmen ihm darin nicht zu. Sie stellen sich die

Familie als ein Übungsfeld demokratischer Spielregeln vor. Aber ein Junge sieht es noch anders:

Die Machtstellung der Eltern. »Ich empfinde die Familie mehr als eine Zweckkoalition.« Diese Meinung wird von einigen entrüstet zurückgewiesen, und von anderen erhärtet, indem sie auf die Druckmittel hinweisen, die von den Eltern benützt werden, um die Kinder gefügig zu machen. Von allen Strafen erscheint diesen Jugendlichen der Entzug des Taschengeldes am unangenehmsten, weil sie hier ihre Ohnmacht und ihre Abhängigkeit von den Eltern deutlich spüren:
»Sie machen das meistens so, daß sie mir Taschengeld entziehen, und ich finde das irgendwie nicht ganz richtig, denn das ist der schwächste Punkt, den man hat. Wenn man kein Taschengeld hat, dann kann man sich kein Benzin fürs Moped kaufen. – Ach, und dann kann man überhaupt nichts mehr.« –
Daß sie in diesem Punkt den Eltern gegenüber machtlos sind, wissen sie allzu genau. Darum versuchen sie sich der Situation »irgendwie« anzupassen.

Wie man sich arrangiert. »Sich unterordnen ist eigentlich der bequemste Weg, mit den Eltern überhaupt auszukommen«, sagt ein Mädchen, und ein Junge meint:
»Ja, was haben wir denn überhaupt für eine andere Möglichkeit, als daß es uns gutgeht. Wir müssen uns eben so einrichten, daß es uns gutgeht. Wir können vielleicht, in unserm Alter schon – uns ein Zimmer nehmen in der Stadt, oder so – dann wären die Eltern unterhaltspflichtig – dann – würden wir eben – alleine leben. Aber dann hätten wir – dann müßten wir uns Essen verschaffen und so – deswegen muß es uns eben zu Hause gutgehen.« –
Kaum einer der Jugendlichen hat präzise Vorstellungen davon, wie man das Zusammenleben in der Familie anders, besser regeln könnte, obwohl sie fast alle der Meinung sind, daß man es anders und besser machen müßte.
Im Hinblick auf die Zukunft befürchten sie, daß sie in zehn oder zwanzig Jahren, wenn sie selbst Kinder haben, vieles vergessen haben, was ihnen jetzt das Leben schwermacht:
»Ich fürchte auch«, sagt eines der Mädchen lachend, »dann benehmen wir uns genauso wie unsere Eltern jetzt.« –
Nur ein Junge meint:

»Weil mein Vater Lehrer ist, und da ist er ja auch Pädagoge, würde ich meine Kinder so erziehen, wie ich erzogen worden bin, und wenn ich mir die Haare länger hätte wachsen lassen wollen, dann hätt ich das bestimmt gedurft, und man sollte dem Kind dann doch den Willen lassen.« –
Wenige Tage später fanden sich Eltern, die Kinder im Alter von zwei bis zwanzig Jahren haben, zu einer Diskussion zusammen. Es ging dabei um die gleichen Fragen, über die sich auch die Jugendlichen auseinandergesetzt hatten.

Wie Eltern ihre Kinder sehen. Fragt man die Eltern selbst, wie sie über Erziehungsfragen denken, so stellt sich uns das Zusammenleben in der Familie ganz anders dar, als es sich in den Äußerungen der Kinder widerspiegelt. Vermutlich liegt das daran, daß die Erziehungsvorstellungen der Eltern in eine ganz andere Richtung gehen als die, die den Kindern das Leben lebenswert erscheinen läßt.
Dieser Widerspruch schält sich langsam heraus, wenn in der Familie gegensätzliche Ansichten zutage treten. Erst jetzt beginnen viele Eltern – notgedrungen –, sich etwas intensiver mit ihren Kindern zu beschaftigen; dabei stellt sich heraus, was eine Vierzehnjährige so formuliert:
»Die meisten Eltern glauben, daß sie ihre Kinder ganz genau kennen, in Wirklichkeit trifft das aber doch gar nicht zu.« –
Die meisten Eltern wollen das jedoch nicht wahrhaben. In der Diskussion dieses Abends versuchen sie das Leben in ihrer Familie harmonisch und unproblematisch darzustellen, so als ob alles nach ihrem Wunsch ginge. Man bekommt den Eindruck, als herrsche in diesen Familien völlige Gleichberechtigung und als hätten all diese Eltern größtes Verständnis für ihre Kinder.
Während die Kinder das Verlangen der Eltern nach Fleiß, Ordnung, Gehorsam oft als drückend empfinden, erklären die Eltern, daß sie diese Dinge gar nicht so absolut fordern.
Auf die Frage, wie sie ihre Kinder erziehen, damit sie sich im späteren Leben durchsetzen, gehen die Meinungen auseinander:

Was soll aus dem Kind einmal werden. »Durchsetzen im Leben, darunter verstehen wir doch nur, daß sich das Kind später, als Erwachsener, in die Gemeinschaft der anderen richtig einfügt.« –
Eine andere Mutter meint:

»Ich finde, daß es sehr wichtig ist, daß die Kinder über den Dingen stehen, das heißt, daß sie von Anfang an den schlechten Lehrer als schlechten Lehrer beurteilen lernen und sich trotzdem anständig gegen ihn benehmen.« –
»Aber auch, daß es wichtig ist, selbständig zu denken, daß es das erst mal lernt, daß es nicht alles hinnimmt, sondern selbst denkt, nachdenkt, und dann entscheidet.« –
»Man sollte ein Kind eher beraten, als etwas von ihm zu verlangen, vor allem auch in bezug auf die Autorität.« –
An dieser Stelle erhebt sich die Frage, ob man die antiautoritären Vorstellungen der Jugend unterstützen solle.
»Ja.« – »Ja, ohne weiteres.« –
Sollte man diesen Prozeß des Selbständigwerdens auch fördern, wenn er sich gegen die Eltern richtet, wenn sie sich als Kritik an den Fehlern der Eltern äußert?
»Ja, das find ich auch.« –

Sie würden jeden Fehler zugeben. Während fast alle Kinder über ihre Eltern klagten, weil sie ihre Fehler zu vertuschen oder gar abzustreiten versuchen, wenn man sie darauf aufmerksam macht, zeigten die hier angesprochenen Eltern größte Bereitschaft, ihre Fehler einzugestehen:
»Wenn mich die Kinder darauf ansprechen, daß sie mich wirklich ertappt haben, dann geb ich das ohne weiteres zu.« –
Im Brustton der Überzeugung sagt eine Mutter:
»Also ich würde Kinder grundsätzlich nicht anlügen, niemals!«
»Ja«, meint eine andere, »da könnte ich sogar – also eine neue Vertrauensbasis abgeben, wenn eben auch da, in diesem Punkt ja nicht drüber gesprochen werden kann, wenn die Kinder das erkennen.« –
»Ja, ich würde mich in jedem Fall – also – kritisieren lassen, würde mit den Kindern darüber sprechen, warum ich mich so verhalten hätte, würde dann meine Fehler – wahrscheinlich – ich hoffe es jedenfalls – auch so erkennen, so wie das Kind es sieht und darstellt, und dann müßte für das Kind auch wieder etwas Positives, im Sinne des Vertrauensverhältnisses, herauskommen.« –

Wenn Kinder Fehler machen. Die meisten Eltern nicken zustimmend, wenn auch einige etwas unsicher und mit erstaunten Augen. Großzügig zeigen sie sich auch in der Beurteilung der

Fehler ihrer Kinder. Selbst Lügen und sogar Stehlen werden mit Nachsicht und Güte betrachtet.
»Man sollte aber, glaub ich, die erste Reaktion erst mal an sich vollkommen vorüber lassen, ehe man weitere Maßnahmen dem Kind gegenüber ergreift, und selber erst mal überlegen, weil man höchstwahrscheinlich den Fehler, den das Kind da nun durch die Lüge oder durch den Diebstahl getan hat, erst mal in sich selbst suchen müßte.« –
Aber, was würden Sie zum Beispiel tun, wenn Ihr Kind trotzig ist?
»Ich laß es sich austoben.« –
Eine andere Mutter darauf: »Sie haben wohl noch gute Nerven?«
»Ja, es kostet mich allerhand – es ist sehr schwer – es ist, man kann das auch nicht – man kann nicht sagen – ich tu das auch nicht immer – nicht!« –
Hier lacht die ganze Gesellschaft, aber aus dem Lachen klingt Unsicherheit und Verlegenheit.

Was halten die Eltern vom Schlagen. Was halten Sie davon, daß man auch einmal durchgreift. Meinen Sie, daß eine Tracht Prügel ab und zu schadet?
»Ich verspreche mir gar nichts von Schlägen«, versichert eine Mutter, »aber ich reagiere mich ab, wenn es mal soweit kommt!« –
Wieder lachen alle.
Einer fragt: »Am Kind?«
»Ja, es ist doch praktisch ein Abreagieren, aber es hat wirklich keine Wirkung, im Gegenteil, meistens die gegenteilige, die man erzielen will.« –
Wie würden Sie sich als Eltern verhalten, wenn Ihr Kind sich einmal abreagiert, also, wenn Ihr Kind Sie schlägt? Hier antwortet ein Vater mit Ernst und Pathos in der Stimme:
»Ich glaube, wir haben als Eltern versagt, wenn unsere Kinder die Hände gegen uns erheben.« –

Die Gleichberechtigung. Wenn man die Gleichberechtigung theoretisch erörtert, dann scheint in den Familien dieses Gesprächskreises die vollkommene Demokratie zu herrschen:
»Also bei uns wird bei jeder Entscheidung abgestimmt, und das Kind zählt als volle Stimme, genau wie das Elternteil auch,

also im Urlaub haben wir das auch praktiziert, einer wollte zur See fahren, drei wollten nicht, da bin ich alleine gefahren.« – »Wir haben zu Hause ein Punktesystem, danach gibt's wöchentlich Taschengeld, und alle vier Wochen, wer die meisten Pluspunkte hat, darf bestimmen, was an dem Wochenende gemacht wird.« –
»Ich finde das nicht gut, denn dann werden die Kinder ja dazu erzogen, daß sie nur etwas machen, etwas Gutes tun, damit sie was dafür kriegen, nicht?« –

Anpassung. Fragt man nach konkreten Erziehungszielen, so taucht immer wieder das Wort Anpassung auf. Viele schicken ihr Kind vor allem deswegen in den Kindergarten, damit es dort »Anpassung« lernt.
»Unsere waren sehr schüchtern, es war hauptsächlich, daß sie unter Kinder kamen.« –
»Und es ist doch irgendwie schon eine Vorschule, eine Anpassung an die Gemeinschaft.« –
»Also, wenn ein Kind vier, fünf Jahre alt ist, dann muß man sich schon sehr intensiv mit ihm befassen, spielen, basteln, um die Kinder auf den Stand zu bringen, was jetzt ein Kind im Kindergarten lernt.« –
Aber es taucht auch Kritik am Kindergarten auf:
»Aber im Kindergarten hab ich das Gefühl, daß sie immer noch viel zu autoritär sind und die Kinder – es wird immer erwartet, sie sollen leise sein, oder es verschwindet ein Spielzeug, und dann müssen zwanzig Kinder still sitzen, bis dann dem Kind, das zuletzt damit gespielt hat, eingefallen ist: Ich habe das da und da liegengelassen.« –
»Ich würde aber gern noch dazu sagen, man soll die Kinder vielleicht wirklich nur dann im Kindergarten belassen, wenn sie sich dort wohl und geborgen fühlen.« –

Was stört sie an ihren Kindern. Wenn man an die Äußerungen der Kinder zurückdenkt und diese wohlwollenden Eltern sprechen hört, die es so gut mit ihren Kindern meinen, die so langmütig und nachsichtig sind, drängt sich die Frage auf: Was haben diese Eltern eigentlich an ihren Kindern auszusetzen. Auf diese Frage herrscht zunächst Schweigen. Sehr zögernd kommen einige Antworten:
»Wenn sie etwas zerstören – mutwillig.« –

»Sie dürfen ruhig ihre eigenen Ansichten, ihre eigene Art haben, und wenn sie sich apart kleiden wollen, nun – bitte – die Mode ist ja nun mal irgendwie – so oder so, das sollen sie ruhig tun, so lange sie sich im Charakter davon nicht verbiegen lassen, warum nicht?« –
Was ein verbogener Charakter ist, da gehen die Ansichten vermutlich weit auseinander. Eine Mutter meint auf die Frage: »Mich stören an den Jugendlichen am meisten die Eltern.« – Mit dieser Äußerung hat sie die Lacher auf ihrer Seite. Alle lachen so heftig, als ob sie damit selbst zugeben wollten, daß in der Erziehung die Schere zwischen Theorie und Praxis oft weit auseinanderklafft. Man denkt dabei unwillkürlich an die beiden Bibelsprüche: Der Geist ist willig, und das Fleisch ist schwach, oder: Wollen habe ich wohl, aber vollbringen das Gute fehlet mir. Daß dieser gute Wille vorhanden ist, geht aus den Gesprächen mit den Eltern deutlich hervor und läßt uns darauf vertrauen, daß die Lage ernst, aber nicht hoffnungslos ist.

Jugendliche wünschen Mitbestimmung. Im Dachgeschoß eines Parteibürohauses einer Großstadt in Nordrhein-Westfalen sitzt eine Jugendgruppe, etwa zwanzig Jungen und Mädchen zwischen 16 und 20 Jahren.
Wir unterhalten uns über die Frage, wer in der Familie bei wichtigen Dingen entscheiden sollte.
Rita G. ist für Gleichberechtigung, beide Eltern sollen bestimmen. Die meisten nicken zustimmend mit dem Kopf. Horst W. erklärt die Mutter für Haushaltsfragen zuständig, und der Vater soll über Autokauf und ähnliches entscheiden, überhaupt soll er bei größeren Anschaffungen das letzte Wort haben.
»Ich würde dem die Bestimmungsgewalt geben, der die größeren wirtschaftlichen Möglichkeiten hat«, meint Volker.
»Aha«, wirft Helga ein, »du meinst, wer das meiste Geld nach Hause bringt, der soll auch entscheiden, nee, bei mir nich.«
Anne-Grete gibt zu bedenken: »Na, und die Kinder? Ich würde meine Kinder schon früh daran gewöhnen, mitzuentscheiden.«
Man einigt sich schließlich darauf, daß beide Eltern gleichberechtigt sind und die Kinder, ihrem Alter entsprechend, allmählich miteinbeziehen. Selbst wenn sie undurchführbare oder extreme Vorstellungen haben, sollte man sie doch anhören und mit ihnen darüber reden.
Eva: »In die Haushaltskasse sollten die Kinder noch keinen

Einblick haben, aber über ihr Taschengeld soll man sie selbständig verfügen lassen.«
Rita: »Ich würde die Kinder auch bei der Einteilung des Haushaltsgeldes schon mitbestimmen lassen, zumindest Einblick geben. Beim Taschengeld denken sie nur an sich. Wenn sie aber mitkalkulieren lernen, ob man dieses oder jenes Fabrikat kauft und warum, dann lernen sie besser einteilen.«
Antje: »Mein kleiner Bruder sollte neulich einkaufen, Waschpulver, meine Mutter hatte nicht gesagt, welche Marke. Er brachte ein Waschmittel, das meine Mutter noch nicht kannte. Als sie ihn fragte, warum er nicht das Waschmittel gebracht hätte, das sie sonst immer kauft, sagte er: Ach, die geben ja so an mit ihrer Reklame, angeben, das find ich gar nicht gut.«
Neben den Dingen, die die ganze Familie angehen, wünschen alle mehr Entscheidungsfreiheit bei den Angelegenheiten, die die Person des Kindes betreffen.
Lars: »Ich hab mich immer so geärgert, wenn ich um eine bestimmte Zeit ins Bett sollte. Vielleicht wäre ich freiwillig nicht viel später ins Bett gegangen, als meine Eltern es wollten, aber der Zwang reizte mich immer zum Widerspruch. Ich werde meine Kinder mal selbst entscheiden lassen, wann sie abends ins Bett gehen wollen.«
Horst: »Meine Eltern sagten immer: Mit dem oder mit dem Jungen sollst du nicht spielen, weil er ihnen nicht gefiel. Man soll sich seine Freunde selbst aussuchen dürfen und dann selbst seine Erfahrungen machen.«
Ulrike: »Auch über Kleider und Mode soll man die Kinder selbst entscheiden lassen. Immer dieses Geplärr über zu kurze Kleider und zu lange Haare. Als ob sie nicht auch mal jung gewesen wären. Ich hab neulich im Fernsehen ne Sendung gesehen von früher, als die Jungens beim Wandervogel auf einmal kurze Hosen trugen und als sich die Mädchen ihre Zöpfe abschneiden ließen. Das war ne Aufregung, so was kommt doch immer wieder, daß die Jungen es anders machen als die Alten. Da soll man die Jugend gewähren lassen.«

Wunschbilder der Eltern. Während solcher und ähnlicher Überlegungen fragen wir uns: Was haben die heutigen Erwachsenen eigentlich für Vorstellungen, welche Eigenschaften sähen sie gern an ihren Kindern.
Jetzt reden alle durcheinander:

»Gehorsam – gute Manieren – gute Zensuren in der Schule – en strammer Soldat – son Sonntagsjunge, sauber gewaschen, ordentlich gekleidet, wie aus'm Quelle-Katalog.«
Hartmut: »Ich glaub, die Eltern stellen sich immer ein Kind vor, das genauso ist, wie sie selbst gern sein möchten, also en bißchen besser als sie selbst. Auch sozial soll es später ne Stufe höher rücken, aber auch wieder nich zu hoch. Wenn einer Arbeiter is, soll sein Sohn Vorarbeiter werden, wenn er Meister ist, Obermeister, aber um Gottes willen kein Akademiker.«
»Stimmt«, sagt Volker, »sie sehen in den Kindern so eine Art Idealbild von sich selbst. Daher auch das Geprahle mit den guten Zensuren, die sie früher in der Schule hatten. Kann man natürlich nicht nachprüfen, Zeugnis is beim Bombenangriff verlorengegangen.«
Udo: »›Machste wohl Schularbeiten‹, sagt mein Vater, wenn ich Platten spielen lasse, aber wenn man ihn fragt: ›Hilfste mir, Vater?‹ dann knurrt er: ›Mach, daß de 'rauskommst.‹«
Bei diesem Bemühen, die Kinder nach einem Idealbild zu formen, das sie selbst nicht erreicht haben, gehen die Eltern oft recht brutal vor. Von den etwa 20 Jugendlichen hat nur einer keine Schläge bekommen. Alle anderen sind mit den verschiedensten Werkzeugen verhauen worden, mit Stöcken, Teppichklopfern, Kleiderbügeln, Kochlöffeln, Handfegern und dergleichen.

Wenn Eltern sich schlecht benehmen. So rasch und so hart die Eltern die Fehler ihrer Kinder bestrafen, so empfindlich reagieren sie, wenn man sie selbst bei einer falschen Handlung, bei schlechtem Benehmen oder bei einer Unaufrichtigkeit ertappt.
»Sie versuchen sofort, sich ins rechte Licht zu rücken.« –
»Sie fangen laut an zu schreien.« –
»Wenn du jetzt nicht den Mund hältst«, heißt es dann. –
»Das geht dich nichts an.« –
»Sie streiten es einfach ab.« –
Bis auf zwei Jugendliche, die angeben, »einigermaßen« verständnisvolle Eltern zu haben, fühlen sich alle zu Hause nicht recht wohl. Sie wünschen sich einen freundlichen oder auch ruhig einmal harten Meinungsaustausch, jedenfalls das Recht und die Möglichkeit, ihre Ansichten zu äußern, und zwar in der Weise, daß man sie auch respektiert.

Vorläufig sieht es mit dem Gespräch in den Familien noch schlecht aus.
Gerhard: »Bei uns wird überhaupt nicht gesprochen. Beim Essen redet man nicht, sagt mein Vater.«
Axel: »Jeder denkt beim Essen an das, was ihn beschäftigt. Dann drehen wir das Fernsehen an.«
Karin: »Wir reden meist über belanglose Dinge. Oder meine Eltern kritisieren, was ihnen an uns nicht gefällt, daß ich zuviel ausgehe und so was.«

Sie wollen es später anders machen. Wohl fühlen sich zu Hause nur die wenigen, die ein eigenes Zimmer haben. Die meisten beklagen sich bitter, daß die Wohnung zu klein ist, daß sie nicht wissen, wohin sie gehen sollen, denn abends bei den nörgelnden Eltern zu sitzen, die ganz andere Ansichten vertreten, ist ihnen eine Qual. So ist ihnen der Clubraum der Jugendgruppe – einige gehören außerdem einem Sportverein an – zur zweiten Heimat geworden. Hier stehen Räume zur Verfügung, hier finden sie Gesprächspartner.
Keiner von den zwanzig Jugendlichen möchte seine Kinder so erziehen, wie er selbst erzogen worden ist. Nur zwei sind teilweise mit der Erziehung ihrer Eltern einverstanden. Die meisten möchten es von Grund auf anders machen. Sie wollen sich bemühen, in ihren Kindern einen gleichberechtigten Partner zu sehen, und sie möchten ihre Kinder nicht durch Strafen und Drohungen zu einem bestimmten Verhalten zwingen, sondern wollen versuchen, ihnen ein Vorbild zu sein.
»Ich habe aus den Fehlern meiner Eltern viel gelernt«, sagt Rainer, »ich werde meine Kinder langsam, schrittweise mit den Rechten und den Pflichten, die sie haben, bekannt machen. Kinder sind klüger, als die Erwachsenen oft denken. Man sollte sie genauso behandeln, wie man selbst behandelt werden möchte.«

Einzelgespräche mit straffällig gewordenen Jugendlichen

Grenzfälle rücken die Fehler der Eltern ins Rampenlicht. Am deutlichsten tritt das falsche Verhalten der Eltern bei den Jugendlichen zutage, die schon einmal mit dem Gesetz in Konflikt geraten sind.

Auf den folgenden Seiten werden Gespräche mit straffällig gewordenen Jugendlichen wiedergegeben. Aus den Worten dieser Jungen geht oft hervor, daß die Kinder, wenn ihre Eltern, ohne selbst ein Vorbild zu sein, Gehorsam verlangen, ein gestörtes Verhältnis zu ihrer Umwelt bekommen. Ist dieser Fehler der Eltern besonders ausgeprägt, so werden die Kinder fast zwangsläufig in eine falsche Bahn gedrängt, weil sie keinen anderen Ausweg aus ihrer Situation sehen. Sie haben zwar einiges aus den Fehlern ihrer Eltern gelernt, wissen aber nur sehr ungenau, wie man es besser machen könnte. Selbst wenn diese Jugendlichen nicht »kriminell« werden, kann man beobachten, daß diejenigen, die mit Schlägen und Drohungen erzogen wurden, zu radikalen Lösungen neigen. Dabei unterscheidet man zwei Gruppen: Die einen möchten die bestehenden Verhältnisse mit Gewalt verändern, die anderen wollen es beim alten belassen, aber sie rufen nach einem starken Mann, der mit »eisernem Besen« Ruhe und Ordnung schafft.
Dagegen sind Kinder, die mit ihren Eltern in einem partnerschaftlichen Verhältnis leben, eher geneigt, notwendige Veränderungen durch friedliche Reformen, durch Gespräche und Diskussionen herbeizuführen.

Bei uns zu Hause ist immer Krach. Lothar H., 18 Jahre, ist wegen verschiedener Delikte bestraft worden. Er hat mit einem gestohlenen Auto, betrunken, ohne Führerschein einen schweren Unfall verursacht.
Lothar macht heute seine Eltern für sein Versagen mitschuldig: »Ich würd meine Kinder anders erziehen, viel strenger. Meine Eltern haben zu viel durchgehen lassen.« Was er sich unter »viel strenger« vorstellt, kann er nicht recht erklären. Auf die Frage nach der Prügelstrafe antwortet er:
»Nein, schlagen würd ich se nich, vielleicht die Kleinen doch, ja, bis zu sechs Jahren. Ich bin oft geschlagen worden, aber das imponiert mir nich. Taschengeldentzug ist viel schlimmer als Schläge. Aber was wichtig ist für de Kinder, ein geregeltes Familienleben. Bei uns zu Haus is immer Krach. Meist wegen Geld. Wir haben ne teure Wohnung. Mein Vater geht immer suppen un hat ne Freundin. Meine Schwester wohnt auch bei uns mit nem unehelichen Kind. Meine Mutter macht de Hausarbeit, die is immer am Putzen und am Schimpfen. Inne Wohnung soll alles immer piksauber sein. Putz dir die Füße ab,

mach den Teppich nich schmuztig, faß die Türen nich an mit deinen schmutzigen Händen. Na, un nich so viel Geld ausgeben, abends nich so spät nach Hause kommen.«
Als ich mich danach erkundige, wie seine Eltern auf Kritik reagieren, meint er: »Die würden sagen: Da haste nichts dreinzureden. Aber ich würd auch so was gar nich sagen, geht mich ja nichts an, sollen sehn, wie se zurechtkommen, haben ja geheiratet.«
Gleichzeitig beklagt er sich bitter über die Gleichgültigkeit seines Vaters, der sich für ihn nie interessiert hat:
»Nur als ich den Unfall gebaut hatte, da war er auf neunzig, da hat er 'n Tobsuchtsanfall gekriegt, hat meine Schwester mir erzählt. Ich war ja bewußtlos, paar Tage, hatte 'n Schädelbruch, Arme, Beine, alles verletzt. Einmal hat er mich besucht im Krankenhaus, hat er an meinem Bett gesessen, kein Wort gesprochen, mich nich einmal angeguckt. Un ich lag da mit meine kaputte Knochen, war doch Strafe genug. Der spricht bis heute nich mit mir. Aber ich geh von Hause weg, sobald ich 21 bin, dann heirate ich, irgend jemand, is ganz egal, nur um von Haus wegzukommen.«

Wenn man reden will, hört keiner zu. Erwin O. ist 19 Jahre alt, er hat ebenfalls ein Auto aufgebrochen, gemeinsam mit einem Freund machte er damit eine Tour, landete in einem Graben und ließ das Auto stehen. Seine Strafe ist zur Bewährung ausgesetzt. Er arbeitet in der Packerei einer Fabrik.
Erwin ist mit seinem Elternhaus – so scheint es zunächst – ganz zufrieden. »Ich hab en eigenes Zimmer, mein Essen steht aufm Tisch, wenn ich nach Hause komme. Mein Vater ist streng, meine Mutter etwas toleranter.«
Über die äußeren Umstände äußert er sich ganz positiv, gleichzeitig strebt er aus dem Hause, da ist nichts, was ihn hält.
»Immer haben se was an mir auszusetzen, abends ausgehen, zuviel Geld ausgeben, Mädchen, lange Haare, Kleider. Ich kauf so gerne ine Boutique, dat is ihnen zu teuer, hätten lieber, dat ich zu C un A gehe. Na ja, Schläge hab ich auch gekriegt. Nich zu knapp. Heute nich mehr, höchstens mal ne Ohrfeige. Mein Vater will, dat wir ordentlich un anständig sind, un Bildung, also, in der Schule gut lernen, dat wer später nen bessern Posten kriegen. Also Schläge, sicher, muß ab und zu sein, aber nich zu viel. Ich würd mein Kind anders erziehen, mehr Tole-

ranz un Verständnis. Nich dauernd schlagen, über sieben Jahre überhaupt nich mehr. Ich würd se anbrüllen, dat wirkt auch. Und ne Ohrfeige, ganz ohne geht et ja wohl nicht, kann ich mir nich vorstellen, nä, ehrlich, aufn Tisch klopfen un ne Ohrfeige, das muß ab un zu sein. Aber sonst. Ich würd mich mehr um meine Kinder kümmern, um ihre Interessen. Ich zum Beispiel, ich interessiere mich für Fische, für Autos un für Bilder. Ich geh demnächst ine Volkshochschule, hab ich mir vorgenommen. Ich will umschulen auf Grafiker. Da verdient man viel Geld, hab ich gehört. Aber zu Hause interessieren se sich für gar nichts. Wenn ich abends nach Hause komme, da sitzen se alle vor dem Kasten und stieren da rein, der läuft immer, bis um elf Uhr, Reklame, Krimis, alles. Krimis find ich schrecklich, auch die blöden Cowboyfilme mit der Knallerei. Mir steht das Fernsehn bis hier. Wenn man mal en Wort reden will, die hören gar nich auf einen, dann geh ich weg.«

Vater war immer weg, und Mutter jammerte. Manfred B. ist 21 Jahre alt. Er wurde in einem Supermarkt dabei ertappt, daß er Waren verschwinden ließ. Er ist Hilfsarbeiter.

»Ich wohne jetzt bei meinen Großeltern, seit meine Eltern sich getrennt haben, vor zwei Jahren. Meine Mutter hat sich nie viel um mich gekümmert, mein Vater noch weniger, er trinkt und geht mit Mädchen. Ich wurde immer nur geschimpft, wegen meiner Klöngelichkeit, weil ich zuviel Geld ausgebe un wegen Mädchen. Dann haben se mir das Taschengeld gekürzt, rumgebrüllt, Ohrfeigen, ich durfte nich von Hause weg. Aber ich bin doch immer von Hause weg, was sollte ich denn zu Hause. Vater war immer weg, Mutter jammerte. Wenn ich von der Arbeit kam, stand kein Essen auf dem Tisch. Jetzt bei den Großeltern hab ich es besser. Wenn ich nach Hause komm, hab ich mein Essen. Meine Sachen macht die Oma in Ordnung. Oma un Opa, mit den beiden versteh ich mich ganz gut. Die fragen mich schon mal um Rat, die wissen sich heute mit der neuen Zeit nich so zurechtzufinden, mit dem Einkaufen un so. Aber, über sonst was kann ich mich mit denen auch nich unterhalten. Darum geh ich abends immer aus, in Lokale. Warum wollen se das alles von mir wissen. Über Erziehung wollen se schreiben? Dat interessiert mich auch. Über Erziehung sprechen wir auch oft, wenn wir abends zusammensitzen. Wenn einer was gemacht hat, wat sich nich gehört, dann sagt der eine:

Wenn dat mein Junge getan hätte, dem würd ich den Hintern verhauen! Und der andere: Ne, so geht dat nich! Man muß den Kindern alles erklären, se richtig an de Probleme 'ranführen, ihnen beistehen. Wenn se zum Beispiel 'nen Panzer haben wollen, ihnen erklären, warum se kein Kriegspielzeug haben sollen. Auch aufklären soll man die Kinder beizeiten, damit se nich auf der Straße, oder von Kolle, dat find ich nich richtig. Ich mein, auch die Kinder sollen nich immer den untersten Weg gehen. Mein Vater will immer recht behalten, und ich denk dann, laß ihn, der Klügere gibt nach. So sind die meisten Eltern. Neulich fuhr ich mit meinem Freund und seinen Eltern im Auto. Der Vater fuhr bei Rot über die Ampel. Mein Freund sagte ihm das, zack, haut der Vater ihm eine 'runter.«

Obwohl Manfred die Prügelstrafe, wenn er darauf angesprochen wird, ablehnt, »weil die Kinder dadurch Minderwertigkeitsgefühle und körperlichen Schaden bekommen«, kann er sich eine Erziehung ohne Prügel nicht vorstellen. Er wird vermutlich seine Kinder, »wenn se nich parieren«, auch wieder schlagen.

Da er mit seinen Eltern, mit seinen verschiedenen Arbeitgebern und mit den Verhältnissen überhaupt sehr unzufrieden ist, frage ich ihn, ob er sich für Politik interessiere.

»Nein, für Politik interessiere ich mich überhaupt nicht. Wat soll ich denn wählen, KPD oder NPD? Der einzige, der mir gefällt, ist Strauß. Der schafft Ordnung. Wat die Studenten sich jetz erlauben, dat geht zu weit. Damals, ich weiß ja nich, ob dat stimmt, wat se einen da erzählen, damals bei Hitler, da war Ordnung und Ruhe.«

Manfred hat ein starkes Bedürfnis nach Veränderung seiner augenblicklichen Verhältnisse. Er verneint seine Erziehung und kritisiert die Erwachsenen, die über ihn bestimmt haben, aber er übernimmt zum großen Teil doch wieder deren Vorstellungen. Seine Kinder sollen »ordentlich, sauber, pünktlich, gehorsam« sein. Sie sollen in der Schule gut lernen, »auch die Mädchen, damit se en Beruf haben, wenn et nich klappt mit der Ehe«. Er will zwar seinen Kindern ein Vorbild sein, will nicht sagen »weiß nicht«, wenn sie mit Fragen zu ihm kommen. Aber »wenn se nich hören wollen«, dann will er sie »durchhauen«. »Geht doch nich anders, was soll man denn machen.«

Die Verurteilung der Studenten gibt ihm selbst einen gewissen Halt, an den er sich klammert. Durch seinen Konflikt mit dem

Gesetz kommt er sich sozial etwas deklassiert vor, da empfindet er die Studenten, die von vielen Erwachsenen beschimpft werden, mit einer gewissen Erleichterung als eine Gruppe von Menschen, die er, indem er mitschimpft, noch unter sich bringen kann. Damit steht er nicht mehr an letzter, sondern an vorletzter Stelle.

Vater ist zu streng und Mutter zu weich. Peter V. ist 19 Jahre alt. Er hat mit einem Freund Automaten »geknackt«. Heute arbeitet er als Automechaniker in einer Reparaturwerkstatt.
Auf die Frage, ob er seine Kinder so ähnlich erziehen würde, wie er selbst erzogen ist, antwortet er:
»Nein, ganz anders, ohne Schläge, toleranter, mit mehr Verständnis für die Kinder. Meine Eltern wollten alles mit Strenge durchsetzen, besser gesagt, mein Vater. Mein Vater ist zu streng, und meine Mutter ist zu weich. Ich würde meinen Kindern mehr erklären, was sie tun sollen und was nicht und warum. Meine Eltern sind keine Psychologen, sie sind eigentlich gar nicht in der Lage, Kinder zu erziehen. Wir haben immer Streit zu Hause, mein Vater schreit herum, weil ich zuviel Geld ausgebe, weil ich zu spät nach Hause komme, dann über meinen Modefimmel. Ich trag gern schicke Sachen, wenn ich mir so ein neues Teil kaufe, masselt mein Vater immer: Ich hab früher immer gespart, hält er einem dann vor. Wegen solcher Sachen gibt's immer Streit. Ich kann reden wie 'n Buch, mein Vater nich so, das macht ihn wahnsinnig. Er ist sehr streng erzogen worden, nun meint er, ich müßte auch immer den untersten Weg gehen. Er will uns immer nur 'rumkommandieren, aber wenn wir ihn mal kritisieren, dann wird er wütend: »Ich bin schließlich Herr im Haus, haste dich nich drum zu kümmern«, oder so ähnlich heißt es dann. Aber sonst kann ich nich klagen, ich hab zu Haus alle Bequemlichkeiten, ein eigenes Zimmer, Wäsche un Essen. Nur mit dem Geld, was ich zu Hause abgeben muß – mein Vater übervorteilt mich eindeutig. Aber das hol ich mir bei der Mutter wieder 'rein. Anfangs hab ich mich öfter mit meinem Vater gezankt. Heute mach ich es mehr mit Diplomatie. Hat ja alles keinen Zweck. Aber, Kinder sollen sich nich alles gefallen lassen, da können se sich später im Arbeitsleben auch nich durchsetzen.«
Peter hat sich auf seine Weise mit den Eltern und ihren Schwächen arrangiert. Er durchschaut sie, aber er opponiert nicht,

sondern versucht durch das, was er Diplomatie nennt, zu seinem Recht zu kommen.

Eine richtige Unterhaltung kam nie auf. Wilfrid S. hat eine kaufmännische Lehre hinter sich. Angeregt durch Kriminalfilme, verübte er mit zwei Kumpanen einen Einbruch in einem Eisenwarengeschäft. Bis zu dem Einbruch lebte er bei seinen Eltern, danach hat ihn der Vater »'rausgeschmissen«, jetzt wohnt er bei der Großmutter. Er ist 19 Jahre alt.
»Ich hab mich eigentlich nie so richtig mit meinen Eltern verstanden. Aber meine Eltern hatten auch untereinander kein gutes Verhältnis. Wenn der Vater ein Auto wollte, dann sagte die Mutter: Nein! Wenn die Mutter eine andere Wohnung wollte, dann sagte der Vater: Wozu? Als ich klein war, schimpfte die Mutter, daß ich zu wenig esse. Später kritisierten sie andere Sachen, wenn ich Platten hören wollte: Immer diese Musik! Oder wie man 'rumläuft, lange Haare, und was man anzieht. Sie selbst waren natürlich Engel, als sie jung waren, haben ihren Eltern aufs Wort gehorcht, waren fleißig, ordentlich, ehrlich. Und dann immer dieses Vorschwärmen: Wir tun doch alles für dich. So ging das immer, ne richtige Unterhaltung kam nie auf. Entweder sie schimpften und machten mir Vorhaltungen, oder es wurde überhaupt nicht geredet. Keiner kümmerte sich um mich, alles lief irgendwie, aber so gleichgültig. Nur wenn die Lehrer meckerten, guckten sie so zwei bis drei Wochen mal flüchtig auf meine Schularbeiten. Ich war anfangs nicht gut in der Schule, hab nie gelernt zu lernen. Dann in der achten Klasse wurd ich auf einmal wach, auf einmal bekam ich Interesse. Da bekam ich ein gutes Abschlußzeugnis. Der Lehrer sagte: Der hat das Können für die Realschule. Ich mit dem guten Zeugnis strahlend nach Hause, aber die Mutter warf kaum einen Blick drauf, war ganz gleichgültig und gab mir nur Geld. Von Weiterlernen – kam gar nich in Frage. Damals war ich richtig verzweifelt. Ich hab Schlaftabletten genommen, wollt weggehen, aber hat nich geklappt. Jetzt bin ich bei der Oma, da hab ich et soweit ganz gut, die macht mir keine Vorschriften. Aber unterhalten kann ich mich mit ihr nicht, sie spricht immer nur über ihre Galle. Da geh ich lieber abends aus'm Haus. Ich kann kommen, wann ich will, Oma sagt nur: Komm nicht zu spät. Mein Vater machte mir immer einen Plan: über die Woche um halb zehn zu Hause sein und samstags und

sonntags um halb elf. Wenn ich nicht tat, was er sagte, gab's Senge. Viel Schläge hab ich gekriegt, aber wenn ich jetzt so bedenke: Mein Vater wußte es auch nicht besser, er hat selber viel Schläge gekriegt. Ich würd es mal ganz anders machen. Das viele Schlagen, damit erreicht man doch nichts, nur Trotz und Wut, vielleicht sogar Haß gegen die Eltern. Gott, sicher, die Kinder bringen einen schon mal auf neunzig, aber, ich mein, der Vater muß sich in der Gewalt haben. Ich würde meine Kinder nich dauernd kritisieren, aber loben würd ich se auch nich, dann werden se eingebildet. Vielleicht mehr anerkennen. Ja, Anerkennung, das is das Richtige, dann wächst der Wille, mehr zu tun, dat Richtige zu tun. Ich würd mich als Vater zuerst mal fragen, wat hab ich falsch gemacht. Na, und dann ein ganz ander Verhältnis zwischen Vater und Sohn, mehr Kameradschaft. Nee, Kameradschaft is auch nich so ganz, auf jeden Fall mehr Freiheit lassen, aber mehr erklären, die Vorteile und Nachteile erklären, und dann entscheiden lassen.«

Ich bin gern zu Hause, weil ich da gern gesehen bin. Detlev W. ist 21 Jahre alt. Er wurde von der Polizei ertappt, als er von einer Party in Schlangenlinien über eine Hauptgeschäftsstraße fuhr. Er ist wegen Trunkenheit am Steuer bestraft worden.

»Ich hab es zu Hause sehr gut. Vielleicht könnte ich das gar nicht so beurteilen, wenn ich nicht Freunde hätte, die sich zu Hause gar nicht wohl fühlen. Meist sind es die Väter, die sich aufspielen, daß sie der Herr im Hause sind, die dauernd an ihrem Sohn herumnörgeln. Meine Eltern leben getrennt. Ich wohne bei meiner Mutter. Wir verstehen uns ganz gut. Sie läßt mir viel Freiheit. Ich kann meine eigenen Wege gehn. Aber ich bin auch gern zu Hause, weil ich weiß, daß ich da gern gesehen bin.«

Auf die Frage, wie seine Mutter reagiert, wenn man sie kritisiert oder korrigiert, wenn sie etwas falsch gemacht hat, antwortet er:

»Ja, das kommt schon mal vor, und meine Mutter sieht das eigentlich immer ein. Ich merke sogar, daß sie mir dafür dankbar ist, wenn ich sie kritisiere. Sie gibt das nicht so offen zu, aber indirekt gibt sie mir das zu verstehen.«

Detlev ist für eine Erziehung ohne Zwang:

»Durch Schläge wird man doch nur bockig. Ich würde meine Kinder genauso behandeln – na, wie Erwachsene ansprechen

und anerkennen. Ich möchte, daß meine Kinder aufgeschlossen, objektiv werden, aber keinen Ehrgeiz, also keine Wunderkinder, sondern guter Durchschnitt. Wenn ich so sehe, wie das bei anderen zu Hause ist, bei meinen Freunden, wo der Vater immer bestimmen möchte und meint, die anderen hätten nichts zu sagen. Meine Mutter hat ja auch nicht alles richtig gemacht. Wenn ich so bedenke, bis zum zehnten Jahr, ja, da hab ich nichts dran auszusetzen. Aber zwischen zehn und fünfzehn, in der Zeit hat se mich zu sehr als Kind behandelt, na, Schwamm drüber, aber danach, also jetzt, jetzt behandelt sie mich richtig. Ich meine, wenn man es richtig anfängt, kann man auch ohne Zwang und ohne Strafen auskommen. Man muß nur auf die Kinder eingehen, man muß sich mit ihnen beschäftigen, also gemeinsame Spiele, meinetwegen auch Fernsehen zusammen, Fernsehen is nämlich nich immer schlecht, es gibt auch viele gute Sendungen. Und wenn se älter werden, soll man se auch ihre eigenen Wege gehen lassen. Nich, daß man sich gar nich um se kümmert, aber nich so, daß s' es merken. Sie sollen ja auch mal lernen, sich durchzusetzen im Leben, im Beruf. Aber auch wieder nich so egoistisch. Ne eigene Meinung sollen se haben und auch eventuell gegen die große Menge vertreten. Aber so im Ganzen sollen se nich gegen die Allgemeinheit eingestellt sein, sondern sich für die Allgemeinheit einsetzen.«
An dieser Stelle des Gesprächs erkundige ich mich, ob Detlev sich für Politik interessiert, was er eifrig bejaht. Ich frage ihn, ob er sich erinnern kann, wann sein Interesse für Politik wachgeworden sei. Er denkt einen Augenblick nach und sagt dann:
»Ich glaube, ja, ich weiß es sogar ganz genau. Als ich mal etwas Unrechtes getan hatte, da haben meine Freunde zu mir gehalten, da haben sie mich gegen die anderen, die gegen mich waren, beschützt. Da hab ich zum erstenmal gespürt, was das bedeutet, Gegenseitigkeit, und dann kam auch das Interesse an der Allgemeinheit und an der Politik.«

Die Rückzugsgefechte der Autorität

Etwas mehr Freiheit, aber kein Konzept. Wenn man die Aussagen der Kinder aufmerksam liest, merkt man deutlich, daß die Autorität, trotz Schlagen und Schimpfen, den Rückzug an-

getreten hat. Es handelt sich jedoch nur bei wenigen um einen bewußten, geplanten oder gar vorbereiteten Rückzug. Die meisten Eltern folgen dabei etwas gedankenlos einem Trend. Sie lassen die Zügel schleifen, weil man – das merkt schließlich jeder – heute allgemein etwas freier geworden ist als in ihrer eigenen Jugend.
Sobald aber Schwierigkeiten in der Erziehung auftreten, wird die Erinnerung an die eigene Kindheit mit ihrer strengeren Zucht wieder wach. Man gibt die Schuld an den Schwierigkeiten zu einem Teil dem Kind und zum anderen Teil der immer mehr schwindenden Autorität. So kommt es zu der schizophrenen Haltung vieler Eltern, vor der die Kinder manchmal ganz ratlos stehen. Lange Zeit lassen sie »alles laufen«, geben ihren Kindern recht oft ein schlechtes Vorbild, und wenn die Kinder dieses schlechte Vorbild nachahmen, dann spielen sie sich plötzlich als Autorität auf, brüllen und schlagen um sich. Wie ein roter Faden zieht sich durch die Äußerungen fast aller Kinder dieser Seufzer. Mein Vater ist ja ganz nett, er ist oft richtig gutmütig, man kann mit ihm Pferde stehlen. Aber manchmal benimmt er sich einfach unmöglich.
Der Ausdruck »Pferde stehlen« kommt einige Male vor. Er kennzeichnet sehr genau die Situation, in die sich die Väter hineinmanövriert haben. Dem Zug der Zeit folgend suchen sie ein kameradschaftlicheres Verhältnis zu ihren Kindern. Aber, da sie noch stark vom Autoritätsdenken geprägt sind, wird aus der Kameradschaft leicht eine Kameraderie, mit etwas burschikosem Tonfall, der dem Kind jovial, von oben herab, auf die Schulter klopft, sich zeitweise bei ihm anbiedert und der dann oft, wenn das Kind einen Fehler macht, blitzschnell umschlagen kann in einen harten Befehlston, in Schimpfen, Anbrüllen oder Schlagen.

Eltern, die eigentlich ganz nett sind. Darum haben die Kinder recht, wenn sie sagen: mein Vater ist eigentlich ganz nett ... Ich möchte behaupten, 95 Prozent der Eltern sind eigentlich ganz nett, vielleicht sogar 98 Prozent. Was sie gelegentlich so unsympathisch erscheinen läßt, ist ihrer Unwissenheit in Fragen der Erziehung zuzuschreiben. Weil sie es ganz einfach nicht besser wissen, bereitet ihnen der Übergang von der autoritären zur partnerschaftlichen Erziehung Schwierigkeiten. Diese sind erst zu überwinden, wenn wir bereit sind, den Wandel vom

obrigkeitsstaatlichen zum demokratischen Denken, der unsere Gesellschaft langsam verändert, auch in der Familie zu vollziehen.
Bei diesem Wandel kommt es immer wieder zu Mißverständnissen. Die »ungelernten« Eltern – sie sind vorläufig in der Überzahl – setzen der Demokratie in der Kinderstube soviel Widerstand entgegen, weil sie befürchten, daß bei einer Erziehung ohne Gehorsamszwang alles »drunter und drüber« geht.

Gebote und Verbote sollten einen Sinn haben. Aber ebenso wie es einen perfekten Gehorsam nie gegeben hat, so sollten wir uns eine Erziehung ohne Gehorsamszwang nicht perfekt vorstellen. Selbst wenn wir einmal annehmen, daß wir den Gehorsam weitgehend durch ein gutes Vorbild ersetzen, so kommen wir doch beim Kleinkind nicht ohne Verbote aus. Dort wo das Leben und die Gesundheit des Kindes bedroht sind, wo die Rücksicht auf den Mitmenschen es erfordert, da gibt es Verbote und Gebote, die klar ausgesprochen oder auf andere Weise deutlich gemacht werden sollten, so daß sie das Kind auch versteht.
Vermutlich könnte man diese Verbote und Gebote auf ein Minimum einschränken, wenn alle Menschen Engel wären. Die Kinder würden dann – aus reiner Nachahmung – ebenfalls ein engelhaftes Benehmen an den Tag legen. Da wir aber keine Engel sind, sollten wir das zumindest zugeben und uns bei unsern Kindern entschuldigen, wenn wir etwas falsch gemacht, wenn wir uns schlecht benommen haben.

Wir sind keine Engel. Jeder von uns macht Fehler. Wer bereit ist, sie einzusehen und einzugestehen, der lernt aus Fehlern mehr als derjenige, der immer alles richtig macht, besser gesagt, der alles richtig zu machen glaubt.
Das Verhältnis zu den Kindern, das sich aus dieser Grundeinstellung ergibt, wird in dem Brief einer jungen Mutter deutlich, die zum Thema Gehorsam schreibt:
»Absoluter Gehorsam, nein, bedingter Gehorsam, ja. Z. B. Manuel, 18 Monate alt, muß einfach bestimmte Dinge respektieren, daß man nicht an den Elektroherd darf, daß es nicht zweckmäßig ist, den Abfalleimer in der Küche auszuleeren. Hört er nicht auf gutes Zureden, dann gebe ich ihm einen Klaps

oder setze ihn vor die Tür. Bei den drei anderen (Hannes 6, Jochen 4, Marcel 3) versuche ich stets, meine Wünsche einsichtig zu machen. Grundsätzlich bitte ich. Und bestimmte Verhaltensweisen haben sich so eingespielt, daß sie inzwischen selbstverständlich befolgt werden, z. B. Mittagsruhe (die auch ich mir gönne, weil ich sie brauche), oder aufräumen (bei vier kleinen Kindern muß man das). Wird ein Spielzeug nicht weggeräumt, dann verschwindet es halt für eine Zeitlang, die Kinder wissen auch, warum. Im übrigen erkenne ich immer mehr, daß ich mit Humor und Lachen weiterkomme als mit »eiserner Konsequenz«. Jeder von meinen vier Burschen weiß, daß er mein liebstes Kind ist, von daher reguliert sich alles. Vater ist ihr großes Vorbild und oft ihr Kumpan. Vorbild aber auch darin, daß er nichts vor ihnen zu vertuschen sucht, wenn er mal einen Fehler gemacht hat. Wir möchten, daß die Kinder uns Erwachsene nicht als unfehlbar betrachten, um so eher sind sie bereit, ihre eigenen Fehler einzugestehen und abzulegen.
Es hat unsere Kinder ungemein erleichtert, als wir ihnen sagten, daß wir auch vieles falsch machen und uns dann bemühen, den Schaden wiedergutzumachen. Selbstverständlich entschuldigen wir uns auch bei den Kindern, wenn wir einem unrecht getan haben. Und die Absolution sieht dann manchmal so aus: Hannes sagte neulich zu mir: »Laß man, Mutter, ich hab dich trotzdem lieb.«
Diese Liebeserklärung ist eine spontane Erwiderung auf das Eingeständnis der Mutter, daß sie einen Fehler gemacht hat.

Wir machen alle Fehler. Diese Fehler sind – auch in der Erziehung – durchaus verständlich. Schon wenn wir uns unseren Kindern gegenüber so verhalten, wie wir von unseren Eltern behandelt wurden, machen wir viele Fehler.
Darum sagt eines der Mädchen auf die Frage, wie es seine Kinder einmal erziehen wollte, ganz richtig: »Ich weiß es noch nicht. Wenn ich erwachsen bin, ist vieles sicher ganz anders als heute, dann wird man auch die Kinder ganz anders erziehen.«
Ein 13jähriger Junge hält es dagegen für durchaus möglich, daß er dieselben Fehler wieder machen wird, die er bei seinen Eltern so drückend empfand. Nachdem er deutlich ausgesprochen hat, daß man mit Zwang und mit – Schlägen nichts erreicht, schreibt er: »Jetzt finde ich das nicht richtig, aber vielleicht denke ich anders darüber, wenn ich erwachsen bin.«

Wer seine Fehler nicht korrigiert, kann auf Zwang nicht verzichten. Aus den Niederschiften dieser beiden Kinder erkennen wir schon die beiden möglichen Verhaltensweisen der Eltern. Die Eltern können darauf bestehen, daß Kinder gehorchen müssen. Mit Zwang und strengen Strafen erreicht man das verhältnismäßig rasch. In diesem Falle haben es die Eltern gar nicht nötig, ihre Fehler einzusehen und abzulegen.
Mit diesen Eltern, die sich nicht verändern wollen, bleibt die Zeit stehen – aber nur scheinbar. Da die Zeit nicht stille steht, müssen diese Eltern erleben, daß die Zeit über sie hinwegschreitet oder, daß sie mit ihren Kindern mehr oder weniger heftig zusammenstoßen. Selbst wenn es ihnen gelingt, ihre eigenen Kinder zum Gehorsam zu zwingen, so verstehen sie doch die Jugend ganz allgemein nicht mehr. Sie ärgern sich über diese Jugend und sie erregen selbst Ärgernis.
Wer den anderen Weg beschreitet, wer bereit ist, seine Fehler zu korrigieren, wird sich die Liebe, die Achtung, das Verständnis der Jugend erhalten können, da er ja nicht stehenbleibt, sondern mit fortschreitet.

Historisches Bewußtsein fördert Einsicht und Übersicht. Um seine Fehler einzusehen, braucht der Mensch Einsicht, und diese Einsicht erfodert – nicht nur auf dem Gebiet der Erziehung – ein gewisses historisches Bewußtsein. Ich muß wissen, wie es war, um vergleichen zu können, wie es heute ist. Aus diesem Vergleich kann ich sogar zu ungefähren Prognosen im Hinblick auf die Zukunft kommen.
Wenn wir unter diesem Gesichtspunkt einmal die vermeintlichen Tugenden und Untugenden unserer Kinder betrachten, um sie mit der geschichtlichen Entwicklung zu konfrontieren, der unsere Erziehungsvorstellungen unterworfen sind, dann können wir leichter beurteilen, ob wir unseren heutigen Standpunkt beibehalten oder ändern sollten.
Schauen wir uns die Wünsche und Vorstellungen der Eltern einmal etwas genauer an. Was meinen sie eigentlich damit, wenn sie sagen, daß ihre Kinder gehorchen sollen, daß sie »gute Noten nach Hause bringen«, sich gut benehmen, daß sie ehrlich sein und sich im Leben durchsetzen sollen.

Der abgenützte Imperativ

Wenn die Befehlsform zur Umgangsform wird. Merkwürdig, wie manche Frauen sich verändern, nachdem sie einige Kinder bekommen haben. Als ich vor fünf Jahren in einen anderen Stadtteil zog, war meine damalige Nachbarin noch eine muntere, gutaussehende junge Frau. Ihre beiden Mädchen spielten im Sandkasten, und das dritte Kind, ein kleiner Junge, lag noch im Kinderwagen.

Vor kurzem habe ich sie wieder einmal besucht. Aber welche Veränderung war mit ihr vorgegangen. Ihre früher so weichen, feinen Gesichtszüge hatten etwas Scharfes, Verkniffenes bekommen. Ihre Stimme klang hart und gereizt, wenn sie ihre Kinder – viel zu oft – zurechtwies: »Geh doch endlich in die Küche! – Machst du wohl die Tür zu! – Willst du den Teewagen stehenlassen! – Halt jetzt den Mund!« Die Kinder hörten kaum noch auf dieses Durcheinander von Befehlen, Verboten und Tadeln, und die Schwiegermutter saß mit mokantem Gesicht dabei und sagte spitz: »Meine Kinder haben früher immer aufs Wort gehorcht.«

Mir tat die junge Frau leid. Die Aufgabe, drei quicklebendige Kinder zu erziehen, war ihr offensichtlich über den Kopf gewachsen. Aber, woher sollte sie auch wissen, wie man Kinder erzieht. Sie hat eine gute Schulbildung, einen Beruf gelernt, aber niemand hat ihr je erklärt, warum das Kind in einem bestimmten Alter lieber nein als ja sagt. Sie kennt nicht die verschiedenen Stufen seiner geistigen und seelischen Entwicklung, darum steht sie so hilflos vor ihren Phänomenen.

Wenn die alten Leute so etwas hören, schütteln sie meist mißbilligend den Kopf. Sie verstehen nicht, warum heute so viele junge Eltern in der Erziehung versagen. »Früher war das alles ganz anders«, so hört man sie sagen, »da hatten die Kinder einfach mehr Respekt vor den Erwachsenen.« Das stimmt. Zur Zeit unserer Eltern und Großeltern war das Verhältnis zwischen Eltern und Kindern weitgehend von Befehlen und Gehorchen bestimmt, da gab es keine nennenswerten Erziehungsprobleme.

Das vierte Gebot. »Du sollst Vater und Mutter ehren, auf daß du lange lebest in dem Lande, das dir der Herr, dein Gott,

gibt.« Das ist ein klarer Befehl. Aber, wenn wir das Gebot auf unsere demokratische Vorstellungswelt übertragen, stimmt daran so gut wie gar nichts mehr.
Schon die erste Aufforderung: du sollst! bringt uns mit den humanen Umgangsformen zwischen Eltern und Kindern in Konflikt. Der Imperativ, so könnte man schlicht sagen, gehört in den Sprachschatz des Obrigkeitsstaates oder der Diktatur. Das bedeutet leider nicht, daß er darum heute nicht mehr gebraucht würde. »Halt deine Füße ruhig! – Willst du wohl stille sein! – Laß das – tu jenes!« Wenn man die Eltern mit ihren Kindern reden hört, gewinnt man oft den Eindruck, als sprächen sie nur in der Befehlsform zu ihnen. Mit unfreundlichen Worten wird das Kind getadelt, mit abwertender Kritik wird es beleidigt oder gar im Zorn geschlagen.
Wenn wir uns angewöhnen könnten, unsere Kinder höflich zu bitten, anstatt ihnen zu befehlen, wenn wir ihnen erklärten, warum sie dieses oder jenes tun oder lassen sollten, würde das Betriebsklima in der Familie sich schon entscheidend ändern. Der Imperativ hat sich, wenn wir etwas genauer hinsehen, sowieso längst abgenützt. Kinder, die daran gewöhnt sind, ständig in der Befehlsform angeredet zu werden, hören gar nicht mehr hin.
»Du sollst Vater und Mutter ehren . . .« heißt es weiter in unserem vierten Gebot. Dagegen wäre an und für sich nichts einzuwenden, wenn die Fortsetzung des Gebotes den Vätern und Müttern empfehlen würde, ihre Kinder genauso zu ehren, wie sie selbst geehrt werden möchten. Dann könnten die Kinder von den Eltern lernen, wie man sich gegenseitig achtet, wie man untereinander Rücksicht, Nachsicht und Hilfsbereitschaft übt. Wenn diese Tugenden auf Gegenseitigkeit beruhen, gewöhnt man sich daran – ohne daß eine der beiden Parteien ihr Gesicht verliert, weil sie sich ständig unterordnen, demütigen muß.
Statt dessen fährt das vierte Gebot fort: »Du sollst Vater und Mutter ehren, auf daß du lange lebest . . .« Auf dieses Versprechen im letzten Teil des Gebotes könnte man getrost verzichten, wenn die Eltern sich von vorneherein dazu entschlossen hätten, auch ihre Kinder zu »ehren«. Denn, wer seine Kinder »ehrt«, das heißt, wer sie liebt und zugleich achtet, der wird auch von seinen Kindern geliebt und geachtet. Der Zusatz: auf daß du lange lebest . . ., dieser Hinweis darauf, daß

ich, wenn ich meine Eltern ehre, belohnt werde, stammt ebenfalls aus der autoritären Vorstellungswelt. Wo fehlender Gehorsam bestraft wird, da muß Wohlverhalten natürlich belohnt werden.
Liebe und Achtung verlangen oder befehlen zu wollen, ist ein Unding, man empfängt sie als Gegengabe, wenn man sie selber gibt.

Was erreicht man mit Strafen. Jahrhundertealte Gewohnheiten kann man jedoch schwerlich von heute auf morgen ablegen. Immer noch und immer wieder versuchen es die Eltern heute mit dem »schnellen Weg«. Durch Strafen und Drohungen zwingen sie die Kinder zu einem Wohlverhalten, was immer sie auch darunter verstehen. Wenn man die Eltern direkt darauf anspricht, wenn man sie fragt, was sie sich von dem Zwang durch Strafen versprechen, dann sind viele unsicher.
»Man erreicht im Grunde gar nichts«, sagt eine Mutter. Aber warum schlagen dann 80 Prozent der Eltern ihre Kinder immer noch?
»Eigentlich bin ich nicht fürs Schlagen«, sagt eine Mutter, »aber, wenn mein Kind den gleichen Fehler immer wieder macht, wenn es sich bei meinen Bitten, Ermahnungen oder Befehlen einfach taub stellt, dann rutscht mir doch immer wieder einmal die Hand aus.«
Darauf wäre zu fragen, warum macht das Kind die gleichen Fehler immer wieder, warum hat es oft Watte in den Ohren.
Es gibt Kinder, die durch solch ein störrisches Verhalten die Aufmerksamkeit auf sich lenken wollen. Sie fühlen sich zu wenig oder nicht in der richtigen Weise beachtet. Durch »Unarten« erreichen sie, daß man sich mit ihnen beschäftigt. Ein anderes Kind macht den gleichen Fehler immer wieder aus einer Gegenreaktion heraus. Ein Erzieher, der zuviel bittet, zuviel anordnet, zuviel spricht, wird dem Kind lästig. Aber die Erfahrung hat es gelehrt, daß es dem Erwachsenen nicht sagen darf: Halt doch endlich den Mund!
Die Machtstellung des Erziehers dem Kind gegenüber ist groß. Manche Kinder empfinden dieses Schwergewicht als ein Übergewicht und lehnen sich, mehr unbewußt als bewußt, dagegen auf.
Diese Auflehnung dauert bei manchen Kindern kurze, bei anderen längere Zeit. Eines Tages, wenn das Kind seine Eltern

kennengelernt hat, ändert es sein Verhalten. Es stellt sich auf das Verhalten der Eltern ein. Aber diese Anpassung ist durchaus nicht immer positiv zu bewerten.

Wie behandelt man strenge Eltern. Dorothee B. ist ein »Mädchen aus gutem Hause«, der Vater ein wohlhabender Exportkaufmann, die Mutter eine zielstrebige Hausfrau. Beide Eltern wissen, was sie wollen: sie wollen z. B. ihr Kind nicht verwöhnen. Obwohl sie ihm praktisch jeden Wunsch erfüllen könnten, tun sie es nicht. Und sie sind der Meinung, daß ein Kind seinen Eltern gehorchen muß, um jeden Preis. Die Eltern ordnen etwas an, das Kind führt es aus, eine einfache Rechnung, die aufgeht, eine Gewaltenteilung, die einleuchtet, so meinen die Eltern. Sie haben in ihrem Geschäftsleben immer Erfolg gehabt, darum sind sie auch in Erziehungsfragen ihrer Sache so sicher.
Dorothee erinnert sich: »Ich war etwa drei Jahre alt, da kam meine Großmutter zu Besuch. Gib ihr ein Händchen und sag schönen guten Tag! wurde ich aufgefordert. Aber ich wollte nicht. Ich versteckte meine Hände auf dem Rücken und machte den Mund fest zu. Ich weiß noch, daß mein Vater immer lauter schrie: Willst du wohl! – und so. Und meine Großmutter sagte: laß das Kind doch. Aber mein Vater bestand darauf, ich sollte die Hand geben und guten Tag sagen. Und ich – ja, warum tat ich es eigentlich nicht? Es war wie ein Krampf, so fest hielt ich die Hände auf dem Rücken. Mein Vater wurde immer wütender und schlug mich anscheinend ziemlich unbeherrscht, denn ich höre noch genau, wie meine Großmutter rief: Du schlägst das Kind ja tot!«

Mit Diplomatie. Heute versteht sich Dorothee mit ihrem Vater sehr gut, auch mit der Mutter. Sie ist inzwischen 18 Jahre alt und kennt die Erziehungsziele ihrer Eltern sehr genau. Sie weiß, daß sie ein reiches Mädchen ist und trotzdem nicht verwöhnt werden soll. Wenn sie ihren Willen durchsetzen will, so denkt sie nicht daran, zu bocken. Bei ihren Wünschen, und sie hat viele Wünsche, geht sie mit diplomatischer Schläue vor. Kürzlich wünschte sie sich einen schnellen Sportwagen. Die Eltern sagten: nein, das ist noch zu früh, was brauchst du ein Auto. Du kannst mit dem Omnibus zur Schule fahren.
Es dauerte aber gar nicht lange, und Dorothee setzte ihren

Willen durch. Wenn sie erzählt, wie sie zunächst den Vater und dann die Mutter überredet hat, mit einer raffinierten Mischung aus Wahrheit und Lüge, wie sie jeweils den richtigen Zeitpunkt wählte, und dabei nicht nur ein Ereignis gegen das andere, sondern auch die Eltern gegeneinander ausspielte, ohne dabei den Frieden in der Familie zu stören. Wenn man diese spannende Geschichte hört, dann weiß man nicht, ob man ihr diplomatisches Geschick bewundern oder ob man über ihr durch und durch korrumpiertes Verhältnis zur Wahrheit betroffen sein soll.

Das Beispiel macht Schule. Jedes Kind versucht auf seine Weise, sich mit dem Gehorsamszwang auseinanderzusetzen – oder sich damit zu arrangieren. Bernd G. war sechs Jahre, als ich ihn kennenlernte. Sein Vater, ein freundlicher, verständiger Mann, verstand sich gut mit dem Jungen, oft sah man die beiden wie zwei Freunde im Gespräch vertieft. Bernds Mutter, Frau G., dagegen verlangte strikten Gehorsam. Den ganzen Tag schallte ihre schrille Stimme im Befehlston durch Haus und Garten. Bernd und seine kleine Schwester sind an die vielen Befehle schon so gewöhnt, daß sie oft gar nicht mehr darauf hören. Dann wird Frau G. böse und greift nach dem Teppichklopfer. Sie war vor ihrer Ehe kurze Zeit Lehrerin, und sie hat von ihrer Ausbildung vor allem eins behalten, daß man sich Kindern gegenüber durchsetzen muß, notfalls mit unnachgiebiger Strenge. Das betont sie gelegentlich, um die Energie, mit der sie die Kinder kommandiert, zu rechtfertigen.
Eines Tages war der Vater verschwunden – er hat es bei seiner resoluten Frau nicht ausgehalten. Nach einem halben Jahr wurde die Ehe geschieden. Frau G. ist nun allein mit ihren Kindern. Sie nimmt ihren Beruf wieder auf und führt ihr strenges Regiment allein.
Früher hat der Vater so manches ausgebügelt, was die Mutter durch überspitzte Forderungen anrichtete. Heute müssen sich die Kinder fügen, da kennt sie kein Pardon. Als der Vater noch zu Hause war, hat Bernd sich seiner Mutter ab und zu widersetzt, auch wenn er genau wußte, daß er sich damit nur Ohrfeigen einhandelte. Heute weiß er, daß es zwecklos ist, sich gegen die energische Frau aufzulehnen.

Wie die Alten sungen. Mittags, wenn Bernd aus der Schule kommt, holt er oft sein Schwesterchen aus dem Kindergarten ab. Auf dem Heimweg gibt es für die Kleine viel zu sehen. Bernd zerrt sie ungeduldig hinter sich her. »Du bist eine dumme Kuh«, herrscht er sie böse an, als sie wieder einmal nicht kommen will. Aber das läßt Barbara nicht auf sich sitzen: »Ich bin keine dumme Kuh«, schreit sie und stampft mit dem Fuß auf. Bernd gibt ihr eine Ohrfeige, und Barbara brüllt. Bernd denkt nicht darüber nach, daß Barbara auf dem Nachhauseweg viel zu sehen hat, er weiß nur, daß man sich gegen kleine Kinder durchsetzen muß.
Zu Hause gibt es oft Streit, denn Barbara läßt sich die strenge Behandlung des Bruders nicht gefallen. Die Großmutter, die die Kinder betreuen soll, während die Mutter zur Schule geht, ringt oft verzweifelt die Hände. Sie wird mit den Kindern nicht fertig, die sich schreiend und schimpfend mit allerlei Schlagwerkzeugen bewaffnet aufeinanderstürzen.
Die Großmutter klagte, wenn ihre Tochter nachmittags nach Hause kam, und die Mutter suchte einen Ausweg. Sie schaffte einen Hund an, um die Kinder zu beschäftigen. »Kinder müssen Pflichten haben«, so argumentierte sie. Jetzt haben beide Kinder ein Objekt, an dem sie ihre von der Mutter übernommenen Erziehungskünste auslassen können. Abwechselnd führen sie den Hund aus, und Barbara kommandiert ihn mit solcher Vehemenz, daß die Vorübergehenden oft stehenbleiben und mahnen: »Du darfst den Hund doch nicht so schlagen und herumzerren.«
Möglicherweise werden Barbara und Bernd einmal ganz rechtschaffene Erwachsene, die ihre eigenen Kinder ebenfalls verprügeln und anschreien, mit der Rechtfertigung: Uns hat die strenge Zucht auch nicht geschadet.

Wie erzieht man Diebe. Manchmal kommt es aber auch anders. In einer Umwelt, die sich ein demokratisches Aushängeschild gibt, die von Gleichberechtigung spricht und dann doch die Güter dieser Erde auf oft provozierende Weise ungleich verteilt, wird der Zwang gegenüber den sozial Schwachen, den Kindern, oft nur als ein Trick empfunden, mit dem sich der Stärkere die größeren Rechte einfach nimmt. Die Kinder versuchen es den Erwachsenen gleichzutun und nehmen sich einfach, auch das, was ihnen nicht gehört.

Jochen W. bekam von seinem Vater jede Woche fünfzig Pfennig Taschengeld. Samstags, wenn er der Mutter das Wirtschaftsgeld gab, rief er: »Jochen, bring deine Spardose«, und dann steckte er das Geld in den Schlitz der Dose. Jochen hätte das Geld lieber in die Hand bekommen. Anfangs aus dem einfachen Grund, um es selber in die Büchse zu stecken, später, um es gar nicht in der Dose verschwinden zu lassen. Er hätte sich gerne etwas dafür gekauft.

Nachdem er sich mit Nägeln und Haarklammern vergeblich bemüht hatte, einige Geldstücke wieder zum Vorschein zu bringen, versuchte er es mit Psychologie. Er konnte dem Vater schließlich verständlich machen, daß er die fünfzig Pfennige gerne selber in die Dose steckte. »Ach, du Schlaumeier«, polterte der Vater, »ich weiß schon, was du willst!« Aber am Ende gab er nach. Und Jochen tat genau das, was der Vater von ihm erwartete. Er ließ das Geld nur scheinbar in die Dose fallen. In Wirklichkeit behielt er es in der Hand.

Eines Tages kam die Sache heraus. Der Vater traute seinem Sohn nicht. Die Dose wurde geöffnet und der Inhalt kontrolliert Jochen bekam für die fehlenden Geldstücke eine Tracht Prügel. Das war der Anfang einer langen Kette kleinerer und immer größerer Betrügereien, die Jochen während der Lehrzeit in einem Eisenwarengeschäft beging und die ihn schließlich ins Jugendgefängnis brachten.

Unart hat Ursachen. Nicht immer geht aus der Geschichte kindlichen Versagens die Schuld der Erwachsenen so klar hervor. Manchmal liegt die Schuld auf beiden Seiten, weil ein Unrecht das andere auslöst. Man darf sicher ohne Übertreibung sagen, daß 80 bis 90 von 100 Fällen aller kindlichen Unarten auf falsches Verhalten der Erwachsenen zurückzuführen sind.

Aber in unserer Zeit, die sich langsam von autoritären Vorstellungen zum partnerschaftlichen Nebeneinander entwickelt, sind Elternfehler einfach nicht zu vermeiden, Fehler, die das Kind schuldig werden lassen. Wenn ein Fehler gemacht wurde, ist hinterher oft nicht mehr genau festzustellen, wer nun eigentlich Schuld hatte.

Mein Sohn kam – als er ins erste Schuljahr ging – eines Tages zerknirscht nach Hause: »Du sollst mal zur Lehrerin kommen.« Am nächsten Tag hörte ich, was er angestellt hatte. Vor der

Klassentür lagen zehn Schultaschen, die Schüler dort abgelegt hatten, in einer Reihe nebeneinander. Als nun die Kleinen aus der Klasse stürmten, veranstalteten einige von ihnen, mein Sohn an der Spitze, Sprungübungen, indem sie von einer Schultasche auf die andere hüpften. Der Erfolg waren zehn zerbrochene Schiefertafeln, die in den Schultaschen lagen.
Ich konnte meinen Sohn verstehen. Wann immer ich ihn einmal aus der Schule abholte, beobachtete ich, daß die Kinder, nach allzu langem Stillsitzen, aus der Klasse stürmten und dabei einen so starken Bewegungsdrang verspürten, daß sie wild durcheinander hüpften, sprangen und sich vor Übermut gegenseitig auf den Boden warfen.
Aber, Verständnis hin, Verständnis her, der Schaden mußte wiedergutgemacht werden. Ich erklärte ihm, daß Schulmappen keine Trampoline sind, und wir legten Geld zusammen, um die Schiefertafeln zu bezahlen.
Je weniger Bewegungsfreiheit wir dem Kind geben, desto öfter wird es aus der Reihe tanzen. Je mehr Gebote und Verbote wir aussprechen, desto häufiger übertritt es sie. Indem das Kind Unrecht tut, verstößt es gegen unsere Spielregeln. Bei der Frage nach dem Warum stellt sich fast immer heraus, ob die Spielregeln noch brauchbar oder nicht mehr vernünftig sind, oder ob das Kind die Regeln böswillig verletzt hat. In jedem Fall muß man der Sache auf den Grund gehen, muß man aber auch die Sache wiedergutmachen.
Wenn ich mich nicht der Mühe unterziehe, nach dem Warum zu fragen, und das Kind, weil es »böse« war, strafe, erziele ich nur eine negative Wirkung. Strafe macht nichts besser. Sie drückt nieder, Erziehung soll jedoch immer aufbauen. Nur wenn ich mich frage: warum hat das Kind den falschen Weg eingeschlagen, kann ich ihm helfen, mit seinen eigenen Füßen, mit seiner eigenen Einsicht den richtigen Weg zu finden.

Wie reagiert man auf Fehler. Da ein Mensch ohne Fehler und ein Leben ohne Konflikte schlechthin unvorstellbar sind, betrachte ich meine eigenen Fehler, genau wie die Fehler meiner Kinder, als Prüfsteine meines und unseres Verhaltens. Wenn ich mich so – lernend – nicht über, sondern neben meine Kinder stelle, gebe ich ihnen den Weg zur Einsicht frei, den ich durch Befehle und Strafen nur verbaue.
Einsicht kann manchmal – selten – plötzlich kommen. Im all-

gemeinen braucht sie Zeit. Ungeduldige Eltern vergessen das immer wieder. Sie möchten, daß ihr Kind jetzt – sofort! – gehorcht, auch wenn es ihm noch an Einsicht fehlt. Wenn sie so ihren Willen mit Zwang durchsetzen, kommt es beim Kind zu Trotzreaktionen. Warum können wir nicht bei unseren Kindern ganz auf die Befehlsform verzichten, und – genau wie wir es unter Erwachsenen gewöhnt sind – höflich bitten, die Fehler geduldig und beharrlich korrigieren, gelegentlich übersehen oder mit Humor ertragen.
Viele Eltern, viele Erwachsene sperren sich immer noch hartnäckig gegen eine Erziehung ohne Befehle, ohne Zwang. Sie leiden unter der Zwangsvorstellung, daß unsere ganze Weltordnung zusammenstürzt, wenn die Kinder nicht mehr gehorchen lernen. Im Grunde haben sie damit recht. Tatsächlich stürzt damit die alte Ordnung des obrigkeitsstaatlichen Denkens zusammen, die bis heute auf vielen Gebieten unseres öffentlichen und privaten Lebens immer noch ängstlich aufrechterhalten wird. Aber wir sollten uns nicht scheuen, diese alte, autoritäre Ordnung abzubauen, damit wir endlich die neue, demokratische Gesellschaftsordnung aufbauen können.

Gehorsamszwang ist der Vater der Manipulation. Wie eine Demokratie aussieht, deren Familienstruktur, deren Erziehungssystem immer noch nach den Gesetzen des Gehorsamszwanges funktioniert, hat uns der Franzose Ionesco in einem satirischen Schauspiel, die »Nashörner«, vor Augen gestellt. In einer kleinen Stadt, in der ganz normale Menschen leben, taucht eines Tages ein Nashorn auf. Man betrachtet es zunächst mit Mißtrauen, aber, je mehr Nashörner auftreten und je überzeugender sie auftreten, desto mehr gewöhnt man sich an sie. Am Ende nehmen nahezu alle Einwohner der Stadt die Lebensgewohnheiten der Nashörner an, sie grölen und lärmen, wie Nashörner das zu tun pflegen.
Die »Nashörner« demonstrieren uns auf einleuchtende Weise, wie Menschen sich verhalten, die als Kinder das Gehorchen lernten. Sie entwickeln kaum einmal kritisches Selbstbewußtsein und sind darum als Erwachsene den Freiheiten der Demokratie schutzlos ausgeliefert. Gewöhnt zu gehorchen, laufen sie jedem Führer und Verführer nach, nehmen sie jede Meinung kritiklos an. Da sie nicht gelernt haben, sich eine eigene Meinung zu bilden, da man ihre Persönlichkeitsbildung von klein

auf gehemmt hat, machen sie jede noch so ausgefallene Mode mit, fallen sie auf die dümmste Reklame oder Propaganda herein.
Bereits vor hundert Jahren beobachtete der französische Soziologe Gustave Le Bon dieses Phänomen. In seinem Buch »Die Psychologie der Massen« beschrieb er diese Blindgläubigkeit. Ein richtiger Demagoge, so warnte er, könnte aus der »Masse« ein wildes Tier machen. Er vergaß jedoch, darauf hinzuweisen, daß diese sogenannte breite Masse nicht geboren, sondern erzogen wird.
In Deutschland fürchtete man nicht so sehr den Demagogen, man verachtete vielmehr die »breite Masse«. Man war immer leicht geneigt, diese »Masse« einer straffen Führung zu unterwerfen. Kaum einer dachte daran, daß diese Masse aus vielen einzelnen besteht, die man durch eine bessere, freiere Erziehung mündig machen könnte.

Das Vorbild ersetzt den Zwang. Eine solche Erziehung beginnt in der Familie, wo die Eltern alle Tugenden, alle Fähigkeiten, die das Kind sich aneignen soll – nicht erzwingen – sondern geduldig vormachen, vorleben! Die Erziehung eines Kindes, das ist in erster Linie Selbsterziehung der Eltern, die ihr eigenes Benehmen einer ständigen Kritik unterziehen. Ist mein Verhalten nachahmenswert? Benehme ich mich so, wie ich es von meinem Kind erwarte?
Da kein Mensch vollkommen ist, weder das Kind noch der Erwachsene, können – oder könnten – beide ständig voneinander lernen, als gleichberechtigte Partner, die sich gegenseitig kritisieren dürfen, die miteinander diskutieren, wenn sie nicht der gleichen Meinung sind.
Die kleine Gruppe der Familie ist das ideale Übungsfeld demokratischer Verhaltensweisen, weil die gegenseitige Liebe und Achtung alle auftauchenden Schwierigkeiten überwinden hilft. Aber die Anzahl der Eltern, deren Erziehung von demokratischen Vorstellungen bestimmt wird, ist leider noch sehr klein. Immerhin ist ihre Zahl in den letzten 15 Jahren von 28 auf 39 Prozent angestiegen, und besonders hoch war dieser Prozentsatz bei den jungen Eltern.
Viele Eltern schwören immer noch auf den Gehorsamszwang, das heißt sie erziehen nicht den künftigen Bürger einer Demokratie, sondern Mitläufer, wie die Diktatoren sie sich wün-

schen. Der Befehlsgehorsam ist die adäquate Umgangsform des Obrigkeitsstaates und der Diktatur. Eltern, die ständig im Befehlston mit ihren Kindern reden, spielen die Rolle des Vorgesetzten ihrer Kinder. Unter dieser Rollenverteilung muß das Klima in der Familie leiden – es sei denn, man würde sich offen zu einer Diktatur bekennen.

Ordnung und Sauberkeit als Religionsersatz

Frau Saubermanns Schmuckkästchen. Mindestens einmal in der Woche fällt mir aus irgendeiner Zeitung einer dieser Möbelkataloge entgegen, die mit leuchtenden Farben für eine neue Wohnungseinrichtung werben.

Wenn ich diese blitzsauberen und aufgeräumten Wohnungen sehe, wird mir manchmal angst und bange. Ich weiß nämlich inzwischen, daß viele junge Familien sich von diesen Prospekten so beeinflussen lassen, daß sie ihre Möbel, getreu nach dieser Vorlage, aufstellen. Wenn es das nur wäre, aber sie setzen ihren ganzen Ehrgeiz darein, die Ordnung und Sauberkeit, die auf diesen Bildern demonstriert wird, makellos zu erhalten.

Kinderlosen Erwachsenen mag die fleckenlose Ordnung dieser Schaubilder ganz natürlich und erstrebenswert vorkommen. Aber wer kleine Kinder großzieht, der weiß, daß Ordnung und Sauberkeit nur im Säuglingsalter zu verwirklichen sind – und auch da nur in Grenzen. Kaum hat man das Baby in frische Windeln verpackt, da sind sie schon wieder hoffnungslos verschmutzt.

Wenn das Kind erst das Toilettenproblem bewältigt hat, wenn es »sauber« ist, macht es Bekanntschaft mit seiner Umwelt. Es begreift die Dinge, indem es mit seinen Händen nach allem greift, und wenn es sie begriffen hat, wirft es sie weg, um sich neuen Objekten zuzuwenden.

Hart und weich lernt es unterscheiden, wenn es z. B. eine Blume, ein Ei, einen Apfel in den Händen zu zerdrücken sucht. Innen und außen entdeckt es erst, wenn es die Dinge zerbricht, zerschlägt oder Stück für Stück auseinandernimmt.

Ich erinnere mich eines kleinen Jungen, der im Alter von zwei bis sechs Jahren ständig ein Trümmerfeld hinterließ. Bei einigen Kindern ist dieser Entdeckungsdrang schwächer, bei anderen etwas stärker ausgeprägt. Bei einzelnen äußert er sich recht ungestüm.

Zerstören als Vorstufe des Aufbauens. Er räumte alle erreichbaren Schubladen aus, schüttete eines Tages den Inhalt von zehn Gewürzgläsern in die Gemüsesuppe. Er mußte ein Jahr später eingeschult werden, weil er sich zum Schulanfang gerade mit kochendem Wasser eine schwere Verbrennung beigebracht hatte. Jedes Jahr zerlegte er spätestens bis zum ersten Weihnachtstag alle soeben geschenkten Spielsachen in sämtliche Einzelteile. Eines Abends entdeckte die Mutter vor seinem Bettchen einen hohen Berg von Seegras, der zwei Stunden zuvor die Matratze noch prall gefüllt hatte. Kaum ein Tag verging ohne solch ein aufregendes Ereignis.

Der Junge ist heute 17 Jahre alt. Was damals wie Zerstörungstrieb aussah, war ein ungestümer Wissensdrang, der sich auf dieser Altersstufe noch nicht anders ausdrücken konnte. Heute sieht man den Jungen keine Minute untätig. Er malt mit überdurchschnittlichem Talent, er bastelt mit erstaunlichem Geschick, er schneidet alle erreichbaren Fotos aus und stellt sich daraus eine ganze Kunstgeschichte zusammen. Er spielt ein Instrument und übt mit solcher Einfühlung und Ausdauer, daß er auch hier etwas Besonderes leistet.

Niemand weiß, was in einem kleinen Kind steckt, das unsere blitzsaubere, aufgeräumte Wohnung in kurzer Zeit in ein Chaos verwandelt. Narrenhände beschmieren Tisch und Wände, sagten einst die Erwachsenen, wenn im Kind das Bedürfnis erwachte, sich in seiner Zeichensprache ein Bild von der Umwelt zu machen. Heute erlauben wir ihm nicht nur zu malen und zu formen, wir ermuntern es sogar dazu, indem wir ihm Buntstifte und Farben, Knetmasse, Papier und Wandtafeln bereitstellen. Aber damit allein ist es nicht getan. Wir müssen ihm auch gestatten, unser oft übertriebenes Verlangen nach Ordnung und Sauberkeit in Frage zu stellen. Und das Kind stellt uns vor die Frage, ob uns eine fleckenlose, aufgeräumte Wohnung wichtiger ist als die körperliche und geistige Entwicklung des Kindes.

Wie so manche schöne Tugend werden Ordnung und Sauberkeit zu einer Plage, sobald man sie übertreibt. Sie dienen uns, aber sie dürfen uns nicht beherrschen, darum sollten wir uns gelegentlich darauf besinnen, warum wir überhaupt Ordnung halten und sauber sind.

Hygiene als Lebensretter. Die Sauberkeit ist eine Errungenschaft der modernen Zivilisation, seit etwa hundert Jahren hat sie ungezählten Säuglingen und ihren Müttern das Leben gerettet. Als der Gynäkologe Semmelweiß um die Mitte des vorigen Jahrhunderts in einem Wiener Krankenhaus beobachtete, daß man frisch entbundene Frauen auf die schmutzige Bettwäsche von soeben an Kindbettfieber verstorbenen Müttern legte, wurde er nachdenklich. Gegen den zunächst beträchtlichen Widerstand seiner Kollegen setzte er durch, daß jede Wöchnerin mit sauberer Wäsche und nur mit sorgfältig gewaschenen Händen versorgt wurde. Daraufhin ging das Kindbettfieber schlagartig zurück.
Als man erst einmal mit Hilfe des Mikroskops Bakterien und Mikroben entdeckt hatte und erkannte, daß der Schmutz ein idealer Nährboden für diese Krankheitserreger war, rückte man der Unreinlichkeit und damit vielen lebensgefährlichen Krankheiten mit wachsendem Erfolg zu Leibe.
Das »finstere« Mittelalter litt vor allem unter einer hoffnungslosen Verschmutzung. In Ermangelung einer Kanalisation wälzte sich der ganze Unrat als ein trüber Brei durch die Straßen. Der Bürgersteig gestattete dem Fußgänger, sich trockenen Fußes entlang der Hauswände fortzubewegen. Der Kotflügel schützte die Wagen gegen menschliche und tierische Exkremente, die von den Rädern hochgespritzt wurden. In diesem Dreck konnten sich die Bakterien munter vermehren. Da ihre Wirkung noch nicht entdeckt war, schob man die Schuld an fast allen Krankheiten dem Teufel in die Schuhe.
Man bekämpfte diesen bösen Feind mit allen erdenklichen Mitteln und ohne den geringsten Erfolg. Die Seuchen und die Kindersterblichkeit gingen erst sprungartig zurück, als die öffentliche Hygiene uns eine Wasserleitung und ein WC, die Kanalisation und die Müllabfuhr bescherte, als jedermann die einfachsten Regeln der Reinlichkeit beachten lernte.
Jahrzehntelang hielt sich die Sauberkeit im Rahmen des Notwendigen. Aber irgendwann vereinigte sich das Bedürfnis nach Sauberkeit mit dem Ordnungstrieb.

Die Ordnung und ihre Kehrseite. Jedes Ding hat seine zwei Seiten. Die Ordnung, die uns Zeit und Mühe erspart, schenkt uns Stunden der Freiheit, Stunden, über die wir nach Lust und Neigung frei verfügen können. Aber die Ordnung hat eine gefährliche Kehrseite; sobald sie zum Selbstzweck entartet, kann von Freiheit keine Rede mehr sein, da macht sie uns zu ihrem Sklaven. Wenn Schiller die »heilige Ordnung« zu einer »segensreichen Himmelstochter« erklärt, wird mir die Dame schon verdächtig. Sobald man diese nützliche Frau heiligspricht, rückt sie in die bedrohliche Nähe einer Ideologie.
Das 19. Jahrhundert entdeckte die Ordnung als eine soldatische Tugend. Hitler zog die Soldatenstiefel an und versuchte die ganze Gesellschaft in eine militärische Disziplin zu pressen. Ordnung und Sauberkeit gehörten zu seinen Lieblingsworten. Und es blieb nicht bei Worten. Sein Ordnungsfanatismus und sein Sauberkeitswahn brachten beispielloses Unheil über ganz Europa. Weil er Deutschland »judenrein« machen und »lebensunwertes Leben« aus dem Wege räumen wollte, ließ er Millionen Menschen ermorden.

Der Putzteufel wird heiliggesprochen. Heute hat die Reklameindustrie das Bedürfnis nach Ordnung und Sauberkeit neu entfacht. Mit militärischem Schneid führt sie ihre Werbekampagne oder ihren Werbefeldzug. Frau Saubermann und Meister Proper feuern die Hausfrauen zum Kampf gegen jedes Fleckchen, gegen das feinste Stäubchen an.
Eine Hausfrau berichtet darüber: »Seit einiger Zeit werde ich ständig von Vertretern heimgesucht, die mir ein Zusatzgerät zum Staubsauger verkaufen wollen, für den Schmutz, den man nicht sieht. Eines Tages kam mir der ketzerische Gedanke, die Vertreter mit dem Argument abzuwimmeln: ich bin nicht so sauber! Der erste Vertreter prallte zurück. Der harmlose Satz wirkte auf ihn wie eine Gotteslästerung. Als wäre er dem Teufel persönlich begegnet, suchte er schleunigst das Weite. Der Erfolg machte mir Mut. Aber der zweite Vertreter, dem ich mein Sprüchlein sagte, legte seine Stirn in böse Falten und versuchte mich mit missionarischem Eifer davon zu überzeugen, daß mein mangelnder Putzeifer sehr schlimme Folgen haben könnte. Der dritte Vertreter war eine Frau. Als ich ihr sagte: ich bin nicht so sauber, schaute sie mich prüfend an und sagte: ›Sie wollen mich wohl auf die Schippe nehmen!‹ drückte mich

freundlich, aber energisch beiseite und begann meine Wohnung zu inspizieren.«
Die Wut, die sich im Mittelalter gegen den Teufel richtete, konzentriert sich zur Zeit auf die Unordnung und die Unsauberkeit. Solange mit diesem Kampf gegen den Schmutz überschüssige Energien und Aggressionen abreagiert werden, kann man diesem Treiben unbesorgt zusehen. Bedrohlich wird dieser Trieb, wenn er die Welt des Kindes zu reglementieren versucht.

Die ordentliche Diktatur. Alle Diktaturen dieser Welt sind geprägt von dem fanatischen Wunsch nach Ordnung und Disziplin. Sie stecken schon die kleinen Kinder in Uniformen, lassen sie in gradlinig ausgerichteten Gruppen antreten und marschieren. In geometrischen Blöcken stehen die Schulbänke hintereinander, kein Kind kann dem anderen ins Gesicht sehen. Diese Ordnung kann nur mit Zwang aufrechterhalten werden.
Wir leben heute nicht mehr in einer Diktatur. Aber, da sich auf dem Gebiet der Erziehung die Strukturen stets etwas langsamer wandeln als im politischen Leben, entfalten sich auch die demokratischen Erziehungsformen nur langsam, oft sind sie noch gar nicht vorhanden.
Als Pestalozzi in Stanz die Kinder um sich sammelte, sollten sie ohne Zwang, durch Selbsttätigkeit zur Selbständigkeit heranwachsen. Hier gab es keine Befehle, sondern Gespräche, hier stand kein Lehrer auf erhöhtem Podest vor den Schülern. Pestalozzi lebte mit den Kindern und lenkte sie nur durch sein Vorbild und durch seine Hilfsbereitschaft. Seine Zeitgenossen nahmen an diesem demokratischen Erziehungsversuch vor allem eins wahr: sie vermißten die Ordnung.
Man wußte damals noch nicht – wie konnten es die Untertanen eines Obrigkeitsstaates wissen –, daß in einer freiheitlichen Demokratie gar keine militärische Ordnung herrschen kann und darf! Heute müßten wir es eigentlich wissen, daß Demokratie eine ständige Aufgabe bleibt, ein Leben mit Konflikten. Da bleibt immer irgend etwas zu verändern, zu verbessern, wenn ein Loch gestopft ist, entdeckt man an einer anderen Stelle ein – unvorhergesehenes – neues. Oft muß man liebgewordene Vorstellungen wegwerfen, weil sie veraltet sind.

Die unaufgeräumte Demokratie. In der Demokratie beobachten wir die gleiche schöpferische Unordnung wie in einer – guten – Kinderstube. Ordnung ist ein Feind aller Spontaneität, und Kinder sind von Natur aus spontan. Sie tun oft, sehr oft, Unvorhergesehenes, und gerade darin beweist und entwickelt sich ihre wachsende Intelligenz, eine Intelligenz, die den Menschen vom Tier unterscheidet. Der Frühsozialist Moses Hess beginnt seine »Geschichte der Mehrheit« mit einer Betrachtung über die Kindheit des Menschen, er schreibt:
»Der Mensch bringt, wenn er zur Welt kommt, nicht seinen ausgebildeten Geist mit, wie das Tier seinen Instinkt. Die ersten Lebenszeichen des Kindes sind Geschrei und Unart – durch Geschrei und Unart hat sich noch jede neue Zeit hinlänglich angekündigt. Diese Lebenszeichen sind die einzig möglichen, natürlichen, und während der Philister über die Zerstörungswut des Kindes und über die Unordnung jammert, die es ins Haus bringt, erblicken wir in diesen Äußerungen nur seine Energie und Lebendigkeit.«

Das schöpferische Durcheinander. In jedem neugeborenen Kind vollzieht sich ein einmaliger, unauswechselbarer Schöpfungsprozeß. Und am Anfang jeder Schöpfung steht das Chaos. Alle künstlerischen Impulse, die ja schöpferische Impulse sind, entstehen aus diesem Chaos. Darum sind Kinder und Künstler nahe Verwandte. Darum brauchen die Kinder das Chaos, das charakteristische Durcheinander, das alle Kleinkinder hinterlassen, wo immer sie auftauchen und spielen, ein Durcheinander, das nur die Mutter und der Vater, das nur die Familie zu akzeptieren fähig sind.
Die Publizistin Wilma Sturm erzählt ihren Lesern einmal eine nachdenkliche Geschichte. Sie besichtigt mit ihrem Kind das neuerbaute Haus einer befreundeten Familie. Ein Haus, in dem, wie in einem Möbelkatalog, alles am richtigen Platz steht, wo man – vom Fußboden essen kann, also ein Haus »wie eine Eins«. Auf dem Nachhauseweg unterhält sie sich mit ihrem Kind über das Gesehene und spricht mit einiger Bewunderung darüber. Aber das Kind scheint sich nicht sonderlich für das schöne Haus zu interessieren, darum fragt sie, ob ihm das Haus gefallen habe. Das Kind schüttelt energisch den Kopf. Nein, das Haus hat ihm gar nicht gefallen. Aber, warum denn

nicht, erkundigt sich die Mutter überrascht. »Da ist ja kein Platz für Knös«, sagt das Kind mißbilligend.
Das Kind braucht diesen »Knös«, Ecken oder Winkel, wo man mal etwas hinwerfen kann und nicht wegräumen muß, wo man allerhand scheinbar sinnloses Zeugs liegenlassen kann. In einer ganz und gar aufgeräumten Umgebung fühlt das Kind sich nicht wohl. In Räumen, die immer perfekt aufgeräumt und garantiert sauber sind, weht ein Hauch von Unmenschlichkeit.
Wo Kinder in ihrer Spielecke oder im eigenen Zimmer selbständig schalten und walten dürfen, da herrscht selten Ordnung, weil sie in der Ordnung noch gar keinen Sinn erkennen können. Sinn hat die Ordnung nur da, wo sie uns Zeit und Mühe spart. Aber Zeit hat das Kind, und Mühe nimmt es beim Spielen freiwillig auf sich. Aus ähnlichen Gründen kennen viele Künstler keine Ordnung. Sie lieben ihre Tätigkeit, sie schwelgen in Zeit und mühen sich mit größtem Vergnügen, darum hat die Ordnung für sie entweder gar keine oder nur untergeordnete Bedeutung. Das Verhältnis zu dem, was wir Erwachsenen unter Ordnung verstehen, beginnt natürlicherweise meist erst mit dem Eintritt in einen Beruf, mit dem Beginn einer selbständigen oder selbstverantwortlichen Tätigkeit. Jetzt erkennt man, daß man durch geschickte Einteilung der Arbeit Zeit gewinnt, Zeit, die man an anderer Stelle sinnvoller einsetzen kann oder möchte.

Wenn die Ordnung einen Sinn bekommt. Sinnvolle Ordnung ist ein Produkt der Selbständigkeit. Und die Unordnung im Zimmer eines heranwachsenden jungen Menschen ist nicht selten ein stummer Protest dagegen, daß wir ihn so lange in der Unselbständigkeit halten, indem wir ihn acht bis dreizehn Jahre in eine Schule schicken, die seiner Eigenverantwortung viel zu wenig Raum und Entwicklungsmöglichkeit gibt.
Eine Mutter, die angesichts der Unordnung im Zimmer ihres 15jährigen Sohnes manchmal verzweifelte, erzählte mir:
»Gelegentlich, wenn es ihm Spaß macht, räumt er sogar einmal auf, aber das kommt sehr selten vor. Wenn ich dann selbst immer wieder Hand anlege, um den gröbsten Dreck zu beseitigen, dann tue ich es nicht nur um des lieben Friedens willen. Ich weiß, daß der Junge durch viel zu viele Schulaufgaben, durch Musikunterricht und seine Jugendgruppe so überlastet

ist, daß ihm die wenige freie Zeit, die ihm bleibt, zum Aufräumen einfach zu schade ist. Nur wenn Besuch kommt, hat er plötzlich Zeit. Dann deckt er den Tisch, räumt ihn wieder ab und spült, so daß ich mich ungestört dem Besuch widmen kann. Wenn ich sehe, wie selbständig er in dem Augenblick wird, wo ich ihn wirklich brauche, dann hoffe ich, daß auch sein Ordnungssinn eines Tages erwacht.«

Einige Jahre danach berichtete mir dieselbe Mutter über ihren Sohn, der inzwischen Medizin studierte:

»Er wohnt in einem Studentenheim. Ich habe ihn kürzlich besucht. Er ist zum Leiter des Heims gewählt worden und zeigte mir voller Stolz die Räume. Als ich mich über die Ordnung in der Küche wunderte, zeigte er auf verschiedene Zettelchen, die an den Wänden über allen Küchengeräten angebracht waren. Durch lustige Reimereien, die zur Ordnung und Sauberkeit ermunterten, hatte er die Mitbewohner des Heims dazu gebracht, die Küche nach Gebrauch sauber und aufgeräumt zu hinterlassen.«

»Wenn ich hin und wieder das Zimmer meiner Tochter aufräume«, so höre ich von einer anderen Mutter, »dann liegt am nächsten Morgen auf dem erneuten Durcheinander ein Blatt Papier, unübersehbar groß, darauf steht: ›Bitte nicht aufräumen‹, oder ›Alles liegen lassen‹.«

Unordnung ist ja nicht gleich Unordnung. Der eine sammelt dies, dem anderen ist jenes wichtig. Unter diesem Wirrwarr wächst eine Persönlichkeit heran, das, was den einen vom andern unterscheidet.

Erziehen ist immer eine Geduldsprobe. Die meisten Eltern kennen diesen Kuddelmuddel von Schulheften, angefangenen und vollendeten Bastelarbeiten, Büchern, Pullovern, Apfelsinenschalen, Schuhen und Gott weiß was für Krimskrams. Sie warten, je nach Temperament, geduldig, resigniert, schimpfend, daß das Kind eines Tages Ordnung lernt. Natürlich kann man die Ordnung auch Kindern schon andressieren. Sie werden dann mit ziemlicher Sicherheit später zu Extremen neigen. Entweder entwickeln sie sich zu Ordnungsfanatikern und tyrannisieren ihre Kinder genauso, wie sie selbst tyrannisiert wurden, oder sie streben zum Gegenteil und brechen aus der Gesellschaft aus, deren Ordnung sie als eine drückende Last empfinden.

Die Gammler, die heute in aller Welt der Ordnung und der Sauberkeit unserer modernen Zivilisation entsagen, sind eine spontane Reaktion auf eine Gesellschaft, die keinen »Knös« in ihren Ecken duldet, der die Beseitigung von Schmutz und Unordnung zu einer Weltanschauung geworden ist. Viele Frauen widmen sich dieser Tätigkeit mit solcher Hingabe, daß man den Eindruck gewinnt: sie lieben ihre Möbel mehr als ihre Kinder. Die Kinder vertrauen sie sorglos einer Kinderpflegerin an, damit sie ungestört ihre Möbel pflegen können. Wen wundert es da, daß die Kinder sich eines Tages gegen eine solche Zurücksetzung auflehnen.

Der langersehnte Platz im Kindergarten

Was macht den Kindergarten so attraktiv? Seit einigen Jahren taucht hin und wieder der Gedanke auf, ob es ratsam wäre, die Schulpflicht schon auf den Kindergarten auszudehnen. Man denkt dabei nicht unbedingt nur an die Kinder berufstätiger Mütter, sondern an die Unfähigkeit vieler Familien, ihren drei- bis sechsjährigen Kindern die Erziehung, den Sprachschatz und die Vorstellungswelt zu vermitteln, auf die unsere Schule aufbauen möchte.
Vermutlich würden sich gegen eine solche Entscheidung kaum Einwände erheben, denn der Kindergarten erfreut sich bei den Eltern vorschulpflichtiger Kinder immer größerer Beliebtheit. Wir haben viel zu wenig Kindergärten, so höre ich junge Mütter oft klagen. »Ich habe mein zweites Kind gleich nach der Geburt angemeldet«, sagte mir eine junge Frau, »dann hat es wenigstens Aussicht, mit drei Jahren aufgenommen zu werden.«
Diesem Andrang steht eine merkwürdige Tatsache entgegen, die man von vielen Kindergärtnerinnen erfahren kann, wenn man sie nach dem Schulgeld befragt. »Finden Sie das Schulgeld eigentlich berechtigt?« fragte ich einige von ihnen. »Wenn wir kein Schulgeld erheben würden«, bekam ich dann oft zu hören, »kämen weniger als die Hälfte der Kinder regelmäßig zum Kindergarten. Was nichts kostet, ist auch nichts«, fügte eine etwas unwirsch hinzu. Auf meinen Hinweis, daß die Schu-

le doch auch nichts kostet, meinte sie: »Der Schulbesuch ist ja auch Zwang.«
Also brauchen wir nun mehr Kindergärten oder nicht? Um dieses Rätsel zu lösen, habe ich die Mütter befragt, die sich morgens zwischen acht und neun Uhr auf den Weg machen, um ihre Kleinen dieser Institution anzuvertrauen. Nur wenige von ihnen (im Durchschnitt etwa 10 Prozent) sind berufstätig. Eine Ausnahme machen die Werkskindergärten und die Kindertagesstätten, die ausschließlich für Kinder berufstätiger Mütter bestimmt sind. Die meisten Frauen – 85 Prozent – geben jedoch ihren Beruf auf, wenn sie vorschulpflichtige Kinder haben. Manchmal versorgt eine Großmutter das Kind. In vielen Fällen nehmen die Frauen ihren Beruf erst wieder auf, wenn die Kinder zur Schule gehen.
Aber warum schicken diese Hausfrauen nun ihre Kinder so gerne in den Kindergarten? Einige möchten, daß ihr Kind hier Spielkameraden findet, weil es keine Geschwister hat. Die meisten nannten andere Gründe: »Weil man da so schöne Liedchen lernt« oder »dann haben sie es leichter, wenn sie zur Schule kommen«. Vielen geht es aber ganz einfach darum, ungestörter kochen, putzen, einkaufen zu können. Darum schicken sie die Kinder in den Kindergarten: »Dort sind sie so gut aufgehoben.«

Was man da alles lernt. Sind sie es wirklich? Die meisten von uns werden diese Frage ohne Zögern bejahen. Selbst wenn sie – ja, ich möchte sagen – gerade wenn sie einmal einen Kindergarten von innen gesehen haben. Die Erwachsenen sind meist hell entzückt, wenn sie zwanzig bis dreißig kleine Kinder sehen, die im Takt und alle gleichzeitig in die Hände klatschen, mit den Füßen stampfen, mit den Köpfen wackeln und ein Lied dazu singen. Gedankenlos staunen sie darüber, daß man mit Rhythmus und Musik schon die Kleinsten dazu bringen kann, die erstaunlichsten Dinge nachzumachen. Ich beobachtete, wie die Kleinen auf Kommando die Arme auf den Rücken oder auf den Tisch legten und ellenlange Gesangbuchverse herunterleierten, wie sie, Strich für Strich, nach Anleitung der Kindergärtnerin Häuser, Männchen und Autos malten. Und ich sah, wie sie auf ein Zeichen der Kindergärtnerin alle die Hände falteten und mit krampfhaft geschlossenen Augen im Chor ein Gebet sprachen. Beim darauffolgenden Frühstück biß ein Junge sein Butterbrot in Revolverform ab, nahm die Kruste in die Hand und zielte mit »peng, peng« auf seine Spielkameraden. Im Handumdrehen knabberten alle aus ihrem Butterbrot einen Revolver. Die ganze Tischgesellschaft krähte »peng, peng« und zielte mit den Brotkrusten aufeinander. Die Kindergärtnerin schüttelte mißbilligend den Kopf, aber heimlich mußte sie doch lachen, weil es allzu possierlich aussieht, wenn zwanzig Kinder dasselbe tun.

Der stark ausgeprägte Nachahmungstrieb hat die Erwachsenen immer wieder dazu verleitet, die gelehrigen Kleinen wie Äffchen regelrecht abzurichten. In den Kleinkinderschulen des 19. Jahrhunderts dirigierte der Taktstock eines »Erziehers« nicht selten hundert bis zweihundert Kinder. Bei Bettina von Arnim lesen wir: »Die Haare standen mir zu Berge, als die Kinder folgende Fragen im Chor und taktmäßig beantworteten: Wie heißt das Buch, in welchem Gott mit uns spricht? – Was ist die Taufe? – Was für Lehranstalten sind in Berlin? – Was für Beamte? – Was für Königreiche sind in Europa?«

Die damalige Obrigkeit wußte die Kinder in diesen Anstalten bestens aufgehoben. Hier wuchsen die künftigen Untertanen heran, die nicht nur widerspruchslos, sondern sogar mit einem gewissen Vergnügen gehorchten.

Fröbels Kindergarten war eine Mütterschule. Diesem militärischen Drill setzte Fröbel seinen Kindergarten entgegen. Er verbannte nicht nur den unverdauten Wissensstoff aus seinen Anstalten, er wollte auch die Erziehung von jeglichem Dirigismus befreien. Unermüdlich mahnte und beschwor er die Kindergärtnerinnen, nicht zu belehren, nichts vorzumachen, sondern das Kind frei und selbsttätig mit den »Spielgaben«, die er entwickelt hatte, umgehen zu lassen.

Fröbel wußte, daß der freie, selbstverantwortliche Bürger bereits in der Kinderstube seine ersten Gehversuche macht. Ja – er wußte auch schon, was bis heute noch kaum erkannt wird, daß die Persönlichkeitsbildung ernstlich bedroht ist, wenn man das Kind zu früh und zu regelmäßig in größere Gruppen einordnet.

Das Kleinkind wehrt sich natürlicherweise gegen den regelmäsigen Besuch eines Kindergartens. Darum plädiert die anfangs erwähnte Kindergärtnerin für ein nicht zu niedriges Schulgeld.

Sie meint: »Wenn die Mutter ihr Kind hier anmeldet, dann soll sie es auch regelmäßig schicken.«
Kaum jemand erinnert sich heute noch an die Tatsache, daß Friedrich Fröbel durchaus nicht alle Drei- bis Sechsjährigen in den Kindergarten stecken wollte. Seine Kindergärten waren in erster Linie als Musteranstalten gedacht, in denen die Mütter das Erziehen lernen sollten. In der kleinen Gemeinschaft der Familie hat das Kind größere Chancen, seine eigenständige Persönlichkeit zu bilden, als in der Gruppe, wo es sich allzu geschwind anpaßt.

Gefahren der frühen Gruppenerziehung. Daß man einen Säugling nicht ungestraft der persönlichen Fürsorge der Mutter entziehen darf, ist inzwischen bekannt, nachdem die Erfahrung gelehrt hat, daß Heimkinder in ihrer körperlichen und geistigen Entwicklung zurückbleiben. Das Kleinkind ist, wenn man es zu früh aus der Familie herausreißt, in seiner Persönlichkeitsbildung bedroht. Ein Kind, das der Gruppenerziehung ausgesetzt wird, bevor sich seine Persönlichkeit stabilisieren konnte, gerät leicht in den Sog der reinen Nachahmung. Es lernt sich willig anzupassen, und diese Anpassung geht ihm so »in Fleisch und Blut« über, daß es sich auch als Erwachsener leicht manipulieren läßt.
Die Manipulation gehört sicher zu den größten Gefahren unserer modernen Gesellschaft. Wir wissen, daß wir ihr durch Aufklärung und Information begegnen können. Wir wären ihr jedoch hilflos ausgeliefert, wenn wir alle Kinder vom dritten Lebensjahr an in öffentlichen Einrichtungen, also in Gruppen erziehen würden.

Mutterliebe als soziale Kraft. Bevor wir das Kind in die Gruppe eintreten lassen, muß es die soziale Kraft der Mutterliebe erlebt haben. Diese Liebe, von der es im Korintherbrief heißt – sie ist langmütig und freundlich, sie eifert nicht, sie sucht nicht das Ihre, sie läßt sich nicht erbittern, sie erträgt alles, sie hofft auf alles, sie duldet alles. Eine Liebe von solchen Dimensionen kann keine Gruppenerziehung bieten. Aber das Kleinkind braucht diese Liebe.
Das Kleinkind macht vom ersten bis sechsten Lebensjahr die Bekanntschaft mit der Welt. Es nimmt die Menschen und die Dinge nicht nur in seinen Gesichtskreis auf, sondern lernt da-

bei auch die Spielregeln in unserer Gesellschaft kennen, zum Teil durch Nachahmung, zu einem Teil aber auch durch Eigeninitiative. Wenn es mit der Hand auf den Kuchen schlägt, so daß die Sahne nach allen Seiten spritzt, macht die Mutter ihm klar, daß das falsch ist. Sie gibt ihm einen Löffel in die Hand und zeigt ihm, wie man den Kuchen ißt. Es reißt die Decke vom Tisch und merkt, daß durch diese Aktion eine Vase mit Wasser und Blumen auf dem Fußboden landet.

Durch sein »selber tun« sammelt es Erfahrungen. Dabei erlebt es einen Menschen: die Mutter, die alle diese Dinge wieder zurechtrückt, die ihm freundlich und unermüdlich sagt und zeigt, wie man es richtig macht. Diese Mutter, die es mit Beharrlichkeit und Geduld auf den richtigen Weg leitet, weckt nach und nach im Kind ein starkes Gefühl der Dankbarkeit und der Liebe.

Im Kindergarten vollzieht sich der Lernprozeß viel reibungsloser – aber auch ohne die enge persönliche Bindung an einen Menschen, ohne Liebe. Das Kind ahmt die Spielregeln der kleinen Gesellschaft – mehr unbewußt als bewußt – nach. Seine Eigeninitiative tritt seltener in Aktion, und es hat wenig Gelegenheit, etwas falsch zu machen. Im Kindergarten macht das Kind eine Erfahrung, die sich ihm nachhaltig einprägt: Wenn ich alles tue, was die andern tun: Hände waschen, brav am Tisch sitzen, aufstehen, wenn alle aufstehen, dann mache ich fast alles richtig. Nur wenn es aus der Reihe tanzt, wird es getadelt. So gewöhnt es sich daran, alles nachzumachen.

Die frühen Kindheitseindrücke, darüber sind sich heute alle Sachverständigen einig, prägen das spätere Leben viel tiefgreifender, als es den meisten von uns bewußt wird. Darum ist ein Kind, das in den entscheidenden frühen Jahren regelmäßig den Kindergarten besucht, viel stärker der Verführung ausgesetzt, auch als erwachsener Mensch mitzulaufen und nicht aus der Reihe zu tanzen.

Anpassung: Herdentrieb oder Solidarität? »Aber das Kind muß sich doch anpassen«, hielt mir eine Kindergärtnerin entgegen, »wie soll es sich sonst in der Schule zurechtfinden?« In unserer jungen Demokratie vergißt man allzuleicht, daß es zwei Arten der »Anpassung« gibt. Wo die Persönlichkeitsbildung durch zu frühes Einfügen in die Gruppe versäumt wird, entartet die Anpassung zum Herdentrieb, zum blinden Mitläufertum.

Nur wenn es uns gelingt, die eigenverantwortliche Persönlichkeit zu bilden, das selbständig arbeitende Gewissen zu wecken, entsteht die positive Form der Anpassung, die wir Gemeinsinn oder Solidarität nennen.

Die kleinen Marionetten. Die meisten Kindergärten stehen einer solchen Persönlichkeitsbildung im Wege, weil die Gruppen zu groß sind, weil vielen Kindergärtnerinnen die entsprechenden psychologischen und sozialpädagogischen Kenntnisse noch fehlen. Sie trainieren brave kleine Marionetten, die sich später unserem immer noch autoritären Schulsystem möglichst reibungslos anpassen sollen. »Ich mache das alles mit Musik«, erklärte mir eine Kindergärtnerin. Dabei klatschte sie singend kräftig in die Hände, und die Kinder folgten ihr wie dem Rattenfänger von Hameln.
Widerspruchslos fügt sich das Kind in die Gruppe ein. Starke Naturen bilden sich dabei eines Tages zu Anführern, die schwächeren zu Mitläufern. Das Selbstbewußtsein und die Liebeskraft drohen dabei zu verkümmern. Pestalozzi drückt das einmal so aus:

In der Wohnstube Pestalozzis. »Für jeden jungen Menschen beginnt die ›Menschlichkeit‹ in der Wohnstube der Eltern und Geschwister. Was dort geschieht, ist entscheidend fürs ganze Leben, auch wenn das meiste unbewußt bleibt. Nimm dem Volk die Wohnstube, und du machst es zum Gesindel; jammere nicht, wenn es keine ›Menschlichkeit‹ mehr zeigt und zum menschlichen Ungeheuer, das sich selbst zerfleischt, herabsinkt! – Nur in der Wohnstube wächst wahre Volkskultur. Nur aus ihr kann sich ein Volk – ja ganz Europa erneuern! Nur dort kann verlorengegangene Menschlichkeit wiedergefunden werden.«

Gemeinsame Spiele. Viele Eltern fürchten, daß die Familie dem Kleinkind nicht genügt, sie möchten es unter Spielgefährten sehen. Natürlich braucht das Kind von Zeit zu Zeit Spielgefährten, die den Ball auffangen und zurückwerfen, die das Seil zum Springen halten, die vor ihm oder hinter ihm her mit dem Roller fahren. Im gemeinsamen Spiel erlebt das Kind das beglückende Gefühl der Gegenseitigkeit, denn »geteilte Freude ist doppelte Freude«.

So beliebt diese gemeinsamen Spiele auch sind, hin und wieder erwacht in jedem psychisch gesunden Kind das Bedürfnis, allein zu sein, für sich zu spielen. Instinktiv zieht es sich zuweilen zurück, um seine eigene Phantasie spielen zu lassen, um seinen eigenen Gedanken und Vorstellungen nachzugehen. An solchen Tagen möchte es einfach nicht zum Kindergarten gehen. Manchmal werden auch aus den Tagen Wochen.
Daß Kinder Spielgefährten brauchen, ist eine Tatsache, an der kein Mensch zweifelt, sie ist so plausibel wie einleuchtend. Daß Kinder aber auch gelegentlich alleine sein wollen und sollten, gerät darüber oft in Vergessenheit. Wir haben uns daran gewöhnt, ein Einzelkind als ein bemitleidenswertes Wesen zu betrachten. Wir unterstellen ihm, daß es ein Einzelgänger, ein Sonderling, wenn nicht Schlimmeres wird.
Eine Mutter von vier Kindern, deren Jüngstes noch nicht zur Schule geht, erzählte mir besorgt: »Seit die drei älteren Geschwister morgens in der Schule sind und unsere Jüngste allein zu Hause ist, fängt sie oft regelrecht an zu spinnen. Sie redet mit ihren Spielsachen wie mit lebendigen Wesen und erzählt Geschichten, die völlig erfunden sind.« Dieses Verhalten machte die Mutter so unsicher, daß sie ihr Töchterchen in den Kindergarten schickte.

Einsame Spiele. Die Sorge, daß aus dem Kind ein Einzelgänger wird, wenn es oft und ausgiebig alleine spielt, ist sicherlich unberechtigt.
Wenn ein Kind alleine sein möchte, will es »zu sich selbst kommen«. Diesen Wunsch sollten wir respektieren. Sobald das Kind alleine ist, tritt seine Einbildungskraft in Tätigkeit, beim Erfinden von Spielen wachsen seine individuellen Vorstellungen und Fähigkeiten.
Während des vergangenen Jahres besichtigte ich viele Kindergärten. Ich setzte mich still in eine Ecke, um die Kinder unauffällig zu beobachten. Mehr als einmal erlebte ich, daß eines der Kinder sich an mich drängte, den Kopf auf meine Knie legte oder sich einfach auf meinen Schoß setzte und die Arme um meinen Hals legte. »Ach, du alte Schmuskatze«, sagte dann wohl die Kindergärtnerin etwas tadelnd. Eine andere wurde nachdenklich und berichtete mir: dieses Kind hat sich bis jetzt noch von allen ferngehalten und noch keinen von uns direkt angesprochen.

Bei diesen Kindern, die aus der Gruppe herausstreben, um sich an eine einzelne Person heranzudrängen, fiel mir ein Ausspruch des russischen Schriftstellers Isaak Babel ein. Er erzählt einmal »von den Kindergärten, wohin die Waisen lebender Eltern kommen«.

Wohin mit dem Kleinkind? Eine vielbeschäftigte Innenarchitektin sagte mir: »Ich schicke meine Kinder nicht mehr in den Kindergarten. Wir haben es mit allen dreien versucht, aber spätestens nach einer Woche streikten sie. Nun spielen sie meist in einer Ecke meines Arbeitsraums. Als ihr Verhalten mir Fragen stellte, die ich nicht selbst zu beantworten wußte, habe ich mir Bücher über Pädagogik und Psychologie besorgt, und dabei sind mir einige Lichter aufgegangen. Je weniger ich meine Kinder zu reglementieren versuchte, desto selbständiger und phantasievoller beschäftigten sie sich. Ich kann Ihnen sagen, seit ich meine Kinder um mich habe und beobachte, ist die pädagogische Literatur für mich zu einer spannenden Lektüre geworden.«

Nicht alle Mütter sind in der glücklichen Lage, ihren Beruf in den eigenen vier Wänden ausüben zu können. Für manche Berufstätige bleibt der Kindergarten der einzige Ausweg. Aber, ist es wirklich der einzige Ausweg? Während bei uns der Ruf nach immer mehr Kindergärten erschallt, sucht man in Schweden nach einem ganz anderen Weg. Man möchte Teilarbeitszeit einführen, aber nicht nur für Mütter, sondern auch für die Väter vorschulpflichtiger Kinder. So könnte das Kind abwechselnd vom Vater und von der Mutter betreut werden.

Man denkt dabei nicht nur an das Kind, das in der kleinen Gemeinschaft der Familie einen größeren Freiheitsraum besitzt und seine Persönlichkeit besser entfalten kann. Man möchte damit auch der Frau ermöglichen, ihren gelernten Beruf weiter auszuüben.

Kind und Beruf, ein ungelöstes Rätsel? Frauen spielen auf dem Arbeitsmarkt eine wichtige Rolle. In allen Industriestaaten sind heute die Hälfte aller Frauen berufstätig (in den Ostblockstaaten etwas mehr, in den kapitalistischen Ländern etwas weniger als die Hälfte). Aber 90 Prozent der Frauen arbeiten in weniger qualifizierten Berufen, und die meisten sind über 40 Jahre alt.

Da sie in den entscheidenden Jahren nicht im Beruf, sondern zu Hause mit der Kindererziehung beschäftigt waren, haben sie die Aufstiegsmöglichkeiten verpaßt. Der amerikanische Publizist Packard zitiert eine schwedische Soziologin, sie sagt zu diesem Problem:
»Kinder spielen für die Zufriedenheit der Frau eine so bedeutende Rolle, und dennoch wollen die Mädchen gleichzeitig Ausbildung, Karriere und Beförderung. Wie, zum Teufel, läßt sich so etwas vereinbaren.«
Wenn wir beiden – wie der schwedische Plan es anstrebt –, dem Vater und der Mutter, Teilarbeitszeit bei voller Bezahlung ermöglichten, brauchte die Frau ihren Beruf sowenig aufzugeben wie der Mann, beide hätten die gleichen Chancen, sich im Beruf zur gegebenen Zeit zu qualifizieren. Die Zeit der Kleinkindererziehung würde für alle jungen Familien ein Intermezzo von zehn bis zwölf Jahren bedeuten. Nach den Erfahrungen dieser Zeit würden beide, Mann und Frau, viele Probleme in einem anderen Zusammenhang betrachten, reifer, ausgeglichener.
Heute erleben die Kinder den Vater oft nur als einen Herrn vom andern Stern, der die Familie nur besuchsweise betritt. Die Mutter dagegen konzentriert sich häufig so stark auf ihre kleine Welt, auf den Haushalt, daß ihr der Blick für größere Zusammenhänge verlorengeht.
Für das Kind sind aber beide wichtig: ein Vater und eine Mutter, die in der Welt der Familie genauso zu Hause sind wie im öffentlichen Leben.
Schon zwischen dem vierten und dem sechsten Lebensjahr strebt das Kind gelegentlich aus der kleinen Gruppe der Familie heraus in eine größere Gruppe. Es sucht Spielgefährten. Aber dieser Wunsch tritt sporadisch auf. Nur wenige möchten, wenn sie einmal Spielgefährten gefunden oder einen Kindergarten kennengelernt haben, von nun an regelmäßig in der Gruppe sein. Zwischendurch suchen sie immer wieder die Distanz von der Gruppe und möchten Tage oder Wochen zu Hause bleiben. Darum sollte der Besuch des Kindergartens immer freiwillig sein. Aber auch der Besuch einer Vorschulklasse sollte freiwillig bleiben. Wenn die Vorschule die ersten Kenntnisse, die sie vermittelt, so darbietet, daß die Kinder gerne kommen, wird sie damit der Schule viele didaktische Anregungen geben können.

Kindergärten, von denen die Schule lernen kann. Unsere fortschrittlichen Lehrmethoden entwickeln sich in neuerer Zeit nämlich nicht mehr von »oben« nach »unten«, sondern in umgekehrter Richtung. Eines von vielen Beispielen hat uns dazu die italienische Ärztin Maria Montessori gegeben. Ihre ersten Versuche machte sie mit schwachsinnigen Kindern. Hier wäre sie mit autoritären Methoden keinen Schritt weitergekommen. Sie entwickelte Methoden, die auch bei Kindern zu gewissen Ergebnissen führten, die man bis dahin für völlig lernunfähig gehalten hatte.

Diese Erfolge ermutigten sie zu einem Erziehungsplan, der inzwischen vom Kindergarten bis zur Universitätsreife alle Jahrgänge erfaßt. »Früher«, so sagt Maria Montessori, »war unser ganzes Streben, daß das Kind uns in allem nachahme; mit aller Macht suchten wir sein Wollen unter das Joch des Gehorsams, seine schöpferischen Kräfte unter das der Nachahmung zu beugen und ihm das beizubringen, was wir für das Leben in unserer Kultur und unserer Gesellschaft für unentbehrlich hielten. Mit seiner ständigen Beaufsichtigung, seinen unausgesetzten Ermahnungen und seinen willkürlichen Befehlen stört der Erwachsene die Entwicklung des Kindes. Alle aufkeimenden Kräfte werden erstickt, nur eins bleibt: das Streben, sich dem allem möglichst zu entziehen.«

Inzwischen ist man in einzelnen Kindergärten noch einen Schritt weitergegangen auf diesem Wege. Man zwingt die Kinder nicht, man erlaubt ihnen, wenn sie wollen, bereits im Vorschulalter sich mit den Anfängen des Lesens, Schreibens, Rechnens bekannt zu machen, und beobachtet, daß die Kinder das, was sie in der Schule unter Zwang oft nur mangelhaft erreichten, freiwillig mit Eifer und viel besser machen.

Von diesen Experimenten werden mit ziemlicher Sicherheit eines Tages Anregungen ausgehen, die von unseren Schulen nicht mehr übersehen werden können.

Die alte Schule in unserer neuen Gesellschaft

Sind die Kinder heute dümmer? Daß mit unserer Schule etwas nicht in Ordnung ist, nimmt die Öffentlichkeit erst seit einigen Jahren zur Kenntnis. Es ist noch gar nicht lange her, da glaubte man allen Ernstes, die Kinder seien heute dümmer als in vergangenen Zeiten. Die einen schoben die Schuld auf die heute nicht mehr erlaubten Körperstrafen. »Seien wir doch ehrlich«, hörte ich einen älteren Rechtsanwalt bei einem Elternabend flüstern, »wir haben doch nur gelernt, weil wir Angst vor Strafen hatten.«

Eine andere Gruppe von Eltern und Erziehern machte die Umwelt verantwortlich: »Die Kinder können sich nicht mehr konzentrieren. Sie werden durch zu viele rasch wechselnde Eindrücke dauernd abgelenkt.«

Aber – stellen wir uns das Wunschbild eines Schülers, den es tatsächlich kaum noch gibt, einmal vor. Ein Schüler, der die vielen Umwelteinflüsse ignorieren würde, um sich auf seine Schularbeiten zu konzentrieren, wäre dieser unserer Umwelt schutzlos ausgeliefert. Um sich zu konzentrieren, müßte er Scheuklappen anlegen. Damit käme er eines Tages vielleicht unters Auto, auf jeden Fall geriete er in Gefahr, den Verführungen der Reklame oder der Propaganda blind zu glauben.

Das »unkonzentrierte« Kind dagegen ist in der Lage, viele wechselnde Eindrücke aufzunehmen, um sie rasch und richtig einzuordnen und zu bewerten.

Es hat Jahrzehnte gedauert, bis sich bei den Erwachsenen die Einsicht durchsetzte, daß unsere Schule die falschen Anforderungen stellt, daß man dort wichtige Dinge nicht lernt. Bereits 1960 bewies der Psychologe Arnold den Pädagogen – die damals noch ungläubig den Kopf schüttelten –, daß die heutige Jugend durchaus nicht dümmer, sondern wacher, kritischer, leistungsfähiger ist, wenn man ihr die richtigen Aufgaben stellt.

Wie erzieht man faule Kinder? Diese Erkenntnis wird leider bis heute nur sehr zögernd in die Praxis umgesetzt. Immer noch überwiegen die Lehrer, die mit diesen »unkonzentrierten« Schülern nichts anzufangen wissen. Sie versuchen die lebhaften Kinder zur Konzentration zu zwingen und erreichen dadurch nur, daß die Schüler in einer natürlichen Abwehrstellung zu

»dösen« beginnen, sie »schlafen«, oder sie werden »faul«, wie die Schule diese Reaktion zu bezeichnen pflegt.
Jedes gesunde Kind wird mit einem starken Betätigungsdrang, neugierig und wissendurstig geboren. Diese Aktivität entfaltet sich jedoch nur im freien Spiel der Kräfte. Wo man ihr Zwang antut, verkümmert sie, oder sie weicht auf Gebiete aus, die der Erzieher weder gemeint noch gewünscht hat.
Gute Pädagogen haben immer schon gewußt, daß man den Tätigkeitsdrang der Kinder ohne Zwang mühelos nicht nur in die gewünschten Bahnen lenken, sondern auch erhalten kann. Sie bildeten jedoch in den Jahrhunderten des Obrigkeitsstaates immer nur eine kleine Minderheit. Sie sollten heute in unserer demokratischen Gesellschaft eigentlich die starke Mehrheit darstellen.

Ein guter Lehrer. Männer wie Comenius, Pestalozzi und Fröbel mußten gegen unvorstellbare Schwierigkeiten ankämpfen, als sie eine Erziehung ohne Zwang zu verwirklichen suchten. Auch einzelne Lehrer – deren Namen heute keiner mehr kennt – wagten das Experiment. Franz Kafka erzählt, daß er als kleiner Junge in Prag mit seinen Schwestern oft und gerne die Geschichten der tschechischen Schriftstellerin Božena Němcová gelesen hat. Diese Frau beschreibt einmal solch einen Lehrer, den sie in ihrer Kindheit selbst erlebt hat. In ihrer Erzählung »Der Lehrer« geschieht ein kleines Wunder. Nicht von heute auf morgen, aber im Laufe der Jahre verändert sich unter dem guten Einfluß dieses Mannes ein ganzes Dorf.
Das kleine Mädchen Božena hat, bevor es in die Schule kommt, von dieser Einrichtung furchterregende Dinge gehört. Man erzählt dem Kind, daß die Jungen dort »gedroschen werden wie das Korn auf der Tenne« und daß die Mädchen zur Strafe auf Erbsensäckchen knien müssen. Dann wird das Kind in eine andere Gegend, aufs Land geschickt, um dort die Dorfschule zu besuchen. Dort unterrichtet ein Lehrer, dessen guter Ruf sich von Mund zu Mund in der ganzen Umgegend verbreitet hat.
Als Božena in der Schule angemeldet wird, nimmt der Lehrer vor dem kleinen Mädchen artig die Mütze ab. Es lernt hier einen Mann kennen, der jedes Kind genauso freundlich und höflich behandelt, wie die Erwachsenen von den Kindern angesprochen werden möchten. Dieser Lehrer schimpft und schlägt nicht, er besitzt gar keinen Stock. In seiner Schule hört man

nur Anerkennung, aber keinen Tadel. Er verteilt keine Zensuren, er hat auch kein »schwarzes Buch« für die Bösen, sondern nur ein »Goldenes Buch« für die Namen der Kinder, die etwas besonders Schönes oder Schwieriges geleistet haben.
Geduldig erträgt der alte Mann die Unruhe der lebhaften Schulneulinge. Er wartet gelassen ab, bis sie das Stillsitzen gelernt haben, bis sie interessiert zuhören. In der Naturkunde lernen die Kinder ihre Umwelt besser kennen und verstehen, sie hören, wie man die Felder besser und ertragreicher bebaut. Im Rechenunterricht erfahren sie etwas über die Ökonomie des Hauses und über rationellere Arbeitsmethoden. Geographie und Geometrie öffnen ihnen den Blick für die große und ihre kleine Welt, sie bekommen Interesse am Straßenbau, am Absatz ihrer Erzeugnisse. Aber keines der Schulfächer steht isoliert da. Eins geht ins andere über, und alles hat einen Zusammenhang mit ihrem täglichen Leben. Im Religionsunterricht spricht der Lehrer mit den Kindern über humanere Formen des Zusammenlebens, und er lebt ihnen vor, was er da sagt, im Schulalltag und bei den Festen, die er mit ihnen feiert.
Unter den Händen dieses gütigen Mannes wächst eine Generation heran, die dem Dorfe mit der Zeit ein ganz anderes Gesicht gibt. Reich an Kenntnissen, die ihnen der Lehrer im Laufe der Jahre vermittelt hat, mit neuen, besseren Umgangsformen, beginnen diese jungen Leute ein neues, anderes Leben. Die Wirtshäuser machen schlechte Geschäfte, und die wirtschaftlichen Verhältnisse bessern sich zusehends. Das alles hat ein einziger Mann, ein Erzieher mit einem sanften Gemüt erreicht.
Solch ein guter Lehrer kann auf Strafen und auf Drohungen verzichten. Seine pädagogischen Fähigkeiten, seine Liebe zu den Kindern tragen auch unter schwierigen Umständen reiche Früchte. Da er den Kindern ein Vorbild dessen gibt, das er von ihnen erwartet, erzieht er sie – anstatt zum strikten Gehorsam – zur Bereitwilligkeit. Das ist das Geheimnis seiner Autorität. Diese Autorität ist mit der Liebe verwandt, man kann sie nicht erzwingen, man hat sie.
Mit dem Begriff der Autorität ist von alters her viel Unwesen getrieben worden. Die bequemen Erzieher verstanden darunter den Respekt, die Angst vor Strafen, die den Schüler so schnell gefügig macht. Diese Definition wurde oft – in bewuß-

ter Irreführung – mit dem Begriff der Autorität vermischt, die vom Vorbild einer guten und starken Persönlichkeit ausgeht und die den Schüler immer, aber in ganz anderer Weise überzeugt.

Die Autorität ist kein höheres Wesen. Leider gibt es solche Lehrerpersönlichkeiten, dank einer permanent autoritären Erziehung, bis heute nur sehr selten. Unter hundert Lehrern finden wir vielleicht einen, der echte Autorität ausstrahlt. Daneben gibt es aber Methoden, die man erlernen kann. Diese Methoden haben leider den Nachteil, daß sie sich mit jeder neuen Gesellschaftsordnung wandeln müssen.

Meist ändern sich die ökonomischen und die politischen Verhältnisse schneller als die Lehrmethoden, und dann entstehen Erziehungsschwierigkeiten. Der Durchschnittspädagoge erzieht nach den Spielregeln, die er in seiner eigenen Jugend kennengelernt hat. So kommt es zu den Konflikten zwischen Schülern und Lehrer.

Freud erklärt dieses Verhalten des Lehrers mit dem »Über-Ich«, dem »Ideal-Ich«, das sich der Mensch in seiner Kindheit bildet: »Als kleine Kinder haben wir diese höheren Wesen (Eltern und Lehrer) gekannt, bewundert, gefürchtet, später sie in uns selbst aufgenommen.« Mit dieser Identifizierung übernimmt der Herangewachsene – also der Lehrer – auch die Erziehungsvorstellungen der vorhergehenden Generation.

In unserer jungen Demokratie stehen die meisten Lehrer immer noch als höhere Wesen über den Schülern. Erziehung in einer Demokratie erwartet aber von einem Lehrer, daß er seine Schüler genauso rücksichtsvoll und höflich anspricht, wie er selbst angesprochen werden möchte. Wenn er im Befehlston mit ihnen spricht oder sie gar anschreit, muß er damit rechnen, daß die Schüler unterwürfig oder aufsässig werden.

Wenn der Lehrer immer Vorfahrt hat. Natürlich gelingt es auch heute noch vielen Lehrern, sich mit Strafen und Drohungen Respekt zu verschaffen. Solch ein Mann bringt es fertig, aus angehenden Demokraten eine Herde von Mitläufern zu machen, die ihm nicht nur musterhaft, sondern sogar gern gehorchen. Da er selten oder gar keinen Widerspruch bekommt, verhält er sich wie ein Polizeifahrzeug, das immer Vorfahrt

hat, das mit Blaulicht über alle Kreuzungen fährt. Sein Vorbild wird sich seinen Schülern nachhaltig einprägen.
Zwar kann sich der Lehrer heute nicht mehr mit roher Gewalt durchsetzen, aber er hat ja ein anderes, nicht weniger wirksames Mittel in der Hand: die Zensuren. Zensuren korrumpieren den Charakter ebenso wie Prügel. Mit Zensuren kann man einem Schüler sogar unter Umständen mehr Angst einjagen als mit Prügeln.

Die Angst vor den Zensuren. Einige Wochen vor der Versetzung kam der Obersekundaner Claus W. eines Abends nicht nach Hause. Die Eltern waren zuerst empört, dann ziemlich aufgeregt und schließlich verzweifelt. Sie telefonierten mit allen Freunden ihres Sohnes, aber niemand konnte ihnen einen Hinweis geben.
So ahnungslos, wie sie sich am Telefon gaben, waren sie jedoch eigentlich nicht. Die Mutter hatte am Nachmittag mit dem Lateinlehrer ihres Sohnes gesprochen und dabei erfahren, daß der Junge mehrere schlechte Arbeiten geschrieben hatte, von denen sie nichts wußte. Die Vorwürfe seiner ehrgeizigen Mutter fürchtend, hatte der Junge die schlechten Zensuren laufend verschwiegen.
Als die Eltern am nächsten Morgen zur Polizei gingen, um das Verschwinden ihres Sohnes zu melden, erfuhren sie beiläufig, daß jedes Jahr um diese Zeit zahlreiche Jugendliche aus ganz ähnlichen Gründen das Elternhaus verlassen. Einige tauchen, wie Claus W. übrigens auch, nach einigen Tagen oder Wochen wieder auf. Andere machen sich selbständig und kommen nie mehr zurück. Einzelne gehen in den Tod.
Von diesen Flüchtlingen hört man nur wenig, weil die Eltern im allgemeinen nicht gerne darüber reden. Ihre Zahl ist ja auch relativ gering. Viel größer ist die Zahl derer, die zwar unter den gleichen Sorgen leiden wie die Ausreißer, die sich aber in irgendeiner Weise dem Zwang beugen, unter dem sie beständig leben. In jeder Schulklasse befinden sich nur 10 bis 20 Prozent der Schüler, die ganz ohne Schwierigkeiten durchkommen. Die anderen 80 Prozent leben, wenn auch nicht ständig, so doch in gewissen Abständen immer wieder unter dem Druck der schlechten Zensuren.
Wenn wir diesen Prozentsatz mit den Verhältnissen im späteren Leben vergleichen, so wäre die überwiegende Zahl der

Erwachsenen ausgesprochene Nieten. Wir wissen genau, daß das den Tatsachen nicht entspricht. Zugegeben, es sind einige Versager unter uns. Aber, was geschieht mit einem Arbeiter, einem Angestellten, einem Beamten, der gelegentlich nur mittelmäßige oder nicht ganz befriedigende Leistungen aufweist. Man hält ihm das nicht ständig vor, indem man ihm öffentlich, vor allen Kollegen Rügen oder Zensuren erteilt. Entweder man erträgt seine Mittelmäßigkeit und seine gelegentliche Unfähigkeit, oder man macht ihn auf eine taktvolle Weise darauf aufmerksam, daß er hier oder dort etwas nicht ganz richtig gemacht hat. Ausgenommen sind Verstöße gegen das Gesetz, sie werden öffentlich gerügt, aber solche Fälle kommen vergleichsweise selten vor.

Ganz anders verhält man sich dem Schüler gegenüber. Wenn er sich von seinen Altersgenossen durch langsameres Lernen, durch schwerfälligere Auffassungsgabe unterscheidet, so wird er vor allen anderen durch schlechte Zensuren blamiert. Dabei ist längst erwiesen, daß gerade der gemächlichere Lerner das erworbene Wissen meist viel gründlicher behält. Anerkennung spornt erwiesenermaßen an, Tadel lähmt. So wird der oft getadelte Schüler seiner Anstrengung endlich müde, und man nennt ihn faul. Zusätzlich erwachen so häßliche Eigenschaften wie Neid und Trotz, da er wegen seiner angeborenen Langsamkeit im Lernen dauernd schlechte Zensuren bekommt und sich vor den anderen schämt.

Aber, so wird man einwenden, wie soll man Schülern ohne Zensuren etwas beibringen. Nun, der Glaube, daß Schüler nur lernen, wenn man sie durch Strafen und Drohungen dazu zwingt, ist alt, aber er entstammt einer vergangenen Vorstellungswelt. Noch vor etwa hundert Jahren glaubte man in der Schule nicht ohne Prügel auskommen zu können. Ja, diese Vorstellung beschränkte sich, wenn wir noch etwas weiter zurückgehen, durchaus nicht nur auf die Schüler.

Viele Menschen können sich heute noch keine Schule vorstellen, in der die Schüler nicht ständig durch Zensuren ausgezeichnet, beschämt und erniedrigt werden. Ein heranwachsender Mensch, der wegen seines fixen Denkvermögens dauernd gerühmt wird, bekommt, ob er will oder nicht, im Laufe der Zeit ein Gefühl der Überheblichkeit seinen Mitschülern gegenüber, die ständig getadelt werden, weil sie – durchaus keine mindere – aber eine andere Begabung haben, die in der Schule nicht honoriert wird.

Auf Schleichwegen zum Abitur. Wie verhält sich der Schüler diesen ständigen Demütigungen gegenüber. Am besten kommen noch diejenigen darüber hinweg, die sich im späteren Leben auf Grund einer Spezialbegabung durchsetzen, die ihren Lehrern ein Schnippchen schlagen und trotz permanent schlechter Zensuren auf dem Gebiet ihrer Begabung Erfolg haben. Aber unter den vielen anderen typischen Durchschnittsbegabungen, die später zu durchaus brauchbaren Menschen heranwachsen, kommt es oft zu schwerwiegenden Charakterschwächen.
Auf dem Weg zum Abitur versuchen die meisten auf Schleichwegen zu besseren Zensuren zu kommen, indem sie den Lehrer einfach betrügen. Dieser Weg ist so allgemein und so verbreitet, daß man für dieses Täuschungsmanöver alle möglichen beschwichtigenden Formulierungen gefunden hat, wie mogeln, fuschen, schummeln – die den Betrug verharmlosen sollen. In vielen Schulklassen bilden sich im Laufe der Jahre regelrechte Fälscherzentralen, Gruppen von Schülern, die es im Anfertigen und Weiterleiten von Fuschzetteln oder im deutlich verständlichen Flüstern zu einer wahren Meisterschaft bringen.
Unlängst gelang es einem Oberprimaner – nach jahrelangem Training –, seinen Lehrern sogar einen Abituraufsatz zu unterschieben, den er gar nicht selbst verfaßt hatte. Während die anderen über ihren Aufsätzen brüteten, ging er mit Erlaubnis des Lehrers zum Fenster, um frische Luft hereinzulassen. Dabei warf er ein Medikamentenröhrchen auf den Schulhof, das die Aufsatzthemen enthielt. Das Röhrchen wurde von zwei spielenden Kindern, die schon darauf warteten, in ein nahe gelegenes Café gebracht. Dort saß die Sprechstundenhilfe des Vaters unseres jungen Mannes mit einer Schreibmaschine, neben ihr eine junge Philologin. Hier entstand in der Eile ein mittelmäßiger Aufsatz. Nicht lange, nachdem er fertig war, klopfte eine junge Dame mit rotem Kopf und fliegendem Atem an die Klassentür: »Herr Studienrat, mein Bruder hat sein Butterbrot vergessen, darf ich ...« Aber natürlich durfte der Bruder das Stullenpaket in Empfang nehmen. Nachdem er einige Male ins Butterbrot gebissen hatte, konnte unser Meistermogler seinen Aufsatz ins reine schreiben.

Im Mogeln eine »Eins«. So amüsant solche Geschichten sich anhören, mir ist nicht ganz wohl bei dem Gedanken, daß alljährlich zahllose junge Menschen die Schule verlassen, die sich neben diversen Schulkenntnissen eine so perfekte Fähigkeit im Mogeln erworben haben. Sie beherrschen diese Kunst so meisterhaft, daß sie ihren Lehrer mit treuem Blick anlügen können, ohne dabei zu spüren, daß sie etwas Unrechtes tun.
Nur wenige moralisch sehr gefestigte Kinder legen diese in der Schulpraxis geübten Untugenden später wieder ab. Viele nehmen es auch im späteren Leben mit der Wahrheit nicht mehr so genau. Sobald sie ihrem Erfolg dient, verfallen sie wieder in die Methode des Mogelns und Lügens, des Fuschens und Betrügens. Die Angst davor, einen Fehler einzugestehen, sitzt bei den meisten so tief, daß sie es ihr Leben lang nicht riskieren, einen Irrtum einzugestehen. Hier rächt sich bitter, daß wir unseren demokratischen Staat mit einem Schulwesen aufbauen, das immer noch starke autoritäre Züge trägt.
In den meisten Schulen lernt man eine nicht ungefährliche Form der Anpassung und eine Menge Wissensstoff. Der Schüler versteht sich als Arbeiter in einer Zeugnisfabrik. Mit dem Unterschied, daß der Arbeiter kündigen kann, wenn ihm Unrecht geschieht. Der Schüler schweigt, auch wenn er einmal im Recht ist, denn er will ja den Lehrer nicht verärgern. Hier wird dem Schüler in gründlicher Kleinarbeit ein Nützlichkeitsdenken, eine Klugheitsmoral eingeimpft, die ihm im späteren Leben recht zweifelhafte Dienste leistet. Hiervon wird besonders der Oberschüler betroffen. Den Kopf mit Wissen vollgestopft, ersitzt er sich einen Platz in der gehobenen Gesellschaftsschicht. Selbständiges Denken und Handeln hat er nicht gelernt, er kann nur reagieren. Seine Gehfähigkeit im praktischen Leben ist noch völlig unterentwickelt.

Was man in der Schule verlernt. Ungewappnet liefern wir den jungen Menschen den Anforderungen der modernen Konsumwelt aus. Er weiß sich nur unterzuordnen, anzupassen. Auf der Hochschule wird er durch Fachwissen zum Spezialisten ausgebildet. Eine Korporation übernimmt womöglich die Aufgabe, diesem jungen Menschen die Umgangsformen der Gesellschaftsschicht einzupauken, in die er hineinstrebt. So wird die Anpassung vollständig. Jetzt kann sich die Werbung oder die Propaganda mit Erfolg seiner bemächtigen.

Auf diesem Wege werden wir die Eierschalen des Untertanen, die uns immer noch anhaften, nicht abschütteln. Ohne ein neues, demokratisches Schulwesen kommen wir nicht in die neue Welt hinein. Wo sollen unsere Kinder den Umgang mit den Menschen, den Umgang mit der Welt, in der wir leben, lernen, wenn nicht in der Schule. Während wir die Köpfe der Kinder mit unnötigen Mengen von Wissensstoff vollpfropfen, verkümmern andere, wichtige Eigenschaften und Fähigkeiten, die wir heute dringend benötigen. Wissensstoff kann man in Bibliotheken aufbewahren. Wir benötigen nur den Schlüssel, mit dem wir uns dieses Wissen erschließen können. Aber wie soll der Mensch des Atomzeitalters neue, ihm gemäße Formen des Zusammenlebens finden, wenn wir ihn nicht schon in der Jugend in die Anthropologie, in die Sozialpsychologie und in die politische Verhaltenslehre einführen.

Heute lernt man in den meisten Schulen nicht einmal das einfache Zusammenleben und Zusammenarbeiten. Jeder büffelt für sich, einsam, egoistisch. Dem Schwächeren wird kaum einmal geholfen, man bestraft und beschämt ihn durch schlechte Zensuren. Rücksichtnahme, gegenseitige Hilfsbereitschaft, Gegenseitigkeit verkümmern, da sie gar nicht geübt werden. Das Lernen wird dabei zu einem Existenzkampf, zu einer ernsten Sache.

Bei diesem »Kampf« wird der Schwache laufend gedemütigt, während man den Starken lobt und dadurch beträchtlich ermuntert. Dabei handelt es sich bei dem Schwachen durchaus nicht um einen Schwächling, sondern um einen jungen Menschen, der im Verständnis der Schule als »nicht besonders begabt« gilt.

Begabungen werden verschleudert. Der landläufige Begriff der Begabung umfaßt die Fähigkeit, Wissensstoff aufzunehmen und zu rekapitulieren, er stützt sich auf einen jahrhundertealten Bildungsbegriff, dem immer noch etwas von dem muffigen Geruch der alten Lateinschule anhaftet, in der einst der Priesternachwuchs ausgebildet wurde. Hier entstand die althergebrachte Vorstellung von »Begabung« für die Aufnahme theoretischen Wissens, die vor zweihundert und mehr Jahren den Geisteswissenschaftler ausmachte, der den Vorzug genoß, sich neben Adel und Geistlichkeit eines gehobenen Ansehens zu erfreuen.

Viele Berufe dagegen, die heute hohe und höchste Achtung genießen, zählte man damals zu den niedersten Ständen. Der Chemiker verdingte sich dem Fürsten als Goldmacher, die Physiker und Techniker zogen mit den Gauklern auf den Jahrmärkten umher, die Chirurgen gehörten als Bader oder gar als Scharfrichter zu den »unehrlichen Leuten«. Erst gegen Ende des 18. Jahrhunderts öffneten sich ihnen zögernd die Universitäten.
Im Laufe des 19. Jahrhunderts, im Zuge der Industrialisierung, vollzog sich eine soziale Aufwertung fast aller bis dahin geringgeschätzten Berufe. Der Naturwissenschaftler, der Techniker, der Künstler, der Manager, sie alle bekamen jetzt, bei entsprechendem Talent, vorher nicht gekannte Aufstiegschancen.
So unterscheiden wir heute genaugenommen vielerlei Begabungen: die forscherische, die musische, die technische, die praktische, die organisatorische. Niemand bestreitet den hohen Wert dieser Begabungen für das öffentliche Leben. Das hindert uns aber nicht, wenn von Begabung die Rede ist, immer noch an den guten Schüler zu denken, der in den sogenannten Hauptfächern gute bis sehr gute Zensuren nachweisen kann. Zensuren, die häufig nur auf ein überdurchschnittliches Gedächtnis zurückzuführen sind, während die Fähigkeit zu selbständigem Denken und Kombinieren auch heute in manchen Schulen gar nicht so sehr gewünscht wird.
Es ist eine Erfahrungstatsache, daß ein guter Techniker oft in Sprachen nur wenig begabt ist, daß ein hervorragender Musiker unter Umständen schlechte Aufsätze schreibt. Alle möglichen überdurchschnittlichen Begabungen drücken sich auf unseren Schulen acht bis dreizehn Jahre mit mehr oder weniger starken Minderwertigkeitsgefühlen herum, weil sie als unbegabt gelten. Am stärksten sind davon die zahlreichen praktischen Begabungen betroffen, die durch unsere Volksschulen gehen. Einer, der »nur« praktisch begabt ist – und wäre er auch ein praktisches Genie –, gilt bei uns rundweg als unbegabt. Er kann mit keinerlei Förderung rechnen. Durch diese rigorose Mißachtung der sogenannten Unbegabten bekommt unsere Gesellschaft eine schwere moralische Schlagseite, ganz zu schweigen von dem finanziellen Schaden, den wir uns damit zufügen.

Stärkt das Wertbewußtsein des Schülers? Jeder Mensch braucht, um ein vollgültiges Glied der menschlichen Gesellschaft zu sein,

ein gesundes Selbstbewußtsein. Nun versetzen wir uns einmal in die Lage eines Schülers, der mit zwei überaus geschickten Händen geboren ist, es aber in allen theoretischen Fächern niemals zu guten oder auch nur befriedigenden Leistungen bringt. Lediglich im Zeichnen oder im Werkunterricht kann er einmal aufatmen. Aber Zeichnen und Werken sind ja nur Nebenfächer. Dieser geschickte Junge, acht Jahre an den Schwanz der Klasse verdrängt, möchte doch auch einmal beachtet werden, möchte sich auch einmal hervortun wie die Schüler mit den guten Zensuren.

Da kommt eines Tages einer und bietet ihm seine Freundschaft an. »Komm zu uns«, sagt er, »in unsere Bande. Du hast doch geschickte Hände, wir brauchen dich, wir wollen da so ein Ding drehen, dabei springt für jeden von uns eine große Summe heraus.« Der überwiegende Teil aller Fälle von Jugendkriminalität läßt sich auf solche Minderwertigkeitskomplexe zurückführen.

In jedem heranwachsenden Menschen steckt irgendeine Fähigkeit. Der eine ist musikalisch, in dem anderen steckt ein Zeichentalent, es gibt sportliche, technische, handwerkliche Begabungen. Alle diese Talente könnten, wenn sie frühzeitig erkannt und gefördert würden, nicht nur das gesamte Leistungsniveau unserer Gesellschaft anheben, sie würden auch das Selbstbewußtsein des einzelnen in nicht zu unterschätzender Weise festigen.

Ein mittelmäßiger oder schlechter Schüler, der gelegentlich mit seiner Trompete den Beifall seiner ganzen Klasse erntet, ein Bastler, dessen Kunst die ganze Schule bewundert, weiß, daß er etwas wert ist, weil er etwas Besonderes zu bieten hat. Ein junger Mensch, der acht Jahre lang mittelmäßige oder schlechte Zensuren nach Hause bringt, verliert allmählich das Wertbewußtsein seiner selbst. Seine Ausdrucksweise, sein ganzes Benehmen wird widerborstig, schnoddrig, herausfordernd oder aufsässig.

Die Gesellschaft reagiert auf seine Herausforderung überaus sauer. Sie weist ihn zurück, sie verurteilt ihn, ohne darüber nachzudenken, daß sich sein Wertbewußtsein gar nicht entfalten konnte.

Solch ein junger Mensch befindet sich in unmittelbarer Gefahr. Wenn er sich nicht an der Gesellschaft rächt, die seinem Selbstgefühl keine Entfaltung gönnte, so haben wir unverdientes Glück gehabt.

Seit langem weisen verständige Pädagogen darauf hin, daß nur 10 bis 20 Prozent unserer Schüler intellektuell begabt und theoretisch ansprechbar sind. Aber auf diese wenigen stellt sich unser Schulsystem ein. 80 bis 90 Prozent der Schüler sind entweder rein praktisch oder gemischt, also praktisch und theoretisch begabt. Eine große Zahl dieser Schüler würde es ebenfalls zu guten bis sehr guten Leistungen bringen, wenn man ihnen in der Schule mehr Gelegenheit geben würde, nicht nur den Kopf, sondern auch die Hände zu betätigen. Manche »begreifen« eine Sache erst, wenn sie sie mit den Händen anfassen und erfassen können.

Immer noch zählt die erdrückende Mehrzahl der Schüler, die praktisch Begabten, zu den Stiefkindern unseres Erziehungswesens. Wir verschleudern hier zahllose Begabungen, weil wir ihnen nicht die richtige Tür zu einer erweiterten Bildung zu öffnen verstehen.

Bildungskapitalismus und Bildungsproletariat. Eine große deutsche Tageszeitung, die sich rühmt, das Blatt des Bildungsbürgertums zu sein, warb unlängst mit dem Slogan »Wir stehen auf der Schwelle vom Geldkapitalismus zum Geistkapitalismus«. Diese Feststellung deutet darauf hin, daß wir eine kleine Gruppe intellektuell Begabter in großzügiger Weise privilegieren, während sich die breite Masse der sogenannten Unbegabten in den Slums eines Bildungsproletariats einrichten muß. Der Vergleich mit dem Geldkapitalismus ist bedauerlicherweise gar nicht so falsch. Ein altes Sprichwort sagt: »Eigentum ist wie Mist, auf einem Haufen stinkt er, weit gestreut bringt er reichen Segen.« Dieses Sprichwort läßt sich auch auf die Bildung anwenden. Unsere moderne Industriegesellschaft kann es sich einfach nicht mehr leisten, nur eine kleine Gruppe zu fördern, wir müssen allen Begabungen auf breitester Basis Gelegenheit zur Entfaltung geben.

Wo wir das Wissen mit vollen Händen breit ausstreuen sollten, da halten es unsere Schulen ängstlich zurück und verteilen es in abgemessenen Rationen an eine Gruppe von Privilegierten, die durch die Schranken der Zensuren künstlich dezimiert wird. Unsere Nachfahren werden sich vermutlich einmal darüber mokieren, daß wir im Zeitalter des Computers und des Mikro-

films die Köpfe unserer Kinder mit Zahlen und Daten vollstopfen, daß wir sie einem Lernzwang unterwerfen, der sie unfrei und unselbständig macht.
Seit eh und je haben sich die Kinder gegen diesen Zwang aufgelehnt. In der Vergangenheit machte sich ihre verdrängte Aktivität in allerlei Kinder- und Jugendstreichen und mit einem Studentenulk Luft, der die Grenzen des polizeilich Erlaubten ständig provozierte – aber nicht in Frage stellte. Man drückte bei diesem »Übermut« akademischer Jugend nachsichtig die Augen zu, weil man genau wußte, daß aus den lauten Schreiern nach bestandenem Examen gehorsame Untertanen wurden.
Heute rebelliert die Jugend nicht mehr so gedanken- und ziellos wie damals. Sie wittert langsam die Wurzeln ihres Unbehagens. Sie möchte die Schule verändern und unsere Gesellschaft verändern, die diese Schule schützt und stützt. Daß die Jugend mit ihrer Kritik an der Schule und an der Hochschule recht hat, sieht inzwischen jeder ein. Es verwundert uns nur, daß die Eltern nicht gemeinsam mit ihren Kindern gegen die Mißstände verschiedenster Art protestieren.

Was tun die Eltern? Aber die Eltern schweigen, weil sie es ganz einfach mit den Lehrern ihrer Kinder nicht verderben möchten. Die wenigen Eltern der Schüler, die ständig mit guten Zensuren gelobt werden, haben an der Schule nichts auszusetzen. Sie finden diese Institution, die ihren Kindern Beifall spendet, in bester Ordnung.
Die restlichen 85 bis 90 Prozent sind Eltern, deren Kinder wenn auch nicht dauernd, so doch mehr oder weniger oft, mittlere und schlechte Zensuren bekommen. Diese Eltern bangen mit ihren Kindern von einer Klassenarbeit zur anderen: hoffentlich geht es dieses Mal gut! Und wenn der ersehnte Erfolg ausbleibt, büffeln sie mit ihren Kindern, versuchen es mit Nachhilfestunden, besuchen regelmäßig den Elternsprechtag, um beim Lehrer »gut Wetter zu machen«. So schlängeln sie sich mit Ach und Krach bis zur Mittleren Reife oder zum Abitur.

Ein Vater berichtet. Ein Arbeiter, der seine Kinder gerne zur höheren Schule schicken möchte, schreibt:
»Als meine Tochter die erste Fünf nach Hause brachte, fing ich an, darüber nachzudenken, warum meine Kollegen sich im-

mer dagegen sträuben, ihre Kinder in eine höhere Schule zu schicken.
In unserer Straße – wir haben eine Werkswohnung – war meine Tochter damals das einzige Kind, das eine höhere Schule besuchte. Alle paar Jahre versuchte es einer aus unserer Straße, aber spätestens in der Quarta kamen sie reumütig zurück in die Volksschule. Ich wußte genau, unsere Nachbarn warteten nur darauf, daß auch unsere Tochter scheiterte.
Eigentlich wollten wir das Kind auch gar nicht aufs Gymnasium schicken. Die Lehrerin in der Volksschule hat uns dazu überredet. Sie sagte: ›Ihre Tochter schafft das!‹ Ich war damals schon etwas skeptisch. Das Kind hatte zwar schöne Zeugnisse, in allen Fächern ›gut‹ oder sogar ›sehr gut‹. Mit Ausnahme von Rechnen, da stand sie damals schon nur ›befriedigend‹.
Aber die Lehrerin beruhigte uns. Sie meinte: ›Ihre Tochter ist die Beste in meiner Klasse. Die anderen Schüler, die auch ins Gymnasium überwechseln, sind alle in ihren Leistungen schwächer.‹
Aber diese ›anderen‹, das sind die Kinder der leitenden Angestellten unseres Betriebs. Ihre Väter sind Akademiker, und oft haben auch die Mütter eine höhere Schule besucht. Diese Kinder hatten es von Anfang an leichter auf dem Gymnasium, weil die Eltern ihnen bei den Schulaufgaben helfen konnten. Und wenn das auch nichts nützte, dann bekamen sie Nachhilfestunden. So eine Nachhilfestunde kostet zur Zeit 15 bis 20 Mark, das kann sich keiner von uns leisten.
Meine Tochter kam mit ihren Schularbeiten aber im allgemeinen alleine zurecht. In Deutsch, Englisch und Latein stand sie immer ›gut‹ oder ›befriedigend‹. Nur in Mathematik hatte sie einige Schwierigkeiten. Anfangs konnte ich ihr helfen. Mir hat das Rechnen immer Spaß gemacht. Schachspielen und mathematische Knobeleien, das ist für mich eine Erholung.
Als meine Tochter dann die ›Fünf‹ in Mathematik bekam und vier Wochen später noch eine und ich sah, wie sie das bedrückte, da war ich selbst ganz niedergeschlagen. Ich dachte immer darüber nach: wie kannst du ihr bloß helfen?
Daß es eines Tages Schwierigkeiten geben könnte, ahnte ich schon beim ersten Elternabend, als der Klassenlehrer ganz beiläufig die Bemerkung fallenließ, daß 80 Prozent der Schüler irgendwann einmal Nachhilfeunterricht brauchten.
Bei einem dieser Elternabende lernte ich die Eltern einer Klas-

senkameradin meiner Tochter kennen. Der Vater war Landgerichtsrat, und die Mutter hatte das Lehrerinnenexamen gemacht. Die beiden erzählten mir, daß ihre Tochter, die jetzt in der Oberprima ist, zweimal eine Klasse wiederholen mußte und der Sohn auch zweimal sitzengeblieben ist. Um das dritte Kind, die Klassenkameradin meiner Tochter, bangten sie gerade, weil sie vielleicht Ostern nicht das Klassenziel erreichen wird.

Aber die Eltern bedrückte das gar nicht so sehr. Sie erzählten ganz vergnügt, daß sie beide jeden Nachmittag und Abend mit ihren drei Kindern und deren Schulaufgaben beschäftigt wären. Die Mutter macht Englisch und Deutsch, der Vater ist für Latein und Mathematik zuständig. Na schön, dachte ich, dazu muß man allerdings Latein und Englisch können. Aber dann sagte ich mir: du hast ja noch Glück, daß deine Tochter nur in Mathematik schwach ist. Und dann hab' ich angefangen, mit meiner Tochter Mathematik zu lernen. In unserer Volkshochschule gab es damals gerade einen Kursus für Mathematik. Außerdem holte ich mir in unserer Stadtbibliothek verschiedene Bücher über mathematische Probleme. Mir hat die Sache meh Spaß gemacht als meiner Tochter. Trotz unserer gemeinsamen Anstrengungen klappte es nicht immer. Aber mit vereinten Kräften haben wir es im Zeugnis doch immer auf eine ›Vier‹ gebracht. Hätte ich nur die Erfahrung mit meiner Tochter gemacht, dann dächte ich heute vielleicht etwas anders über meine Kollegen, wenn sie der höheren Schule mit soviel Mißtrauen begegnen.

Aber dann kam mein Sohn in das Alter, wo wir überlegten, ob wir ihn aufs Gymnasium schicken sollten oder nicht. Wieder riet uns der Volksschullehrer dazu, weil der Junge im Rechnen so eine Art Wunderknabe und auch sonst ganz aufgeweckt war. Wir haben uns dann bei dem Jungen viel schneller entschlossen als bei dem Mädchen. Wir wußten ja, in der Mathematik würde es der Junge spielend schaffen. Tatsächlich brachte er auch in Mathematik nur gute und sehr gute Zensuren nach Hause. Aber, daß der Junge es in Deutsch und in den Fremdsprachen so schwer haben würde, damit hatten wir nicht gerechnet. Er gab sich alle Mühe, aber wenn er es in Latein einigermaßen geschafft hatte, dann kam er in Englisch nicht mehr mit. In den beiden Fächern konnten wir ihm ja nicht helfen. Zeitweise dachten wir, unsere Tochter könnte ihm unter die Arme

greifen. Aber sie hat inzwischen so viel mit ihren eigenen Schulaufgaben zu tun – ihr fällt es auch nicht gerade leicht –, da kann sie sich nicht regelmäßig mit dem Jungen beschäftigen. Mit Nachhilfestunden wäre vielleicht etwas zu machen gewesen, aber das ging über unsere Kräfte. So haben wir den Jungen nach der Quarta wieder in die Volksschule geschickt.
Wenn mich heute jemand fragt: Warum schicken die Arbeiter ihre Kinder nicht auf die höhere Schule? – Das Schulgeld ist doch frei, und die Schulbücher bekommt man auch gestellt – dann sage ich ihm: Natürlich kann ein Arbeiter heute wie jeder andere sein Kind zur höheren Schule schicken, wenn – ja wenn sein Kind zu den ganz wenigen Hochbegabten gehört. Kinder von Eltern, die genügend Geld oder selbst das Abitur gemacht haben, brauchen nicht unbedingt zu den Überfliegern gehören, sie können auch mit einer durchschnittlichen Begabung, ja selbst, wenn sie ein oder zweimal sitzenbleiben, das Abitur erreichen.«
Man hat das Gymnasium eine höhere Schule genannt, dann sprach man von der Oberschule. Immer siedelte man diese Schule auf den oberen Rängen der Gesellschaft an, während man die Volksschule ins Parterre verbannte. Dadurch blockieren wir permanent die Einsicht, daß wir uns in einer Demokratie alle im Parterre fühlen sollten, nämlich nebeneinander, als Gleichberechtigte.

Zu viel Theorie, zu wenig Lebenspraxis. Wenn wir den Wissensstoff auf das beschränken und um das erweitern würden, was man in einer Demokratie wissen muß, könnten wir das Bildungsgut so an die Kinder heranbringen, daß ihnen das Lernen Spaß macht. Wir füttern das Kind mit Unmengen von Stoff, den es unmöglich in seinem Gedächtnis behalten kann. »Natürlich kann es das nicht«, sagen uns die Lehrer, »es soll ja vor allem das Lernen lernen.« Aber gerade das verlernt es in der Schule, weil wir es ständig theoretisch überfordern, während wir ihm gleichzeitig – was die Lebenspraxis anbelangt – zu wenig abverlangen.
In allen Ländern gibt es heute bereits einzelne Schulen, die die theoretische Vermittlung von Wissen stark reduzieren, um die Kinder am praktischen Leben teilnehmen zu lassen. Sie haben sich von dem allgemein geübten Lernzwang abgewendet und können auf die Zensuren verzichten. An diesen Schulen, die

ohne Zensuren auskommen, machen heute im Durchschnitt 25 Prozent aller Erstkläßler das Abitur, während in den normalen öffentlichen Schulen nur 7 Prozent der Schüler bis zum Abitur gelangen.

Ein Experiment: Lernen ohne Angst. Seit mehr als vierzig Jahren besteht in England in einem kleinen Ort in der Nähe von London eine Schule, in der kein Kind zum Lernen gezwungen wird. Der Begründer dieser Schule, A. S. Neill, vertraut auf den angeborenen Wissensdrang und auf die Aktivität des Kindes, die es – ohne Zwang – dazu treibt, etwas zu tun. An dieser Schule muß es nichts, aber es kann sehr vieles tun, wenn es will: Sport treiben, spielen, es gibt Werkstätten für Metall- und Holzarbeit, für Buchbinder- und Papparbeiten, es kann sich in der Töpferei betätigen oder malen, es wird getanzt, musiziert, Theater gespielt. Darüber hinaus gibt es in Summerhill, so heißt diese Schule, jede Woche eine Schulversammlung, eine Art Parlament, in dem jeder Schüler Sitz und Stimme hat. Die Stimme des Sechsjährigen gilt genausoviel wie die Stimme des Lehrers oder des Leiters A. S. Neill. In dieser Versammlung wird z. B. festgelegt, wann die verschiedenen Altersgruppen schlafen gehen, oder man zieht einzelne Schüler oder ganze Gruppen zur Rechenschaft, die sich nicht richtig verhalten haben. Hat sich irgendein Entschluß, den diese Versammlung faßt, nicht bewährt, so wird er beim nächsten Zusammenkommen kritisiert und korrigiert.
Neill hat die Beobachtung gemacht, daß jede Art von Zwang Aggressionen wachruft und daß Kinder, die ohne Angst vor Strafen aufwachsen, gütiger, menschenfreundlicher werden. »Wer Freiheit schenkt, gibt Liebe«, sagt Neill, »und nur Liebe kann die Welt retten.«
Außerdem machte Neill die – inzwischen langjährige – Erfahrung, daß seine Schüler ohne Zwang alles lernen, was man zum Leben braucht. Diejenigen, die später eine Hochschule besuchen wollen, eignen sich den dazu nötigen Wissensstoff in wesentlich kürzerer Zeit an als die Schüler einer normalen Schule. Da die Aktivität der Kinder nicht durch einen Lernzwang gelähmt wurde, konnte sich ihre Eigeninitiative frei und viel kräftiger entfalten.
Unsere Gesellschaft weigert sich aber immer noch standhaft, aus den Erfahrungen solcher und ähnlicher Schulen zu lernen.

Während viele Schulpädagogen kathegorisch erklären: ohne Lernzwang geht es nicht! entstehen hier und da und dort Kindergärten, die den Gegenbeweis liefern. Nach dem Vorbild von Schulen wie Summerhill ist der Befehlston in diesen Anstalten verpönt. Das Kind tut hier nicht, was es soll, sondern was es will. Aber die Neugier und der Tätigkeitsdrang der Kinder sind noch ungebrochen, so suchen sie sich freiwillig Spielzeuge, mit denen sie z. B. Lesen und Rechnen lernen.

Erhaltet den Kindern die Lust am Lernen. Jeder Zwang macht den Menschen mürrisch, unzufrieden, wenn nicht gar böse. Der Lernzwang tötet darüber hinaus bei den meisten Kindern ihren natürlichen Wissensdrang. Bei einzelnen war er seit eh und je so stark, daß er nicht einmal durch Zwang auszutreiben ist. Aber wir brauchen heute nicht einzelne, sondern viele Menschen mit wachem, kritischem Verstand, Menschen, deren Lerneifer das ganze Leben lang erhalten bleibt.
Unsere Kinder müßten nur halb so viel lernen, wenn wir Erwachsenen uns dazu entschließen würden, das ganze Leben zu lernen – jeden Tag eine Stunde oder jeden zweiten Tag zwei Stunden. Wir könnten dann gut und gern auf den Lernzwang verzichten, der den Kindern das Lernen so verleidet.
Lernen könnte eine aufregende und interessante Sache sein. Und wenn das Lernen Spaß machte, würden sich viel mehr Schüler dazu entschließen, Lehrer zu werden. Die Erwachsenen, die bereits heute eingesehen haben, daß sie ihr Leben lang lernen müssen, werden nicht zum alten Eisen geworfen, wie so viele 50- bis 60jährige. Sie bilden sich in ihrem Beruf ständig weiter. Da sie ihre neuerworbenen Kenntnisse mit langjährigen Erfahrungen verbinden, leisten sie der Gesellschaft bis ins hohe Alter hinein wertvolle Dienste.

Keine »abgeschlossene« Bildung mehr. Die alten Leute, die heute die Jugend nicht mehr verstehen, haben zumeist nach beendeter Schulzeit ihre »abgeschlossene Bildung« als einen Berechtigungsschein betrachtet, der ihnen einen mehr oder weniger guten Platz in unserer Gesellschaft sichert. Nach bestandener Prüfung hatten sie ausgelernt. Sie waren sozusagen fertig und konnten das lästige Lernen den Jüngeren überlassen.
Wo Lernen zur Last wird, hat es seinen Sinn verfehlt. Es sollte

in der Jugend wie im Alter eine Bereicherung sein, dann gäbe es keine dummen Kinder und keine verknöcherten alten Leute.

Lernen als Lebensaufgabe. Die Vergangenheit hat uns eine patriarchalische Ordnungsregel hinterlassen, von der wir uns nur langsam lösen, sie lautete: In der Jugend lernt man, als Erwachsener lebt man. Die Zukunft verlangt von uns aber etwas weniger und zugleich etwas mehr. Wir müssen bereits in der Jugend leben lernen und dürfen als Erwachsene praktisch nie aufhören zu lernen. Durch diese gleichmäßigere Verteilung von Leben und Lernen werden viele Verständigungsbarrieren abgebaut, die heute immer noch die Jungen von den Erwachsenen trennen.

Ein »richtiger« Junge und ein »typisches« Mädchen

Der Junge aus dem Katalog. »Ein richtiger Junge«, so habe ich eine Reihe von Erwachsenen befragt, »was stellen Sie sich eigentlich darunter vor?«
Darauf entwarfen die meisten das Bild eines kleinen Draufgängers, der auf Bäume klettert, einen Riß in der Hose oder ein aufgeschlagenes Knie nicht scheut, der in Indianerverkleidung mit dem Spielzeugrevolver herumknallt, und da er sich nichts gefallen läßt, oft in Prügeleien verwickelt wird. Warum dieser »richtige« Junge dann trotzdem häufig eine Tracht Prügel verdient hat, wie die Befragten mir versicherten, darin steckt, so will es mir scheinen, irgendein Denkfehler.
Wir kommen dem Denkfehler auf die Spur, wenn wir diesen kleinen Draufgänger zehn bis fünfzehn Jahre später betrachten, wenn er in Lederkleidung mit blitzenden Knöpfen auf dem Motorrad ohne Schalldämpfer an uns vorbeidonnert, dann runzeln die Erwachsenen die Stirne und wissen nicht, ob sie sich die Ohren zuhalten oder mit den Fäusten hinter ihm herdrohen sollen.
Aber, da gibt es noch eine andere Sorte von Halberwachsenen. Sie entsprechen nun gar nicht dem Bild des »richtigen« Jungen. Sie prügeln sich nicht, tragen schulterlange Haare und

eher mädchenhafte Züge. Sie benehmen sich sanft und freundlich, mögen Gitarren lieber als Schießwerkzeuge und kleiden sich ausgesprochen salopp.
Diese friedliebenden Knaben erregen ebenfalls das Mißfallen vieler Erwachsener. Sie sähen die angehenden jungen Männer am liebsten als getreues Spiegelbild ihrer selbst, unauffällig, aber adrett gekleidet, frisch gewaschen, gut rasiert, mit »ordentlichem« Haarschnitt und gutsitzender Krawatte, ein Bild, wie es uns von den Plakatwänden herunter keß anlächelt.
Diese Erwachsenen verlangen etwas Unmögliches. Keiner Erwachsenengeneration der Erde ist es bis jetzt gelungen, die Jugend ganz nach ihrem Bilde zu formen. Klagen über die Jugend, die keine Tugend kennt, sind uns aus dem alten Ägypten, aus der Antike und aus dem europäischen Mittelalter überliefert.

Der Traum vom Hausmütterchen. Vielleicht ist es den Erwachsenen bei den Mädchen häufig etwas besser gelungen, sie nach ihren Vorstellungen zu domestizieren. Aber auch hier trügt allzuoft der Schein. Wenn wir uns heute in ein gutbesuchtes Speiserestaurant setzen und von Tisch zu Tisch gehend die Leute befragen, wie in ihrem Verständnis ein »nettes« Mädchen aussehen sollte, so entwerfen die meisten – wie vor fünfzig Jahren – das Bild eines angehenden Hausmütterchens. Das »nette Mädchen« ist freundlich und stets gut gelaunt, es zankt sich nicht, hilft der Mutter im Haushalt, bringt seine Garderobe selbst in Ordnung und sieht immer hübsch, fesch und sauber aus. Obwohl heute Mädchen und Jungen die gleiche Schule besuchen, die gleiche Berufsausbildung erhalten, erziehen wir Jungen und Mädchen immer noch nach verschiedenen Leitbildern. Wenn meine Söhne, nachdem sich der Besuch vom Tisch erhoben hat, das Geschirr abräumen und abspülen, machen unsere Gäste meist große Augen, und die Knaben bekommen ein besonderes Lob gespendet. Bei Mädchen würde man eine solche Betätigung als selbstverständlich hinnehmen. Ein Junge, der seine Knöpfe annäht, der sein Zimmer selbst putzt und der Mutter im Haushalt hilft, erregt immer noch beträchtliches Aufsehen.

Das Verhalten männlicher und weiblicher Patienten. Wie sich diese unterschiedliche Einstellung zu den beiden Geschlechtern

auswirkt, das zeigt sich stets dann besonders deutlich, wenn ungewohnte Situationen eintreten.
In einem waldreichen Gelände liegt auf einer Anhöhe eine Lungenheilstätte für Frauen. Die Patienten bleiben meist ein halbes Jahr oder sogar noch länger hier. Sie machen Liegekuren, können aber zwischendurch kurze Spaziergänge unternehmen oder sich sonstwie beschäftigen.
Wie kann man eine so lange Zeit aushalten, ohne Langeweile zu bekommen? Der Chefarzt berichtet:
»Wir haben eine große Bibliothek, aber – man kann ja nicht immer lesen. Bis auf wenige Ausnahmen finden die meisten Frauen schon nach kurzer Zeit irgendeine Beschäftigung, mit der sie sich die Zeit vertreiben. Einige handarbeiten oder basteln, andere suchen sich für ein oder zwei Stunden irgendwo in unserm Hause nützlich zu machen. Viele haben, ohne unser Zutun, mit einer Kunststoffabrik in der Nähe Kontakt bekommen, für die sie Heimarbeit machen. Wenn das nicht zu viele Stunden des Tages in Anspruch nimmt, hindern wir sie auch nicht daran, weil sie zufriedener und ausgeglichener sind, wenn sie sich beschäftigen können.«
Einige Kilometer davon entfernt liegt eine Heilstätte für Tbc-kranke Männer. Hier führen die Ärzte einen ständigen, aber leider meist vergeblichen Kampf gegen die Langeweile der Patienten. Nur eine kleine Minderheit weiß sich zu beschäftigen. Die meisten sind unfähig, ihre Zeit auf irgendeine befriedigende Weise zu überbrücken. In ihrer Unzufriedenheit greifen sie heimlich zur verbotenen Zigarette. Sie kennen alle Kneipen in der näheren Umgebung und kommen von ihren Spaziergängen oft viel zu spät und betrunken zurück.
Die stärkere Neigung, sich zu beschäftigen, beobachten die Ärzte sogar schon in den Kinderkrankenhäusern bei den kleinen Mädchen. Jungen leiden viel mehr unter der Langeweile.
Natürlich trifft das nicht auf alle zu. Es gibt Mädchen und Frauen, die sich absolut nicht beschäftigen können, wie es Jungen und Männer gibt, die geschickte Hände und erfindungsreiche Köpfe haben, denen in jeder Situation einfällt, was sie tun können. Aber die Mehrzahl scheint die Behauptung zu bestätigen, daß Jungen und Mädchen sehr verschiedene Anlagen mit auf die Welt bringen.

Die Geschlechtsunterschiede des 19. Jahrhunderts. Lange Zeit hat man die Unterschiede stark betont. Das Lexikon aus dem Jahre 1889 widmet ihnen ein umfangreiches Kapitel, das sich vor allem mit den körperlichen Unterschieden befaßt. Die wortreiche Schilderung beschränkt sich jedoch ausschließlich auf die sogenannten sekundären Geschlechtsmerkmale, auf den Körperbau, auf den Haarwuchs usw. Es vergißt sogar nicht zu erwähnen, daß sich »beim Manne Hunger und Durst viel dringender äußern als bei der Frau«. Die primären Geschlechtsmerkmale existieren für das Lexikon nicht, es erwähnt sie mit keiner Silbe. Statt dessen werden wir ausführlich über die psychischen Geschlechtseigentümlichkeiten unterrichtet:

»Beim Weibe behauptet das Gefühl, das Gemüt, beim Manne dagegen die Intelligenz, das Denken, die Oberhand. Die Phantasie des Weibes ist lebhafter als die des Mannes, erreicht aber selten die Höhe und Kühnheit wie bei letzterem. In bezug auf die Schärfe der Unterscheidung, auf die Tiefe des Urteils ist der Mann entschieden bevorzugt; er ist daher auch zu abstrakten Forschungen mehr geeignet als das Weib. Den Mann charakterisiert ein gewisser Egoismus; das Weib ist geneigt zur Hingebung, welche nicht selten bis zur Aufopferung des eigenen Selbst geht.«

Seitdem diese Worte geschrieben wurden, haben viele Frauen bewiesen, daß sie dem Mann an Intelligenz und Denkfähigkeit keineswegs unterlegen sind. Und doch gibt es bis heute gravierende Unterschiede.

Aus der Kriminalstatistik. Wenn wir einmal die Zahlen der straffällig Gewordenen betrachten, so stellen wir fest, daß auf 100 männliche Gefängnisinsassen nur 5 Frauen kommen. Hier fallen die Unterschiede so stark auf, daß man in letzter Zeit darüber nachzudenken beginnt.

Italienische Kriminalpsychologen wollten unlängst die Ursache darin gefunden haben, daß die Frauen einfach keine Zeit zum Stehlen und zum Morden haben. Sie seien von den Sorgen des Alltags so ausgefüllt, daß sie ihre ganze Initiative dabei verbrauchten.

Mit diesem Argument kommen wir jedoch kaum weiter, wenn wir uns die Reihen der KZ-Verbrecher ansehen. Auch unter den KZ-Bewachern gab es eine ganze Reihe Frauen, aber unter 100

KZ-Mördern oder -Verbrechern finden wir noch weniger, nur 1 bis 2 Frauen.
Für die meisten von uns ist die Feststellung, daß unter den KZ-Verbrechern die Frauen einen so geringen Prozentsatz bilden, so selbstverständlich, daß sie gar nicht weiter darüber nachdenken. Aber ist die Sache nicht so wichtig, daß wir jeder Spur nachgehen sollten, die uns einen Hinweis gibt, warum die Menschen überhaupt solcher Grausamkeiten fähig sind oder werden?
Ich habe während des Krieges einmal einen KZ-Bewacher persönlich kennengelernt. Es war der Bruder einer Kollegin. Er hatte plötzlich Urlaub bekommen und besuchte seine Schwester an unserer gemeinsamen Arbeitsstelle. Meine Kollegin war ein ausgesprochen sanftes, ruhiges und liebenswürdiges Mädchen. Auch der Bruder machte zunächst einen guten Eindruck. Wir kamen ins Gespräch, und ich weiß nicht mehr, aus welchem Grund er plötzlich damit herausrückte, daß er als SS-Mann in Buchenwald eingesetzt sei. In diesem Zusammenhang sprach er einen Satz aus, den ich nicht wieder vergessen konnte: »Komische Leute sind das, diese Methodisten, man kann sie ins Gesicht schlagen, und sie wehren sich überhaupt nicht.«
Seit diesem Tage sah ich meine Kollegin mit anderen Augen an. Sie war freundlich und hilfsbereit wie immer. Aber der Gedanke ließ mich nicht mehr los: Was befähigt den Bruder dieses lieben Mädchens, in Buchenwald ungerührt Mißhandlungen anzusehen oder vielleicht selbst auszuführen.

Ein Mädchen tut so etwas nicht. Ich glaube nicht daran, daß Knaben mit grausameren Anlagen geboren werden. Aber nehmen wir einmal an, man würde den kleinen Mädchen das Hegen und Pflegen von Puppen – nicht gerade verbieten – aber lächerlich machen. Man würde ihnen unter den Weihnachtsbaum kleine Soldaten, Dolche und Revolver legen. Sie würden vermutlich an der Knallerei mit diesem Spielzeug Gefallen finden. Man könnte sie auch dazu animieren, anstelle von gemeinsamen Sing- und Kreisspielen Räuber und Krieg zu spielen, wie die Jungen das kurz nach Weihnachten immer so gerne tun, wenn sie mit ihren neuen Pistolen hintereinander herlaufen und »tot – tot« schreien. Mit lustigen, bunten Indianeruniformen verkleidet, könnte man vermutlich auch die Mädchen dazu bringen, sich gegenseitig im Spaß zu foltern, an den

Marterpfahl zu binden oder mit dem Dolch auf der Brust röchelnd wie tot umzufallen. Solche Spiele würden auch bei den kleinen Mädchen schon eine gewisse seelische »Abhärtung« bewirken.
Hier und da treffen wir auch einmal ein Mädchen unter diesen »Räubern«, aber wir sehen es nicht besonders gern. Wir sagen es ihm auch. Mißbilligend schütteln wir den Kopf: »Das ist nichts für Mädchen.« Oder wir stellen amüsiert fest, daß sich dieses Mädchen »wie ein Junge« benimmt.

Ein Junge läßt sich nichts gefallen. »Laß dir nichts gefallen«, sagt die Mutter zu ihrem Sohn. Immer wieder sieht man Bilder wie dieses: Eine Frau steht im Laden, um einzukaufen. Draußen spielt ihr Junge mit anderen Kindern. Die Kinder schubsen oder schlagen ihn. Er wehrt sich nicht, da er gar keine Lust hat, den Streit fortzusetzen. Die Mutter beobachtet ihn durchs Fenster und springt zornentbrannt heraus: »Wenn du dich jetzt nicht sofort wehrst, kriegst du eine Ohrfeige!« Die Mutter befürchtet, daß ihr Sohn kein »richtiger« Junge wird, wenn er nicht zurückschlägt.
Ganz anders reagiert man bei Mädchen. Wenn sie sich schlagen, so runzeln wir die Stirn: »Laßt das, das ist nicht schön, man muß sich doch vertragen.« Und wenn das Mädchen sagt: »Die Eva hat mich aber gehauen«, dann raten wir ihm: »Wenn dich jemand schlägt, dann gehst du am besten weg, dann spielst du einfach eine Weile nicht mit der Eva, warte nur ab, sie wird schon wieder gut.«

Friedliche Spiele. Seit Jahrhunderten spielen die Mädchen mit Puppen und Kochgeschirr. Und wenn sie gemeinsam auf der Straße hüpfen und springen, dann erstaunen uns immer wieder die vernünftigen Spielregeln, nach denen sich diese Spiele vollziehen. Da siegt nicht wie beim Kampf- und Räuberspiel der Stärkste, der Frechste, der Rücksichtsloseste. Die Spielregel bestimmt, daß in gerechter Reihenfolge jeder mal die beliebten und jeder mal die unbequemen Rollen übernimmt. Schon vor hundert Jahren stand ein Ethnologe, der die Spiele der Mädchen studierte, staunend vor diesem Phänomen. Das ist ja eine richtige Republik im kleinen! rief er aus. Da gibt es keinen Streit und kein Gegeneinander.
Nach Regeln, die seit Jahrhunderten von einer Generation auf

die andere vererbt werden, üben sich die Mädchen fröhlich und singend im Zusammenspiel.

Kriegerische Spiele. Die Knaben dagegen hat man stets zu Kampf und Streitspielen ermuntert. Um die Jahrhundertwende nahm das Spiel mit Bleisoldaten, Pistolen und Gewehren solche Formen an, daß die Metallpreise merklich anzogen. Ein Schriftsteller berichtet aus jener Zeit. »Der kriegerische Geist steckte uns im Blute, besonders mir, dem Sohn eines Vaters, der sich das Eiserne Kreuz erworben hatte. Der Herweghsche Vers: O fraget nicht, wo Feinde sind! Die Feinde kommen mit dem Wind – hatte besondere Geltung bei der kriegslustigen Jugend. Und wir hatten unsere Feinde. Die Wöllergasse lag mit der benachbarten Weißgasse in fortwährendem Kampf. Über die Ursache hatt' ich nie nachgedacht – wir hatten einmal die Antipathie, und sie hatten sie auch. Die Keckheit dieser Brut aus der Weißgasse ging so weit, daß sie bisweilen durch den Torweg in unsern Hof drang. Da ruhten wir nicht eher, bis wir sie durch Steinwürfe wieder hinausgetrieben hatten. Das ging aber nicht so glatt ab – wie oft kam ich mit blutendem Kopf nach Hause. Meine Mutter war außer sich; doch mein Vater schmunzelte, er sah in mir den künftigen Krieger.«
Da wuchsen nebeneinander Jungen und Mädchen mit ganz verschiedenen Moralvorstellungen auf. Der Soziologe Fuxloch beobachtete, daß die Mädchen sich viel weniger zankten als die Jungen, daß sie gerne mit kleineren Kindern spielten und daß sie diese Kleinen »lieb« und »drollig« fanden. Die Jungen des gleichen Alters dagegen äußerten sich abfällig über ihre jüngeren Spielkameraden und fürchteten sich lächerlich zu machen, wenn sie sich mit ihnen abgaben. Von den Mädchen sagt er, daß sie ganz allgemein rücksichtsvoller miteinander spielen, während die Knaben sich egoistischer verhalten und schwächere oder unfähige Spieler rücksichtslos ausschließen oder tyrannisieren.

Der Ernstfall. Vom Spiel zum Ernst ist oft nur ein Schritt, allerdings ein entscheidender. Ein heute Siebzigjähriger, der bereits im Ersten Weltkrieg, wie er sagte, mit Leib und Seele Soldat war, erzählte mir: »Es ist mir unvorstellbar schwer geworden, den ersten Schuß auf einen lebendigen Menschen abzugeben. Jeder Mensch spürt in sich eine natürliche Hemmung gegen solch eine Tat. In dem Augenblick, als ich diese Hemmung überwand, ist in meinem Inneren etwas zerbrochen. Ich hatte das frivole Gefühl, daß ich jetzt zu allem fähig wäre.« Gottlob bleibt den meisten Menschen die Gelegenheit erspart, die sie »zu allem fähig« macht.

Der gefährliche Befehlsgehorsam. Gefährlich wird diese Enthemmung, sobald man den Befehlsgehorsam heiligspricht und zugleich einen Feind aufbaut, dem man unmenschliche und fratzenhafte Züge andichtet. Man erfindet einen Feind, der kleinen Kindern die Hände abhackt, und im Handumdrehen wird der anerzogene Mannesmut zur Grausamkeit und die Mannschaft zu einer Bande. »Wie ein Mann« scharten sich die Schergen Hitlers um ihre Machthaber und ordneten sich den Befehlen ihrer Anführer willig unter. Man betäubt das persönliche Gewissen und wird zu allem fähig. Ein weibliches Gegenstück zu dieser Haltung ist uns nicht bekannt. Zusammenstehen »wie eine Frau«, das gibt es eben nicht in unserm Sprachgebrauch. Kollektives Handeln, Befehlsgehorsam, so etwas liegt der Frau nicht. Stets meldet sich bei einigen von ihnen der Widerspruchsgeist. Sie lassen sich nicht so leicht unter einen Hut bringen. Schon Konfuzius klagte darüber, daß die Frauen so widerborstig sind und sich schlecht einordnen können.

Die aufsässigen Frauen. Die gleiche Erfahrung machte – 1500 Jahre später – Adolf Hitler mit den Frauen. Sie wählten ihn zwar, aber sie folgten ihm nicht. Hitler träumte von einem tausendjährigen Reich, in dem die Volksgenossen und die -genossinnen, Kinder wie Erwachsene, in einer straffen Organisation zusammengefaßt und in eine Form gepreßt werden sollten. Die Männer zwischen zwanzig und vierzig waren schon, bevor Hitler die Macht an sich riß, freiwillig, im Gleichschritt, kolonnenweise hinter ihm hermarschiert, als SA-Leute. An den Frauen der gleichen Altersstufe hat Hitler nie viel Freude gehabt. Als er nach der Machtübernahme das ganze deutsche Volk uniformieren wollte, hatte er den größten Erfolg bei den Schulkindern, die seit der Einführung der Schulpflicht sowieso unter einem staatlichen Zwang leben. Spätestens nach der Pubertät machte sich aber bei den Mädchen ein starker Unwille gegen das Kollektiv bemerkbar. Ein Pendant zu den Organisationen der SA, SS, NSKK und wie sie alle hießen, gab es auf weiblicher Seite nicht. Hinter der Fassade von »Glaube und Schönheit« verbarg sich eine Institution, die oft nur dem Namen nach existierte.

Die meisten Frauen haben eine Abneigung gegen Organisationen und Vereine. Selbst dort, wo sie sich aus karitativen oder religiösen Gründen einem Kollektiv verschreiben, bereite ihnen das Einordnen in eine Gemeinschaft mit Gehorsamszwang weit mehr Schwierigkeiten als dem Mann. Ich verrate hier kein Geheimnis, wenn ich darauf hinweise, daß es in den weiblichen Orden viel mehr Unstimmigkeiten gibt als in den männlichen. Selbst hier, wo sich Frauen und Männer unter dem Zeichen der Liebe und Demut zusammenfinden, fällt der Frau die Gehorsamspflicht ungleich schwerer. Man kann von den frommen Frauen oft recht spitze Bemerkungen ihren Vorgesetzten gegenüber hören.

Der Mann besitzt die für eine Frau oft unbegreifliche Fähigkeit, sein Gewissen, seine eigene Meinung, seinen Mund zum Schweigen zu bringen. Wenn es die sogenannte Disziplin erfordert, zu schweigen oder zu reden, zu kämpfen und zu sterben oder Andersdenkende zu verachten, dann setzt er seine Ehre darein, blind zu gehorchen.

Nicht erst seit der Nazizeit, seit Jahrhunderten war die Erziehung des Mannes auf den Kampf eingestellt. Und nicht nur im Kriege war er gewöhnt, um sich zu schlagen. Auch das Leben an sich wurde ihm als Kampf dargestellt. »Der Mann muß hinaus ins feindliche Leben«, hieß es. Kein Wunder, wenn er sich in dieser feindlichen Landschaft nach einem Verein, nach einem Bund mit Gleichgesinnten umsah. Hier fühlte er sich stark. Hier wurde er aber auch zu Grausamkeiten fähig, weil man ihn dazu erzogen hatte, überall Feinde zu sehen.

Parallel zu dieser kämpferischen, feindseligen Einstellung zum Leben ging eine Erziehung zur Sachlichkeit, die den Mann befähigen sollte, eine Aufgabe rein abstrakt zu sehen. Der letzte Kommandant von Auschwitz, Höß, besaß diese anerzogene Fähigkeit, seinen Auftrag, die Vergasung von Millionen Menschen, rein sachlich zu sehen. Er schildert das in seinen Aufzeichnungen sogar mit einem gewissem Stolz.

Wir erleben hier die makabre Konsequenz eines Erziehungssystems, das seinen Stolz dareinsetzte, die männliche Jugend

zur Kampfbereitschaft und zugleich zur absoluten Sachlichkeit zu erziehen.
Man hat die »Unsachlichkeit« des weiblichen Geschlechts oft verhöhnt, man hat seine pragmatische Einstellung als »typisch weiblich« nicht nur belächelt, sondern auch mit soviel Geringschätzung bedacht, daß die Frau sich schließlich gegen diese ständige Herabsetzung auflehnte. Um sich von dieser Erniedrigung zu befreien, strebte sie nach Berufen, die sie dem Mann ebenbürtig machen sollten.

Erziehung zur Selbständigkeit im Selbstversorgerhaushalt. Aber sehen wir uns die typisch weibliche, die häusliche Erziehung der Vergangenheit einmal etwas näher an. War sie wirklich so beschränkt, so engstirnig, wie man sie immer einstuft? Ein Hauswesen, das war vor hundert und mehr noch vor zweihundert Jahren ein regelrechter kleiner Produktionsbetrieb, weil fast alle Konsumgüter damals noch im Hause selbst hergestellt wurden. Die vielseitigen häuslichen Pflichten, die Erziehung der Kinder, die Sorge für das leibliche und seelische Wohl der Angehörigen, das alles erforderte von der Frau ein hohes Maß an praktischem Können, an Organisationstalent und Menschenkenntnis, an Geschick, Umsicht und Kombinationsgabe. Hier erwarb sich die Frau eine Selbständigkeit im Denken und Handeln, die man um so positiver einschätzen muß, als sie sich ausschließlich an aufbauenden Zielen erprobte.
Die Frau konnte und wollte – dank ihrer Erziehung – nie begreifen, warum der Mann alles wieder zerschlagen mußte, was sie in liebevoller und mühsamer Kleinarbeit aufgebaut hatte. Wenn sie dagegen opponierte, tat sie es mit Tränen oder mit Trotz, allenfalls mit ihrer scharfen Zunge. Das waren ihre einzigen Waffen. Sie hat nie Terrorgruppen oder militante Organisationen gegründet, um ihre andersdenkenden Mitmenschen zu mißhandeln oder zu töten. Als man in den Konzentrationslagern Frauen und Männer, Kinder und Greise scharenweise umbrachte, da konnte man als Mörder kaum einmal Frauen gebrauchen, das haben selbst die Nazis begriffen.
Gewiß gibt es einzelne böse Frauen, die ihren Mitmenschen das Leben zur Hölle machen. Aber eine Gruppe von Frauen so unter eine Befehlsgewalt zu bringen, daß sie systematisch jahrelang Menschen foltern und umbringen, das dürfte schlechterdings unmöglich sein. Daran hindert sie ihre Erziehung, die

sie stets von Kampf- und Streitspielen ferngehalten hat, daran hindert sie aber auch ihr Widerspruchsgeist, der sich nicht so leicht zu kollektiven Untaten zwingen läßt. Und auch ihre sogenannte Unsachlichkeit steht ihr dabei im Wege, ihre Abneigung gegen das rein abstrakte Denken. Sie sieht die Dinge stets im Zusammenhang, das macht sie unfähig, den Menschen auszuklammern, wenn man ihr unmenschliche Aufgaben stellen würde.

Diese Feststellung will die Frauen keineswegs moralisch höher einstufen als die Männer, sie will nur zu bedenken geben, ob wir in der Erziehung unserer Jungen alles tun, was sie in Zukunft vor unmenschlichen Taten bewahren könnte.

Die Geschlechtsunterschiede verwischen sich. Seit etwa fünfzig Jahren beobachten wir, daß die Geschlechtsunterschiede sich mehr und mehr verwischen. Aber diese Entwicklung schreitet in Form einer Springprozession vorwärts. Das heißt, sie geht drei Schritte vor und zwei Schritte zurück. In den zwanziger Jahren gingen die Frauen zum Friseur und ließen sich einen »Bubikopf« schneiden. In den dreißiger Jahren, während der Hitlerdiktatur, wurde das Hausmütterchen wieder als Idealbild gepriesen. Nach diesem Vorbild – die häusliche Frau und den kämpferischen Mann zu erziehen – richtet man sich heute in allen konservativen Diktaturen, mit geringem Erfolg, denn die Entwicklung schreitet über sie hinweg. In den fünfziger Jahren trugen die Frauen Hosen, und in den sechziger Jahren sieht man ältere Männer und ältere Frauen mit kürzerem Haarschnitt, während viele Jungen, genau wie die Mädchen, lange Haare bevorzugen. Gleichlaufend mit dem äußeren Bild macht die berufliche Angleichung der Geschlechter Fortschritte und Rückschritte.

Das Ende des patriarchalischen Zeitalters. »Wir sind am Ende eines patriarchalischen Systems angelangt«, stellte unlängst der amerikanische Modephilosoph Laver fest. »Die Kleidung muß nicht länger den Eindruck vermitteln, daß Männer Familienoberhäupter und Frauen gute Mütter und Hausfrauen sind.« Das patriarchalische Zeitalter hat die Unterschiede forciert und systematisch gezüchtet. Die Männer wurden zu aggressivem Verhalten ermutigt, während die Frauen am häuslichen Herd Herzensgüte und Menschlichkeit verkörpern durften.

Wenn auch diese Zeit offensichtlich ihrem Ende entgegengeht, so steuern wir damit keineswegs auf ein Matriarchat zu. Es sieht eher so aus, als würde sich eine Art Patri-Matriarchat entwickeln.
Es hat zu allen Zeiten Männer mit sanften, nachgiebigen Zügen gegeben und Frauen mit zielbewußtem, energischem Auftreten. In der Vergangenheit pflegte man diese »weibischen« Männer und die »männlichen« Frauen verächtlich zu machen. Diese Einstellung ist in einem Wandel begriffen. Es gibt zwar immer noch Jungen, die mit Lederjacken und knatternden Motorrädern den kraftstrotzenden harten Mann demonstrieren, aber daneben behaupten sich auch die jungen Männer, die harte und weiche Züge in sich vereinen, die sich ein festes Ziel setzen und gleichzeitig immer bereit sind, sich selbst in Frage zu stellen.
Das Bild des Mädchens hat sich schon seit längerem gewandelt, es gibt weichere und härtere, empfindsame und entschlossene Typen und solche, die alle diese Eigenschaften nebeneinander besitzen. Wo immer sich die Geschlechter einander angleichen, da bekommt die Welt ein menschlicheres Gesicht.
Sobald ein Geschlecht die Herrschaft über das andere ausübt – beobachtete Margaret Mead –, da legt es sich selbst alle aktiven Tugenden bei. Tatfreudig, aggressiv, klug, so nennen sich die Männer des christlichen Abendlands. Wo die Frauen dominieren, bei den Tschambuli in Neuguinea, da gelten die Männer als passiv, unselbständig, spielerisch. Wo Gleichberechtigung herrscht, sind beide, Männer wie Frauen, friedfertig, um die Kinder besorgt, weich und freundlich.
Die biologische Verschiedenheit der Geschlechter erzeugt genügend Spannungen. Wenn wir darüber hinaus noch psychische Geschlechtsunterschiede kultivieren, geben wir sie nur der Lächerlichkeit preis. Aus Unterschieden, die in Wirklichkeit gar nicht existieren, entwickeln sich unter der Hand Widersprüche. Immer wieder verwickeln wir uns bei der Erziehung unserer Jungen in Widersprüche, deren Randerscheinungen häufig in Kriminalität ausarten.
»Erzieht die Jungen wie Mädchen, und die Kriminalität wird merklich absinken«, rief unlängst ein schwedischer Kriminalpsychologe aus. Statt dessen bemüht man sich immer noch, die Unterschiede zu forcieren. »Ein Junge weint nicht«, behaupten wir unverfroren. Dabei kennt jeder die befreiende Wirkung von Tränen. Warum soll sich ein Junge oder ein Mann nicht

auch einmal ausweinen, wenn er körperlich oder seelisch verletzt worden ist.
Es gibt robuste und zärtliche Jungen. Wenn sie mit Puppen spielen möchten, sollten wir daran denken, daß aus diesen Jungen einmal Väter werden, die ihre Kinder freundlich und umsichtig betreuen. Daneben gibt es aber auch robuste Mädchen, solche, die sich lieber mit elektrischen Eisenbahnen und technischem Spielzeug beschäftigen. Auch ihre Neigungen gilt es zu respektieren.
Ihre körperlichen Kräfte können Jungen wie Mädchen bei sportlichen Spielen üben. Ein »richtiger« Junge muß weder Prügel austeilen noch Prügel empfangen. Wenn wir ihn – wie wir es bei den Mädchen praktizieren – ermahnen und ermutigen, Streit zu vermeiden oder zu schlichten, dann lernt er beizeiten, daß man Meinungsverschiedenheiten nicht mit Fäusten und Schießverkzeugen, sondern unter Anwendung und Anstrengung der Verstandes- und der Gemütskräfte austrägt.

Unter dem Deckmantel der Liebe

Die Sitten ändern sich. Es war vor einigen Jahren, als auf den Titelseiten unserer illustrierten Zeitschriften zum ersten Mal junge Damen auftauchten, die sich vor den erwartungsvollen Blicken der Betrachter ihrer Kleider entledigten. Sie gaben damit eigentlich kein Geheimnis preis, sondern bestätigten nur in aller Öffentlichkeit, daß unser Schamgefühl in einem Wandel begriffen ist.
Ängstlichen Leuten, denen bei diesem Anblick moralische Bedenken kommen, sei gesagt, daß das Schamgefühl genaugenommen keine Sache der Moral, sondern der Schicklichkeit ist, und das Gefühl für das, was sich schickt, wandelt mit der Mode.
Im Mittelalter muß es zeitweise kaum bekannt gewesen sein. Männer und Frauen genierten sich nicht, in ziemlich kleinen Badestuben nackt miteinander zu baden. Auf Holzstichen jener Zeit sehen wir sie, wie sie dichtgedrängt auf Holzbänken im Wasser sitzen, sie essen und trinken und unterhalten sich

wie in einer Wirtsstube. In den Gasthäusern schlief man nackt, oft zwei oder drei Personen nebeneinander in einem Bett.
Erasmus von Rotterdam erzählt in seiner »Colloquia«, einer Schrift, die er dem neunjährigen Sohn seines Verlegers widmete, eine warnende Geschichte, für die »Belehrung von Kindern« ausgedacht. Der Held der Geschichte, ein Jüngling namens Sophronius, besucht eines Tages ein Bordell. So etwas sollten Kinder nicht tun, meint Erasmus. Darum berichtet er ausführlich, wie die Dirne Lukretia sich anschickt, den Knaben zu verführen. Sie führt ihn ins Zimmer, und Sophronius – der genau weiß, daß er etwas Verbotenes tut, fürchtet, daß ihnen jemand zuschauen oder zuhören könnte. Lukretia beschwichtigt ihn: »Aber mein Vögelchen, nicht einmal eine Fliege könnte uns sehen, was zögerst du?« Nun spricht aus Sophronius das Gewissen: »Aber Gott kan uns sehen!« Und damit flüchtet er aus dem Zimmer.
Erasmus war nicht nur ein verständiger Mann, sondern auch ein verantwortungsvoller Erzieher. Daß er mit einem neunjährigen Jungen so selbstverständlich über sexuelle Probleme sprechen kann, beweist uns nur, daß das Gefühl für Schicklichkeit sich inzwischen geändert hat.

Das Schamgefühl und die Launen der Mode. Das Schamgefühl, wie es uns überliefert wurde, muß etwa zu Beginn des 17. Jahrhunderts aufgekommen sein. Seinen Höhepunkt erlebte es im 19. Jahrhundert, als die Unterhosen die »Unaussprechlichen« genannt wurden und als man schließlich alles, was sich im Bereich des Schlafzimmers abspielte, aus einem »anständigen« Wortschatz verbannte.
Was wir als sittlich oder unsittlich, als anständig oder schamlos empfinden, ist mehr, als uns bewußt wird, eine Laune der Mode, der wir uns unterwerfen. Die »sittlichen« Entrüstungen der mittelalterlichen Kleiderordnungen lassen an Inkonsequenz nichts zu wünschen übrig. Einmal galt es als anstößig, wenn die Damen ihre Füße sehen ließen, bald darauf wurde es Mode, den Oberkörper bis unter den Busen unbekleidet zur Schau zu stellen.

Die Liebe als Spiegel der Gesellschaft. Auch im Verhältnis zum anderen Geschlecht beobachten wir bald freiere, bald strengere Sitten. In der leichtlebigen Rokokozeit pflegte man auf eine recht handfeste und ungenierte Weise mit dem anderen Geschlecht zu flirten.

Hundert Jahre später lesen wir in einem Anstandsbuch: »Bei Liebeswerbungen ebenso wie bei dem Benehmen gegen das weibliche Geschlecht überhaupt und im allgemeinen ist die größte Zartheit zu beobachten.«

Mehr als ein zarter Händedruck war dem liebenden Paar damals nicht gestattet. Im Garten der Liebe standen viele Verbotstafeln. Wer sie nicht sorgfältig beachtete, kam ins Gerede. Mit Argusaugen beobachteten Verwandte und Nachbarn das Verhalten des jungen Paares.

Das verspielte Rokoko. Zu allen Zeiten ist das Benehmen des Liebespaares ein Spiegelbild der ganzen Gesellschaft. In der Zeit des Rokoko schwelgten die Liebenden in Gefühlen. Von Wieland wurde erzählt: »Sowie der Dichter seine Freundin erblickt, kehrt er sich zur Seite, wirft mit einer zitternden, heftigen Bewegung seinen Hut hinter sich auf die Erde und schwankt zu ihr hin. Sie geht ihm mit ausgebreiteten Armen entgegen; er aber ergreift ihre Hände und bückt sich, um sein Antlitz darin zu verbergen. Sie neigt sich mit einer himmlischen Milde über ihn und sagt: Wieland – Wieland – o ja, Sie sind es, Sie sind noch immer mein liebster Wieland! Von dieser rührenden Stimme geweckt, richtet er sich etwas in die Höhe, blickt in die weinenden Augen seiner Freundin und läßt dann sein Gesicht auf ihren Arm zurücksinken.«

Fünfzig Jahre später verurteilte man in der Zeit der bürgerlichen Ehrbarkeit alles »verliebte Getue«. Man erzog die Kinder, vor allem die Mädchen, zu strenger Beachtung der Sittsamkeit und Tugend.

Über das Thema Liebe wurde vor der Ehe nicht gesprochen. Ein gutes Auskommen, eine anständige Mitgift und hausfrauliche Tugenden galten als wichtigere Voraussetzungen. »Der gute Ton in allen Lebenslagen« meint dazu: »Wir können es freilich keinem jungen Manne verdenken, wenn er neben der Neigung zu der von ihm Erkorenen auch eine gute Mitgift willkommen heißt und über die Vermögensverhältnisse der Eltern des jungen Mädchens nähere Erkundigungen einzieht.«

In einem »Liebeshandel« benahm sich der Bürger nicht anders als bei einer sich anbahnenden Geschäftsbeziehung. Darum wünschten die Eltern auch genau über alles informiert zu wer-

den, was die Beziehungen der beiden Liebenden betraf. Der »gute Ton« sagt dazu:
»Ein junges Mädchen, welches in der Aufmerksamkeit eines Herrn mehr findet als diejenige Höflichkeit, welche jeder anderen Dame gebührt – sei es, daß eine ältere Freundin sie auf das Benehmen des Herrn aufmerksam gemacht hat, oder, daß sie es selbst entdeckte –, wird richtig handeln, wenn sie ihrer Mutter, der besten und treuesten Freundin, Mitteilung davon macht. Diese ist dann in der Lage, sich zu überzeugen, ob die Wahrnehmung begründet oder unbegründet ist, und kann im ersteren Falle ihre Maßregeln ergreifen.«

Die doppelte Moral. Diese »bürgerliche Ehrbarkeit« wurde während des 19. und 20. Jahrhunderts in breiten Kreisen, vor allem im Mittelstand, immer noch sorgfältig beachtet. Daneben setzte sich aber nach und nach, vor allem beim Großbürgertum, eine genußfreudigere, luxuriösere Lebensweise durch. Man kokettierte heimlich mit Liebesaffären und setzte sich dabei gern über die alten bürgerlichen Vorurteile hinweg.
Diese beiden Lebensauffassungen existierten zeitweise nebeneinander, zuweilen in einer Familie, oft sogar in einer Person. »Doppelte Moral« nannte man diese Art zu leben, wenn etwa ein biederer Bürger oder ein korrekter Offizier, der in seiner Familie den ehrbaren Vater spielte, »zur linken Hand«, in der sogenannten »Lebewelt«, ein zweites, amouröses und gar nicht so ehrbares Leben führte.
Nach außen wurde aber immer und um jeden Preis Ehrbarkeit zur Schau getragen. Einige waren es wirklich, andere spielten die Ehrbarkeit – mit Naivität, mit schlechtem Gewissen, mit Zynismus – je nach Temperament. So wurde schließlich jede Form der außerehelichen Liebe in die Sphäre des Unerlaubten, Geheimen und darum gerade so Begehrenswerten gerückt. Die verbotene Liebe – und was war nicht alles verboten – gehörte bald zum beliebtesten Thema einer üppig wuchernden Dramen- und Romanliteratur.

Die Jugend entdeckt die Tugend. Die Jugendbewegung, die sich zu Beginn des 20. Jahrhunderts zusammenschloß, setzte sich über die engen Grenzen der bürgerlichen Konvention hinweg. Jungen und Mädchen, die man bis dahin ängstlich voneinander ferngehalten hatte, ignorierten die Verbote der El-

tern. Sie unternahmen gemeinsame Wanderungen, sie tanzten und diskutierten miteinander. Diese jungen Leute wollten sich gegenseitig kennenlernen.
Aber für die damalige Elterngeneration war dieser verständliche Wunsch ein Verstoß gegen die Sittlichkeit. Zwischen den Alten und Jungen entbrannte ein erbitterter Kampf, wobei jede Seite der anderen dasselbe vorwarf: ein gestörtes Verhältnis zur Moral.
Ein halbes Jahrhundert später hat man sich daran gewöhnt, daß die jungen Leute beiderlei Geschlechts die gleiche Schule besuchen, daß sie sich ohne Aufsicht der Eltern treffen, um miteinander zu tanzen, zu musizieren, um gemeinsam zu reisen und zu studieren. Nachdem sich die anfängliche Aufregung darüber gelegt hatte, konnte man beobachten, daß die Sexualität, wenn sie nicht künstlich angereizt wird, durchaus nicht die Hauptrolle im Leben des jungen Menschen spielt.
Vor diesem geschichtlichen Hintergrund kann man unserer heutigen Situation besser gerecht werden. Durch Bildungs- und Generationsunterschiede, durch die ökonomischen Verhältnisse bedingt, leben heute manchmal dicht nebeneinander Menschen mit sehr stark voneinander abweichenden Vorstellungen von Schicklichkeit. Einige stehen mit ihren Wurzeln noch im 19. Jahrhundert, andere im 20., und einige wagen sich mit ihren Wunschbildern einer neuen Sittlichkeit sogar schon ins 21. Jahrhundert.

Wie Vorurteile entstehen und vergehen. Da das Gebiet der Sitte von vielen Vorurteilen und Tabus eingezäunt wird, fällt es uns manchmal schwer, den Menschen, der noch – oder schon – andere Vorstellungen hat als wir selbst, zu akzeptieren. Hier haben wir eine der Schwächen unserer pluralistischen Gesellschaft vor uns, die sich jedoch bei etwas Einsicht und gutem Willen gerade als ihre Stärke erweisen kann.
Da wohnen in einem Haushalt eine achtzigjährige Großmutter, ein fünfzigjähriges Ehepaar und heranwachsende Kinder, zwischen 14 und 18 Jahren. Als die alte Frau ein Kind war, wurde über sexuelle Probleme überhaupt nicht gesprochen. Eine Sache, die man verdrängt und darum nicht durchschaut, löst entweder Angst aus, oder sie reizt die Lachlust. Unter diesen Umständen verkümmerte die Sexualität wie ein armseliges Pflänzchen, das nur in der Dunkelheit des ehelichen Schlaf-

zimmers dahinvegetieren und – sobald es diesen Raum verließ – als ein gefährliches Unkraut betrachtet wurde. Schon die Generation der heutigen Großeltern versuchte aus dieser Sackgasse herauszukommen. Aber sie bemühten sich bereits vergeblich, ihre Kinder »aufzuklären«. Gehemmt und verklemmt wie sie waren, erzählten sie ihren Töchtern und Söhnen bestenfalls, daß die Kinder nicht vom Klapperstorch, sondern von der Mutter kämen.

Die jetzige Elterngeneration war ensthaft gewillt, ihre Kinder über die Vorgänge vor und während der Geburt besser zu informieren. Bei einer Umfrage antworteten noch vor wenigen Jahren 80 Prozent der Eltern, daß sie ihre Kinder gerne aufklären würden, aber nur 20 Prozent dieser Eltern gaben an, daß sie ihre Kinder auch wirklich aufgeklärt hätten. Die Wurzeln ihrer Unfähigkeit sind oft ganz einfach in Sprachschwierigkeiten zu suchen. Unsere Genitalien hatten für die meisten Erwachsenen bis jetzt gar keinen Namen. Von dieser Namenlosigkeit waren sogar unsere Ausscheidungen und die entsprechenden Organe in Mitleidenschaft gezogen, weil sie sich in räumlicher Nähe der »unaussprechlichen« Geschlechtsorgane befinden. Immerhin gab es für Kot und Urin umschreibende Wörter wie Haufen und Bächlein.

Da aber das männliche Glied, der Penis, unbenannt blieb, fiel es den meisten Eltern so schwer, ihren Kindern die Rolle des Vaters bei der Zeugung zu erklären. In ihrer Verlegenheit suchten sie nach Beispielen bei den Blumen und Bienen, Vergleiche, die natürlich hoffnungslos hinkten.

Inzwischen sind Zeitschriften und Bücher, Filme und Fernsehen in die Lücke eingesprungen, und – nachdem wir die Namen unserer Geschlechtsorgane häufig gedruckt gelesen haben, können wir freier darüber sprechen. Wenn wir erst über Geschlechtsvorgänge so frei und unbefangen reden können wie über unsere Lebertätigkeit, dann sind wir auch in der Lage, dem Geschlechtstrieb einen angemessenen Platz in unserem Leben einzuräumen.

Vorläufig sind viele von uns davon immer noch weit entfernt. Es gibt auch heute noch Eltern, die lächelnd zusehen, wie das Kind mit seinen Füßen oder mit seinen Fingerchen spielt, die aber erschrocken »Pfui« rufen, sobald es das gleiche Interesse seinem Geschlechtsteil zuwendet.

Schuldgefühle durch sexuelle Tabus. Ein sonst aufgeweckter Junge ließ, als er etwa dreizehn Jahre alt war, im Unterricht auf einmal merklich nach. Die schlechten Zensuren und die Ermahnungen machten die Sache nicht besser, er schien sich allmählich zu einem völligen Versager zu entwickeln.

Ein junger Lehrer, der die Veränderung beobachtete, überredete die Eltern, dem Jungen Nachhilfeunterricht geben zu lassen, bei einem Psychologen, den er gut kannte. Dem Psychologen gelang es verhältnismäßig rasch, die entstandenen Lücken zu entdecken. Durch gezieltes Lernen stellte sich dann auch schon nach kurzer Zeit ein erster bescheidener Erfolg in Form von ausreichenden und befriedigenden Zensuren ein. Durch die gemeinsame Arbeit konnte der Psychologe das Vertrauen des Jungen gewinnen, so kam er der Ursache des Leistungsabfalls schließlich auf die Spur.

Er lernte die Mutter kennen, eine energische Frau mit ausgeprägtem Reinlichkeitsbedürfnis. Der Vater, ein vielbeschäftigter Kaufmann, kümmerte sich wenig um die Familie. Der Junge erinnerte sich, daß seine kleine Schwester sich vor Jahren beim Zubettgehen einmal für seinen Penis interessierte und wissen wollte, warum sie nicht so ein »Ding« hätte. Die Mutter kam darüber ins Zimmer und erschreckte die Kinder durch die Vehemenz, mit der sie die beiden auseinanderjagte, und durch die »Pfui-Worte«, mit denen sie das Schamgefühl des neugierigen kleinen Mädchens wachrufen wollte.

Dem Jungen kam dieses Erlebnis ins Gedächtnis, als der Psychologe sich erkundigte, ob die Mutter oder der Vater schon einmal mit dem Jungen über Fragen der Fortpflanzung oder des Geschlechtslebens gesprochen hätten. Nein – sie hatten nie darüber gesprochen, das eben erwähnte Erlebnis war die einzige »Belehrung«, die die Mutter ihm erteilt hatte. Seine mehr als unvollkommenen Kenntnisse auf diesem Gebiet verdankte er Mitschülern. Und diese Informationen bestätigten eigentlich nur die erschreckte Reaktion der Mutter – er gewann den Eindruck, daß es sich hierbei um etwas »Schmutziges« und Unerlaubtes handele.

Als der Junge eines Tages halb bewußt, halb unbewußt zu onanieren begann, steigerte er sich in einen immer heftiger werdenden Schuldkomplex hinein, weil er, je mehr er sich der Sache bewußt wurde, der Meinung war, daß er da etwas sehr Unanständiges vollzöge.

Der Psychologe konnte ihn nach und nach von diesem Schuldgefühl befreien. Er erklärte ihm die Zusammenhänge und sagte ihm, daß viele Jungen in seinem Alter onanieren, eine Erscheinung, die wieder vorübergeht. Nachdem es ihm gelungen war, dem Jungen das angeschlagene Selbstbewußtsein zurückzugeben, wurden nicht nur die Leistungen in der Schule wieder besser, auch die Sucht der Selbstbefriedigung ließ nach. Er konnte sein Selbstgefühl jetzt wieder in seiner Umwelt unter Beweis stellen.

Sexualität ist mehr als ein Genußmittel. Die sexuelle Entwicklung des Menschen ist ein wichtiger Teil seiner Gesamtentwicklung. Sie bereitet uns Schwierigkeiten, weil sie jahrhundertelang aus diesem Zusammenhang herausgerissen war und als ein unbegriffenes Anhängsel unterdrückt und paralysiert wurde. So entstand das unreife, wenn nicht schizophrene Verhältnis zur Sexualität, die in der Ehe, wenn sie der Fortpflanzung diente, erlaubt, außerhalb dieser Legalität aber als ein reines Genußmittel abstrahiert wurde.
Heute sehen wir die Sexualität in einem größeren Zusammenhang, als das legitime Bedürfnis des Menschen nach Freude und Liebe. Dabei verstehen wir den Menschen als eine Einheit von Körper, Geist und Seele. In der Liebe verwirklicht sich der Mensch als Individuum und zugleich als geselliges Wesen. Beim Säugling und Kleinkind konzentriert sich die Liebe noch vorwiegend auf eine Person, auf die Mutter, die ihm den ersten körperlichen und seelischen Kontakt bietet, Zärtlichkeit, psychische und physische Betreuung.
Beim Vater erlebt das Kind schon eine erweiterte Form der Liebe, die Freundschaft, die es später mit seinen Spielkameraden verbindet.
Die Geschlechtsorgane sind beim Kind zwar noch unentwickelt, aber schon vorhanden. Wenn es sich dafür interessiert, dann äußert sich darin seine Neugier, sein Wissensdrang, der alles kennenlernen möchte. Darum darf das Kind auf alle Fragen auch eine Antwort verlangen.

Sexuelle Reife und soziale Reife. Mit dem Eintritt in die Pubertät wird das Kind zum fortpflanzungsfähigen Jugendlichen. Da es aber noch nicht die soziale Reife erlangt hat, verhindern wir in diesem Alter den Geschlechtsverkehr. In allen uns bekannten Kulturkreisen werden die Geschlechter während der

Pubertät nicht der Möglichkeit des Geschlechtsverkehrs ausgesetzt. Man hat allgemein die Erfahrung gemacht, daß der Triebverzicht die Persönlichkeitsbildung zum Erwachsenen, die sich in dieser Zeit vollzieht, nur begünstigt.
Bei fast allen Völkern werden aber die Jugendlichen mit ihren Sexualproblemen nicht sich selbst überlassen, wie es bei uns lange Zeit der Fall war. Bei der Jugendweihe, so verlangte es die Sitte, wurden die Jugendlichen mit den Problemen des Geschlechtlebens bekannt gemacht.
Unsere Gesellschaft verhält sich – im Übergang von der geschlossenen, patriarchalischen zur offenen, partnerschaftlichen Familie – den Sexualproblemen gegenüber natürlicherweise etwas unsicher, weil sie die traditionellen Tabus zwar durchbrochen, aber noch keine gültigen neuen Formen gefunden hat. Jeder macht es so gut und so schlecht er kann.
Wir sollten darum die Eltern, die über das Geschlechtsleben noch nicht offen mit ihren Kindern reden können, auch nicht allzu hart verurteilen. Wenn ihre Kinder sich die notwendigen Informationen in der Schule, bei Freunden oder durch Bücher erwerben, werden sie ihre – sexuell sprachbehinderten Eltern nicht verachten. Vielleicht sind die 14- bis 16jährigen oft eher in der Lage, ihre unwissenden Eltern aufzuklären als umgekehrt.
Bei dieser Gelegenheit könnten die Eltern ihrerseits die Jugendlichen auf die wirtschaftlichen und sozialen Probleme der Fortpflanzung des Menschen – und der Menschheit – hinweisen. Hier tut sich ein weites Feld für Gespräche zwischen Eltern und Kindern auf: über die noch ungeklärte Situation des Jugendlichen in unserem Kulturkreis, der mit 13 bis 14 Jahren zwar schon fortpflanzungsfähig, aber sozial unmündig und wirtschaftlich abhängig ist. Das heißt, daß der Jugendliche jetzt zum Nachdenken über seine eigene Person und seine Stellung in der Gesellschaft kommt.
Indem er von nun an seine Umgebung nachdenklich, abwägend beobachtet, erkennt er auch sich selbst, seine Fähigkeiten und Schwächen. Erst wenn er diese Stufe der Persönlichkeitsbildung durchlaufen hat, wird er fähig, einen Menschen zu lieben, sich mit einem Partner zu verbinden.
In einer harmonischen Familie wird das Kind diesen Reifungsprozeß ungestört durchlaufen. Wo sexuelle Schwierigkeiten auftauchen, da reagiert das Kind – meist unbewußt – auf eine

falsche Einstellung zur Liebe. Eine Mutter, die von ihrem Kind auf egoistische Weise Besitz ergreifen möchte, legt damit oft den Grundstein zu sexuellen Schwierigkeiten, die häufig mit einem sozialen Versagen Hand in Hand gehen.

Durch Mangel an Liebe auf sexuelle Abwege. Da sitzt in der Erziehungsberatung ein schmächtiges vierzehnjähriges Mädchen. Sie ist von der Realschule als »untragbar« verwiesen worden, weil sie auf ihre Mitschülerinnen einen schlechten Einfluß ausübte. Sie renommierte mit sexuellen Erlebnissen und verleitete einige Mädchen zum Geschlechtsverkehr mit gleichaltrigen Jungen.
Die Eltern des Mädchens verstehen sich denkbar schlecht. Lange Zeit konnte die Mutter vor den Kindern verbergen, daß der Vater die Nächte oft bei einer Freundin verbrachte. Das Mädchen hat noch zwei jüngere Geschwister. Als es klein und noch das einzige Kind war, überschüttete die Mutter es mit Zärtlichkeit. All ihre enttäuschte Liebe wandte sie dem kleinen Kind zu. Als die beiden Geschwister kamen, war das kleine Mädchen drei Jahre alt. Jetzt wandte die Mutter ihre ganze Aufmerksamkeit und Liebe den beiden kleineren zu. Das kleine Mädchen wurde nun ständig beiseite geschoben, gemaßregelt, geschlagen. Ein Dreijähriges bringt mehr Unordnung in einen Haushalt als ein Säugling, es ist auf viel Geduld und Nachsicht angewiesen, aber die hatte die Mutter nun auf einmal nicht mehr, sie war oft übermäßig gereizt, wenn das kleine Mädchen etwas anstellte. Und es stellte dauernd etwas an. Als ob es sagen wollte: Ich bin doch auch noch da! suchte es die Zärtlichkeit und die Liebe, die ihm nicht mehr zuteil wurde. Durch seine vielen »Unarten« gelang es ihm, wenigstens die Aufmerksamkeit der Mutter auf sich zu lenken.
Vielleicht wäre alles noch gutgegangen, wenn es in der Schule durch gute Leistungen die Anerkennung seiner Person erlebt hätte. Die Mutter schickte es in eine Realschule. Aber hier gehörte es bald zu den schwächsten Schülern. So versuchte es sich auf eine andere Weise hervorzutun.
Bereits als Zwölfjährige hörte sie bei einer Auseinandersetzung der Eltern von den nächtlichen Ausflügen des Vaters. Jetzt wurde ihre sexuelle Neugier wach. Anfangs renommierte sie nur bei ihren Mitschülern mit Erlebnissen, die sie sich ausge-

dacht hatte, aber eines Tages setzte sie ihre Phantasien in die Praxis um.

Der junge Mensch braucht Anerkennung. Manchmal gelingt es, solchen Jugendlichen zu helfen. Als in der Erziehungsberatung ein Junge mit ähnlichen Schwierigkeiten auftauchte, testete man sorgfältig seine Fähigkeiten und entdeckte eine gute musikalische Begabung. Dem Psychologen gelang es, sein Interesse an der Musik zu vertiefen. Es fand sich ein verständiger Musiklehrer, der den Jungen so zu ermutigen wußte, daß er mit großer Ausdauer täglich auf seinem Instrument, einer Trompete, übte. In der Schule fanden sich zwei Freunde, die ebenfalls ein Blasinstrument spielten. Man gab ihnen Gelegenheit, öffentlich aufzutreten, und bei dieser Beschäftigung erwachte das Selbstbewußtsein des Jungen. Durch die Anerkennung der Leistung, die er vollbrachte, kam er mit sich und der Umwelt wieder ins reine.

Bei sexuellen Schwierigkeiten ist stets die Frage nach der Kommunikation mit dem Du unbefriedigend gelöst. Gleichzeitig liegt dabei ein gestörtes Verhältnis zu den anderen Mitmenschen vor.

Mit der Gesellschaft wandelt sich die Familie. In der Vergangenheit beschränkte sich das Verhältnis zum Du auf den engen Kreis der Familie, und so geriet bei sexuellen Abirrungen in erster Linie die Familie in Gefahr. Darum war jeder Geschlechtsverkehr außerhalb der Familie streng verpönt. Dabei machten sich allerdings die damaligen Herrschaftsverhältnisse deutlich bemerkbar. Dem jungen Mann, als dem künftigen Oberhaupt der Familie, war ein sexueller Seitensprung durchaus erlaubt. Die Frau dagegen hatte strenge Strafen zu erwarten. Die uneheliche Mutter wurde oft gnadenlos aus der Gesellschaft ausgestoßen.

Die größere sexuelle Freiheit kommt darum heute vor allem der Frau zugute. In der Freiheit oder Unfreiheit auf diesem Gebiet spiegelt sich stets die Moral der ganzen Gesellschaft wider. Liebe ist gekennzeichnet von Geben und Nehmen. Im damaligen Obrigkeitsstaat war dieses Gleichgewicht zwischen Geben und Nehmen einseitig zugunsten der Herrschenden verschoben. Die Oberschicht übernahm die Rolle des Nehmenden,

während die Untertanen, die Abhängigen, in die Rolle des Gebenden gedrängt wurden.
Diese Rollenverteilung beherrschte auch das Gebiet der Sexualität. Der Mann trat als der Nehmende, Besitzergreifende auf und die Frau als die Gebende. Diese ungleichmäßige Verteilung mußte eines Tages zu einem Umsturz führen. Liebe, die nicht in einer Person gibt und nimmt, entartet zur bloßen Triebbefriedigung, und sie ist unfähig, zwei Menschen für immer zu verbinden und glücklich zu machen. Auch eine Gesellschaft verliert ihren Zusammenhalt, wenn eine kleine Gruppe alle Rechte und die breite Masse alle Pflichten übernimmt.
Unsere heutige Gesellschaft strebt nach einem Gleichgewicht zwischen den Starken und Schwachen, zwischen Alten und Jungen, zwischen Mann und Frau. Sie stützt sich dabei auf den mündigen Menschen, darum erlaubt sie dem jungen Mann und – im Gegensatz zu früher – auch dem jungen Mädchen, sich den Partner in freier Wahl auszusuchen.
Diese Entscheidungsfreiheit verlangt natürlich mehr Wissen vom anderen Geschlecht. Man muß den Partner kennenlernen, und um ihn beurteilen zu können, muß man wissen, wodurch er sich von anderen unterscheidet.
In unserer patriarchalischen Vergangenheit wußten die Geschlechter wenig voneinander. Ein junges Mädchen und ein junger Mann kamen durch Vermittlung oder durch Zufall in die Ehe, die sie ein ganzes Leben miteinander auf Gedeih oder Verderb verband.

Eine verkorkste Ehe. Vor einigen Jahren wohnte ich während der Messe bei einem älteren Ehepaar, das Privatzimmer vermietete. Der Raum war etwas lieblos möbliert. Mein Bett verdeckte mit dem unteren Ende die Tür zum Nebenzimmer. Anfangs wußte ich nicht genau, was hinter der Türe los war, ich hörte nur mit schöner Regelmäßigkeit aus dem Nebenzimmer merkwürdige Geräusche, unangenehme Zischlaute, die ich nicht definieren konnte und die mich ein bißchen ängstlich, aber auch neugierig machten. Eines Abends wollte ich der Sache auf den Grund gehen und legte mein Ohr an die Türe. Was ich da hörte, waren Worte und Sätze, die man im allgemeinen durch Punkte wiederzugeben pflegt. Ich war sprachlos – erst langsam begriff ich die Situation. Da saß ein Ehepaar, zwei alte Leute, die seit Jahr und Tag Tisch und Bett miteinander teilten, und sie bewarfen sich gegenseitig mit haßerfüllten, giftgetränkten Wortfetzen. Daß sie es so leise taten, wohl um ihre Untermieter nicht zu verscheuchen, machte die Sache bei allem Elend noch komisch.

Später erfuhr ich durch eine alte Dame, die mir das Zimmer besorgt hatte, die Geschichte dieses Paares. Die beiden hatten sehr jung, aus Liebe, geheiratet, als das erste Kind unterwegs war. Die Frau war einst ein gescheites Mädchen. Sie hatte aber durch die frühe Ehe keine Gelegenheit, sich weiterzuentwickeln. Vielleicht hätte sie in einem Beruf Erfolg gehabt. Nun blieb sie, ohne jede praktische Begabung, auf den Haushalt festgelegt. Mißmutig und ständig überfordert, verrichtete sie ihre Arbeit. Ihren eigenen, nicht erfüllten Ehrgeiz übertrug sie auf den Mann. Sie stachelte ihn zu Leistungen an, die er nicht erfüllen konnte. Durch ständige Vorwürfe, durch Bloßstellen seiner Schwächen wußte sie ihren Mann so zu demütigen, daß er im Laufe der Zeit selbst an seine Minderwertigkeit glaubte. Er fühlte sich von seiner hochmütigen Frau abhängig und haßte sie gleichzeitig. So entstand langsam eine tiefe Feindschaft zwischen den beiden, die, solange die Kinder heranwuchsen, notdürftig verdeckt wurde. Aber die Kinder strebten früh aus dieser drückenden Atmosphäre heraus. Nun verband die alten Leute nichts mehr als der nie endende Streit.

Die beiden Menschen waren als unmündige Kinder aneinander gefesselt worden. Hätte die Frau sich – wie in alten Zeiten – demütig mit der untergeordneten Rolle der Gebenden abgefunden, wäre die Ehe scheinbar in Ordnung gewesen. Aber, an der Schwelle einer neuen Zeit, die die Gewichte neu verteilte, wollte die Frau diese Rolle nicht mehr übernehmen. Unfähig, ihre eigene Situation zu überschauen, flüchtete sie sich in den Haß.

Als Gebende und Nehmende, jeder in seiner Person, hätten die beiden einander helfen können. Aber die Frau stellte nun ihrerseits einseitige Besitzansprüche. Auf diese Weise kommt es zwischen zwei Menschen wie in der Gesellschaft zu permanentem Unfrieden. Hier müßte die sexuelle Aufklärung einsetzen, bei der Definition jeder Form der Liebe, die wie jede Form des Zusammenlebens Geben und Nehmen in einer Person zu verwirklichen strebt.

Wo die Eltern schweigen, reden die Illustrierten. Da die Erwachsenen immer noch allzu große Hemmungen bei der sexuellen Aufklärung der Jugend an den Tag legen, haben unsere Zeitschriften diese Aufgabe übernommen. Bei dieser neuen Form der Aufklärung wird der junge Mensch weniger durch sexuelle Freiheit bedroht, als durch die Neigung unserer Gesellschaft, nicht nur materielle Güter, sondern auch geistige und seelische Werte als Ware zu verkaufen. Sobald die Sexualität Warencharakter annimmt, wird sie zu einem Rauschmittel, das man konsumiert. Das Du, das der Mensch dabei gesucht hat, entgleitet ihm, eine Kommunikation kommt gar nicht zustande.

Die Impulse, die von der Liebe ausgehen, sind so stark, daß sie einen Menschen verändern können, sie befähigen ihn zu oft ungeahnten Leistungen. Wenn er über den positiven Kontakt zu einem Partner eine verständnisvolle, menschenfreundliche Einstellung zu seiner ganzen Umwelt gewinnt, wirkt diese Liebe in ihm und durch ihn ansteckend.

Wo Sex jedoch als bloßes Genußmittel propagiert wird, da rotiert das Gefühl nur um die eigene Person, während Liebe zwischen zwei Menschen immer den Keim der allgemeinen Menschenliebe in sich trägt, eine Liebe, die unsere immer unvollkommene Welt verändern, verbessern möchte. Wenn Sexualität als Liebe verstanden wird, wirkt sie über den Intimbereich hinaus auf die Gesellschaft, während Sex als Genußmittel schon seit eh und je dazu benutzt wurde, die Strahlkraft jugendlicher Liebe möglichst rasch in den Käfig althergebrachter Konvention zu locken.

Wohin die Sexwellen rollen. Bereits gegen Ende des 19. Jahrhunderts gab es so etwas wie eine Sexwelle, die sich allerdings, der damaligen Mode entsprechend, hinter mehr oder weniger durchsichtigen Vorhängen abspielte. Einige wetterten darüber, andere drückten nachsichtig die Augen zu, wenn sich z. B. die akademische Jugend in den Universitätsstädten dem vorehelichen Geschlechtsverkehr hingab. Erfahrene Väter ließen ihre Söhne sogar wissen, daß die Enthaltsamkeit der Gesundheit schade. Sie gaben ihnen nur den Rat, ihren Verkehr tunlichst auf die Mädchen niederer Stände zu beschränken, weil man sich dort mit den unerwünschten Folgen auf leichtere Weise zu arrangieren wußte.

Es gab allerdings auch damals schon zur gleichen Zeit eine

wache und kritische Jugend, die sich von diesem Treiben distanzierte. Die russischen Studenten des ausgehenden Zarenreiches verzichteten freiwillig auf die verlockenden Lustbarkeiten, bei denen sich die Jugend gehobener Stände damals austoben durfte. Sie investierten ihre ganze Leidenschaft in ein weitgestecktes Ziel, sie hatten sich vorgenommen, nicht nur das Verhältnis der Geschlechter zueinander, sondern darüber hinaus die ganze Gesellschaft von Grund auf zu ändern. Sie wußten, daß diese Umwandlung eine Bewußtseinsveränderung, eine Aufklärung des Volkes auf breiter Basis bedeutete. Sie überschwemmten die pädagogischen Berufe, sie gingen in die Dörfer und in die Fabriken, lehrten die Bauern und die Arbeiter ihre politische Situation erkennen und erklärten ihnen die wirtschaftlichen Zusammenhänge. Bei dieser gemeinsamen Aufgabe entstand das neue, partnerschaftliche Verhältnis zwischen den jungen Mädchen und den jungen Männern.
Die deutschen Studenten der gleichen Generation, von denen sentimentale Schlager berichteten, sie hätten ihr Herz in Heidelberg verloren, dachten nicht daran, sich für den sozialen Fortschritt in einer neuen Gesellschaft einzusetzen. Diese genußfreudige Jeunesse doré ließ sich willig die Schlafmütze des Spießers über die Ohren ziehen.
Unsere heutige Situation unterscheidet sich von der damaligen nur oberflächlich. Unsere Konsumgüterreklame, die sich der Sexwelle als eines zugkräftigen Werbemittels bedient, hält die Schlafmütze schon wieder bereit.
Häufig gelingt es ihr auch, das Denken des jungen Menschen durch einseitige Besitzwünsche so stark auf die eigene Person zu konzentrieren, daß er sich selbst als den nehmenden und die Gesellschaft als den gebenden Teil versteht. Von dieser unsozialen Grundeinstellung ist heute oft das junge Mädchen mehr noch als der junge Mann bedroht. Der Mann steht schon durch seinen Beruf in ständiger Verbindung mit den Problemen der Gesellschaft. Aber das junge Mädchen, das, durch die Sexualisierung der Werbung animiert, übereilig in den Hafen der Ehe flüchtet, konzentriert ihr ganzes Denken und Wünschen auf die kleine private Welt des Haushalts. Mit zunehmender Mechanisierung stellt dieser Haushalt aber von Jahr zu Jahr weniger konkrete Aufgaben an die Frau. Das »Heimchen am Herd« – einst ein fleißiges Bienchen – wird mehr und mehr zu einer Drohne in ihrem Haushalt. Die innere Leere dieses un-

ausgefüllten »Weibchens« füllt unsere Konsumgüterindustrie mit immer neuen Kaufwünschen. Diese Frau empfindet sich nicht mehr als denkendes und handelndes Glied der Gesellschaft, sondern läßt sich zum reinen Verbraucher dirigieren und manipulieren.

Was die Jungen an den Alten kritisieren. Gleichzeitig wird aber in vielen jungen Menschen ein verändertes Bewußtsein wach. Sie wachsen in einer Gesellschaft auf, die sich christlich und demokratisch nennt, aber sie beobachten eine Erwachsenengeneration, die die Nächstenliebe zu einem Lippenbekenntnis verkümmern läßt und einen harten Konkurrenzkampf gegeneinander führt. Zum erstenmal in der Geschichte ist es einer Jugend erlaubt, diese Unaufrichtigkeit zu kritisieren.
Wo immer die Jugend heute kritisiert und protestiert, da lehnt sie sich gegen das unchristliche und undemokratische Verhalten der Erwachsenen auf, gegen ihren Mangel an wirklicher Liebe.
In der Vergangenheit hat man die Liebe ängstlich und eng auf den kleinen Umkreis der Familie, der Freunde, der Gleichgesinnten beschränkt. Heute ermöglichen uns die modernen Nachrichtenmittel, die schnellen Verkehrsmittel, die ganze Menschheit als eine Familie zu betrachten.

Sexualität als Vermenschlichung. Unter dieser Voraussetzung vollzieht sich langsam ein Wandel. Wir entwickeln andere, neue Formen des Zusammenlebens. Die Familie öffnet sich. Sie nimmt an den Problemen und Konflikten Anteil. Sie kann neue Vorstellungen annehmen oder ablehnen.
Durch diese Erweiterung des Bewußtseins tritt auch die Sexualität aus ihrem Schattendasein heraus. Wir erkennen in ihr die lebendige und verbindende Kraft, die uns in der physischen und psychischen Form der Liebe unser ganzes Leben hindurch begleitet. Wenn diese menschenfreundliche Grundeinstellung – von der Familie ausgehend – unser Zusammenleben bestimmt, werden viele gegenseitige Vorurteile abgebaut. Die Bereitschaft zum Verständnis verringert Mißverständnisse, läßt den Haß nicht überhandnehmen, bewirkt langsam eine Vermenschlichung unserer Gesellschaft. Jeder einzelne kann solch ein »Kraftzentrum« darstellen, sagte der greise Alfred Weber kurz vor seinem Tode: »Nicht bloß durch sein Tun,

vor allem aber durch die Art seiner Existenz. Sehr viele Lichter machen hell. Und sehr viele Wärmequellen warm. Ihr friert und ängstigt euch im heutigen Dasein. Es liegt an euch, an jedem einzelnen von euch, das zu verändern.«

Das Streben nach Erfolg

Der rücksichtslose Draufgänger. Wenn die Verkehrsampel von Grün auf Orange wechselt und kurz danach rot aufleuchtet, kann man immer einzelne Autofahrer beobachten, die nicht auf die Bremse treten, sondern Gas geben, um noch schnell über die Kreuzung zu huschen. Es sind dieselben Leute, die uns, wenn wir auf der Autobahn gerade einen Lastwagen überholen, durch das Aufblitzen ihrer Scheinwerfer nervös machen. Sie würden am liebsten alles von der linken Fahrbahn wegblasen, wenn sie angebraust kommen.
Jeder von uns hat in seinem Bekanntenkreis einige dieser Piraten des Straßenverkehrs, und wenn man sich solch ein Exemplar einmal etwas genauer betrachtet, muß man feststellen, daß es sich zumeist um Leute handelt, die auch in ihrem Beruf etwas schneller und energischer vorwärtsstreben als ihre Kollegen aus der gleichen Branche. Darum braucht es uns nicht zu wundern, wenn bei uns zu Lande die Leute, die auf manchmal mehr als robuste Weise vorwärtszukommen suchen, mit leicht gönnerhafter Nachsicht betrachtet werden.
Wenn man sich allerdings vor Augen führt, daß wir Deutsche es als besonders rücksichtslose Autofahrer inzwischen zu einer traurigen Berühmtheit gebracht haben, und wenn man weiß, daß sich dieses Draufgängertum in einer Zahl tödlicher Unglücksfälle niederschlägt, die vergleichsweise doppelt so hoch ist wie in anderen Ländern, dann bekommt das rücksichtslose Vorwärtsstreben doch ein etwas anderes Gesicht.
Bei diesen Unglücksfahrern, die entweder sich selbst oder andere umbringen, fällt der hohe Prozentsatz von jungen Menschen auf. Da allein in der Bundesrepublik jährlich mehr als 16 000 Menschen bei Verkehrsunfällen ums Leben kommen, versucht man seit Jahren die Ursachen der Unfälle zu analysieren.

Sterblichkeit nach Alter und Geschlecht 1967
1000fache Werte der Wahrscheinlichkeit für eine Person des angegebenen Alters, innerhalb von 5 Jahren zu sterben.

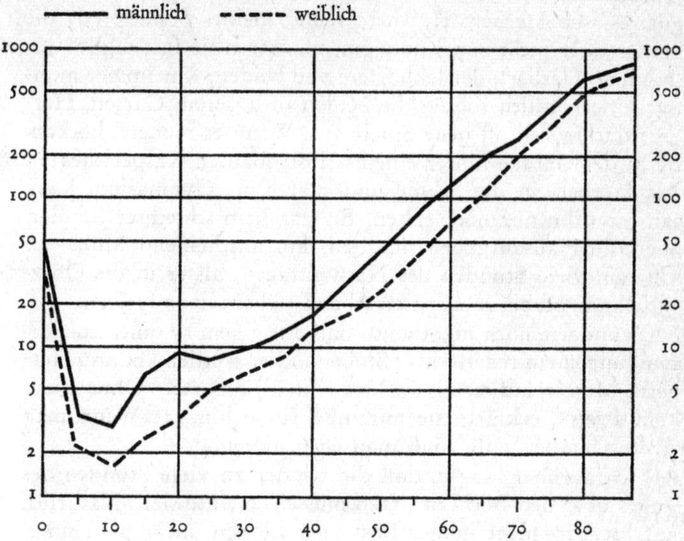

Die 20–25jährigen Männer haben ein erhöhtes Sterberisiko. Es ist auf die stark gestiegene Sterblichkeit der 20–25jährigen durch Kraftfahrzeugunfälle zurückzuführen.

Dabei kommt man immer wieder zu dem gleichen Ergebnis: das Auto ist zuverlässiger als der Mensch, nur 10 Prozent der Unfälle sind auf technisches Versagen zurückzuführen, bei 80 von 100 Unfällen hat ein Mensch durch rücksichtsloses Verhalten, durch Renommiersucht oder Angebertum den Unfall verschuldet.
Wer kennt nicht den Schrecken, der einem in die Glieder fährt, wenn plötzlich der Verkehr stockt, ein Krankenwagen an uns vorbeieilt und die Polizei die ganze Kolonne um die Unfallstelle herumleitet. Eine mit Sand bestreute Blutlache, daneben, mit Kreide auf den Asphalt gezeichnet, die Stelle, wo der Arm, der Unterschenkel gelegen hat – so etwas bringt einen eine Weile zum Nachdenken.

Wenn die unterdrückte Initiative frei wird. Gelegentlich erschüttert uns auch die Nachricht, daß dieser oder jener junge Mann aus unserem Bekanntenkreis das Opfer eines solchen Unfalls geworden ist. Einen von ihnen kannte ich besonders gut, es war Herbert K., der Freund meines Sohnes. Als die beiden noch nicht zur Schule gingen, waren sie fast täglich zusammen. Herbert, der lebhaftere von beiden, war immer munter. Unermüdlich tobten die beiden in unserem Garten, Herbert dachte sich oft neue Spiele aus. Wenn es regnete, hockten sie in der Garage hinter einem selbstgebauten Kasperltheater. Als Herbert in die Schule und später ins Gymnasium kam, sah man ihn nur noch selten. Er war kein schlechter Schüler, aber die Hausaufgaben machten ihm anscheinend Mühe. Er saß nun viele Stunden des Nachmittags – als er in die Oberstufe kam, oft bis zum späten Abend – über seinen Heften.

Ich wunderte mich manchmal, daß aus einem so quicklebendigen Jungen ein regelrechter Stubenhocker werden konnte. Herberts Mutter lachte, als ich das einmal äußerte. »Ohne Fleiß kein Preis«, erklärte sie mir, und fügte hinzu: »Wenn man Abitur machen will, muß man eben lernen.«

Als ich darüber klagte, daß die Kinder zu viele Stunden des Tages über den Büchern sitzen müssen, meinte sie: »Natürlich hat Herbert nicht immer Lust zum Lernen, mehr als einmal hat er die Schule verwünscht und wollte ganz aufhören. Dann sagte ich ihm jedesmal: Gut, wenn du nicht lernen willst, mußt du eben Straßenfeger werden, aber wenn du etwas Besseres erreichen möchtest, mußt du dich durchbeißen.«

Die Drohung hat anscheinend gewirkt. Herbert büffelte, machte pünktlich das Abitur und bekam zur Belohnung ein Auto geschenkt, mit dem er fortan in die nahe gelegene Universitätsstadt fuhr.

Seitdem Herbert die Schule hinter sich hatte, lebte er merklich auf. Dabei spielte das Auto eine nicht zu unterschätzende Rolle. Wenn er hinterm Steuer saß, erwachte in ihm die jahrelang zurückgestaute Aktivität. Sein Selbstbewußtsein schoß mächtig ins Kraut und mischte sich mit einem in der Schule durch jahrelanges Training erworbenen Ehrgeiz.

Auf freier Straße setzte sich seine freigewordene Energie in bloße Geschwindigkeit um. Riskierte es – in einem unbewachten Augenblick – ein anderer Autofahrer, ihn zu überholen, so überfiel ihn ein fast rauschhafter Durchsetzungswille, der

auf kurvenreichen oder unübersichtlichen Stellen nicht selten zu einem Vabanquespiel ausartete.
Wir schüttelten oft den Kopf über die plötzliche Veränderung, die mit dem Jungen vorgegangen war. Aber, wenn wir uns besorgt darüber äußerten, hielt man uns stets eine ganze Reihe anderer junger Leute vor, die sich – aus der Schule entlassen – hinterm Steuer ganz ähnlich aufführten. Sie haben nur bis jetzt noch immer Glück gehabt, das Glück, das Herbert für einen kurzen Augenblick im Stich ließ.
Einen Tag nachdem wir Herbert beerdigt hatten, kam ich an einem Spielplatz vorbei. Auf einer Wippe saß eine Gruppe von Kindern. Während sie sich vom Boden abstießen, plärrten sie im Takt dazu ein Lied, das sich mir unvergeßlich einprägte: »Mit achtzig in die Kurve, mit neunzig vor den Baum, mit zwanzig auf den Friedhof, das war sein Lebenstraum.«
Unter hundert Autofahrern, die auf diese Weise ihrem Leben ein Ende bereiten, sind nur ein bis zwei Frauen. Die Frau am Steuer wir zwar oft kritisiert oder belächelt, aber bei den Unfällen, die sie verschuldet, kommt es meist nur zu Blechschäden.
Was veranlaßt dagegen unsere jungen Männer, ihr Leben so leichtfertig aufs Spiel zu setzen?

Durchsetzen um jeden Preis? Der Junge lebt von klein auf in einem andauernden Zwiespalt. Er wird ständig ermuntert, sich von seinen Spielkameraden nichts gefallen zu lassen. Niemand käme auf die Idee, ihm – wie Jesus seinen Jüngern – zu empfehlen: Wenn dich jemand auf die rechte Backe schlägt, so halte ihm auch noch die linke hin! Zurückschlagen! So fordert man ihn energisch auf. Man ermahnt ihn auch kaum einmal zu besonderer Vorsicht, zu Rücksicht und Nachsicht. Anstelle dessen baut man ihm Vorbilder auf, die unerschrockenen Mut beweisen. In Abenteuergeschichten und Wildwestfilmen erlebt er Draufgängernaturen, die nicht erst warten, bis sie angegriffen werden. Mit Revolvern und Messern oder mit der bloßen Faust überrumpeln sie ihre Gegner rasch und zielsicher.
So entsteht in seiner Vorstellung das Bild einer Welt, in der man sich energisch durchsetzen muß. Diese Welt existiert für ihn vorerst allerdings nur in der Einbildung, allenfalls im Spiel. Gleichzeitig darf er sich nämlich den Erwachsenen gegenüber keineswegs durchsetzen. Überall muß er den untersten

Weg gehen, gehorchen, Befehle ausführen. In der Schule bestimmt der Lehrer, zu Hause geben die Eltern den Ton an, da kann von Durchsetzen keine Rede sein. Hier gibt es für ihn nur selten die Möglichkeit, sich selbst zu entscheiden. Wenn er seinen Willen durchsetzen will, zeigt man ihm, wer hier zu sagen hat.

Die Wirklichkeit erscheint dem jungen Menschen als eine Welt, in der es zwei Gruppen von Menschen gibt, solche, die etwas anordnen, und andere, die es ausführen, Herrschende und Beherrschte, Anführer und Mitläufer.

Gewalt geht vor Recht. Am deutlichsten zeigt sich ihm diese Gewaltenteilung, wenn die Eltern oder die Lehrer etwas falsch machen. Da sehe ich einen Vater, der beim Zubinden seiner Schnürsenkel die Schuhe auf den Stuhlsitz stellt. Taktvoll macht die Mutter ihn darauf aufmerksam, daß sie das nicht gerne sieht, und sie begründet es auch. Der Vater knurrt, aber er tut es immer wieder, schlechte Gewohnheiten sind oft sehr hartnäckig, besonders bei Erwachsenen, die als Kinder streng erzogen wurden. Sie können keine Kritik vertragen, weil sie als Kinder die Erfahrung gemacht haben, daß nur Kinder, aber nie Erwachsene etwas falsch machen. Da der Vater sich nicht gerne kritisieren läßt und sich auch nicht ändert, resigniert die Mutter schließlich und sagt nichts mehr. Anders reagiert sie, wenn der Sohn die Füße auf den Stuhl stellt. Unbeherrscht schreit sie ihn an: »Wie oft hab' ich dir schon gesagt, daß man die Schuhe nicht auf den Stuhl stellt!« Als der Junge Widerworte gibt: »Der Vater tut das doch auch immer«, knallt eine Ohrfeige auf seine Backe.

So demonstriert man ihm an vielen Beispielen, daß derjenige, der die Macht hat, auch das Recht für sich beansprucht. Er nimmt diese »Weltordnung« als gegeben hin – fügt sich, rebelliert vielleicht gelegentlich, aber, sobald er die Kinderschuhe auszieht, maßt er sich das gleiche Recht an, sich, seiner Stellung entsprechend, energisch und rücksichtslos durchzusetzen.

Rangordnungen, Merkmale einer autoritären Gesellschaft. Nun hören wir von den Verhaltensforschern immer wieder, daß diese Rangordnung, die den Stärkeren oben und den Schwächeren einige Stufen tiefer einordnet, eine ganz natürliche Sache sei. Jeder kann das beobachten, so erklären sie uns, wenn er Hühnern Futter ausstreut. Die Starken oder die Geschickten drängeln sich nach vorn und stoßen die Schwächeren zurück. Es sind immer dieselben, die sich da in den Vordergrund schieben. Diese »Führer« hacken mit ihren Schnäbeln nach jedem, der sich ihnen in den Weg stellt, und alles macht ihnen Platz.

Auch bei anderen Tieren, etwa bei einer Kuhherde, kann man die Beobachtung machen, daß bestimmte Tiere immer die ersten am Futtertrog sind und daß die übrigen sich diesen »Führernaturen« ohne Umstände fügen.

Rangordnungen finden wir bei jeder Räuberbande. Die Bandenchefs wachen eifersüchtig darüber, daß ihnen Respekt gezollt wird. Gerade wenn man etwas Böses im Sinn hat, braucht man den unbedingten Gehorsam von Gefolgsleuten, die in angstvoller Bewunderung zu ihrer Elite aufschauen.

Je stärker eine Gesellschaft den Kampf zu ihrem Lebenselement gemacht hat, desto krasser drücken sich die Unterschiede zwischen oben und unten aus. Die Führer bekommen alle Macht, die Befehlsempfänger müssen blind gehorchen.

Als, in der Vergangenheit, der Lebenskampf noch so hart war, daß nicht jeder überleben konnte, bereitete man schon die Kinder auf diesen harten Kampf vor. Die Turniere der Ritter, die Olympischen Spiele waren als Einübung für den Kriegsfall gedacht.

Heute ist das Leben genaugenommen kein Kampf auf Leben und Tod mehr. Technik und Wissenschaft könnten, bei entsprechender Planung, helfen, alle Hungernden der Erde satt zu machen. Wir hätten es also eigentlich nicht mehr nötig, uns gegenseitig »aus dem Sattel zu werfen« oder uns »das Wasser abzugraben«. Warum bereiten wir unsere Kinder also immer noch auf einen egoistischen Existenzkampf vor?

Analphabeten der Technik friedlichen Zusammenlebens. Auf dem Gebiet des friedlichen Zusammenlebens sind wir bis heute noch Analphabeten. Über die Technik des Kampfes gibt es zahllose Theorien und Vorschriften, aber die Lehre vom Miteinanderleben ohne Kampf, ohne Konkurrenz, steckt noch in den Kinderschuhen.

Die Umstellung vom kämpferischen Gegeneinander zum verträglichen Nebeneinander scheint außerordentlich schwer zu sein. Die Angst vor jedem möglichen und unmöglichen Gegner

sitzt vielen Menschen tief im Nacken, das heißt im Unterbewußtsein.
Der Psychologe Mikorey erklärt die »Kriegslust« als ein Relikt aus der Urzeit des Menschen. Als er sich noch gegen eine übermächtige, feindliche Umwelt durchsetzen mußte, war sein »Alarmsystem«, die Furcht, der Schmerz, die Angst, als eine Art Schutzvorrichtung extrem entwickelt. Später, in einer friedlicheren Umgebung, wurde ihm dieser überempfindliche Alarmapparat zur Last, und er schuf sich selbst eine gefährliche Umwelt mit Feinden und Waffen.
Jahrhundertelang hat man diesen Kampf gegen einen Feind als eine Naturnotwendigkeit betrachtet. Der Kämpfer wurde als Held glorifiziert und der Friedliebende als Feigling oder Defätist diffamiert. Diese Einstellung ist jedoch in einem Wandel begriffen. Der Friedliche gewinnt langsam an Ansehen. Zwar ist der Kämpfer noch nicht ausgestorben, aber man muß ihn psychologisch beeinflussen, wenn man ihn dazu veranlassen will, einen anderen Menschen zu töten. Man dichtet dem »Feind« teuflische oder fratzenhafte Züge an, damit er die Hemmung überwindet, die heute jeder normale Mensch verspürt, wenn er einen anderen umbringen soll.

Auf der Suche nach den Wurzeln der Aggression. Wir wissen heute, daß die Aggression nicht angeboren, sondern anerzogen wird. Was sich beim Kind als Aggression oder Zerstörungslust darstellt, ist oft ein starker Tätigkeitstrieb, der sich auf dieser Entwicklungsstufe noch nicht anders ausdrücken kann.
Der verständige Pädagoge weiß, daß man Kindern, bei denen sich die »Zerstörungswut« besonders heftig zeigt, etwas zu tun geben sollte. Bei einer sorgfältigen Auswahl von Beschäftigungen werden aus solch »aggressiven« Kindern lebhafte, tüchtige Menschen, die sich später in ihrem Beruf mit großem Elan an schwierige Aufgaben heranwagen. Bei mangelnder oder falscher Erziehung kann sich aber die kindliche Zerstörungslust bis zur späteren Kriminalität hin entwickeln.
Heute fragen sich Psychologen in der ganzen Welt, wie man die Aggressivität unter Kontrolle bekommen kann. Hier und da entstehen Institute für Konfliktforschung, die sich mit den Wurzeln der Aggression beschäftigen. Über die Ursachen der zerstörerischen Kampflust ist man sich noch nicht einig. Die Freudsche Schule sieht die Aggression als einen biologischen

Zwang an, während die Deweysche das verneint. Der amerikanische Biopsychologe John P. Scott bemerkt dazu, daß weder die eine noch die andere Ansicht bisher wissenschaftlich bewiesen sei. Er sagte sich, es müsse doch möglich sein, die psychischen und physischen Ursachen der Streitbarkeit experimentell zu untersuchen, um sie möglicherweise zu beseitigen oder in andere Bahnen zu lenken.

Experimente mit Tieren. Aus Erfahrung mit vielen Tierarten wußte man bereits, daß bei der Regelung des Zusammenlebens der zerstörerische Kampf im allgemeinen nicht üblich ist. Durch harmlose Scheinkämpfe ordnen die Tiere ihr Gruppenleben, dabei stellt sich dann schnell heraus, wer als Anführer und wer als Mitläufer zu gelten hat.

Bei seinen Tierversuchen mit Hunden, Mäusen und anderen Tieren stellte Scott fest, daß sich die Angriffslust aber durchaus anerziehen läßt. Er brachte zum Beispiel eine bereits dressierte, aggressive Maus mit einer normalen, friedlichen zusammen. Sofort stürzte sich das Kampftier auf sein Opfer. Sobald die friedliche Maus sich zu wehren begann, wurde das Kampftier entfernt. Dadurch mußte bei der angegriffenen Maus die Illusion entstehen, sie habe bei dem Streit gesiegt.

Wenn man dieses Experiment oft genug wiederholte, war die vorher friedliche Maus so weit, daß sie, wenn man sie mit anderen Mäusen zusammenbrachte, ebenfalls Streit anfing. Anhand solcher Versuche kam man zu der gleichen Erkenntnis wie der Kriegstheoretiker Clausewitz, daß dauerhafte Angriffslust am besten durch das Gefühl, über den Gegner gesiegt zu haben, ausgelöst wird.

Wie kann man angesichts dieser Erfahrungen erreichen, daß die Streitbarkeit sich gar nicht erst entwickelt, fragte sich Scott nun. Er versuchte den Tieren auf die verschiedenste Weise eine friedliche Umgebung zu schaffen. Da das Mäuseweibchen, wie man beobachtet hatte, niemals das Männchen angreift, brauchte man nur die Männchen und Weibchen gemeinsam aufwachsen lassen. So wurde das Männchen an ein friedliches Zusammenleben gewöhnt und behielt diese Gewohnheit auch bei, wenn es in größere Gemeinschaften mit anderen Männchen versetzt wurde.

Auch entsprechende Erlebnisse bewirken eine friedfertige Haltung. Wenn zum Beispiel eine Maus mehrfach von anderen streitbaren Tieren angegriffen und besiegt wird, vergeht ihr für den Rest ihres Lebens die Lust zum Angreifen. Bringt man ein solches Tier mit aggressiven Artgenossen in einen Käfig, dann hält es sich zunächst schüchtern zurück und weicht den streitbaren Mäusen aus. Da aber Mäuse, wie die meisten Lebewesen, die Lust am Kämpfen verlieren, wenn der Gegner sich nicht wehrt, kommt die friedfertige Maus bald mit ihren angriffslustigen Artgenossen ganz gut aus.

Ein Kind, das nicht geschlagen wird. Diese Konfliktforschungen – an Tieren praktiziert – lassen auch Rückschlüsse auf menschliches Verhalten zu. Einige Eltern bemühen sich heute bereits, dem Kind eine friedfertige Umgebung zu schaffen. Ein Kind, das selbst nicht geschlagen wird, schlägt auch andere Menschen nicht. Gleichzeitig sollten wir versuchen, die noch vorhandene Aggression zu dämpfen oder in andere Bahnen zu lenken. Die heutige Elterngeneration ist noch mit Strafen und Drohungen zur Aggression erzogen worden, darum steht sie vor der Aufgabe, ihr eigene, anerzogene Angriffslust zu beherrschen.

Der Wandel des Ichbewußtseins. Mit der Redensart »Ich beherrsche mich« oder »ich mache mir Vorwürfe« bringen wir zum Ausdruck, daß der Mensch ein bewußtes Ich und ein unbewußtes, ein Trieb-Ich, besitzt. Auf einer frühen Entwicklungsstufe besitzt er noch kein Ichbewußtsein. Er folgt entweder seinem Trieb-Ich, oder er handelt als Gemeinschaftswesen, dabei läßt er sich von den der Gruppe eigenen Traditionen leiten.
Der mittelalterliche Mensch hat – auf der Vorstufe des Ichbewußtseins – sein Trieb-Ich, sofern es böse und aggressiv war, aus sich herausprojiziert und einer erfundenen Gestalt, dem Teufel, unterschoben. Der »Böse« war ein Dämon, der den Menschen zu allerlei Missetaten verführte.
Später, als man nicht mehr so recht an den Teufel glaubte, wurden bestimmte Menschengruppen verteufelt. Die Zigeuner, die Juden oder die jeweiligen Feinde wurden für alles Böse in der Welt verantwortlich gemacht. Indem man sich selbst zum Richter aufspielte, ließ man seine Aggression an dem Opfer aus. Dabei trat wiederum das bewußte Ich, das persönliche Gewissen, zurück und ließ sich vom Wir-Ich, von der Suggestion der Masse, lenken.

Massenhysterie als unentwickeltes Selbstbewußtsein. In der Massenhysterie erlebten wir im 20. Jahrhundert noch einmal einen gefährlichen Rückfall auf eine atavistische Stufe der Menschheit. In einer Art von Rauschzustand tauchte die zurückgedrängte Aggression triebhaft wieder auf. »Avantagen des Barbarismus«, nannte Thomas Mann diesen Zustand, wo der einzelne sein Gewissen ignorierte, um sich in der Gestalt des Kämpfers oder des Rächers zu grausamen Handlungen bereitzufinden.

Als Zuschauer bei öffentlichen Hinrichtungen und Folterungen berauschten sich noch bis vor zweihundert Jahren viele sonst brave Bürger an der Grausamkeit. Vor dreißig Jahren, als die Schergen der Hitlerdiktatur ihre Opfer in den Konzentrationslagern folterten und mordeten, geschah es immerhin nicht mehr auf offener Bühne, sondern hinter Mauern und im geheimen. Vielleicht darf man diese Tatsache als ein, wenn auch sehr bescheidenes, Zeichen des Fortschritts auf dem Wege zu einer Humanisierung betrachten.

Die Grausamkeit ist heute für die meisten Menschen zu etwas Verabscheuungswürdigem geworden, von dem sie sich entsetzt abwenden. Ansehen möchte sich niemand mehr eine Hinrichtung, einen Mord. Bei der Schilderung durch den Film oder das gedruckte Wort bleibt der Mord für viele allerdings immer noch ein lockendes Thema, wie uns die üppig wuchernde Kriminalliteratur beweist. Beim Schmökern von Kriminalromanen oder beim Mord auf der Mattscheibe ist die Aggression im Menschen zwar noch nicht ganz verdrängt, aber sie brennt oder glimmt nur noch auf Sparflamme.

Anpassung an eine friedliche Umwelt. Mit zunehmender Demokratisierung bereitet sich langsam, unterstützt durch die modernen Nachrichten- und Verkehrsmittel, eine Humanisierung des Denkens und Handelns vor. Bei manchen Menschen ist das Bedürfnis nach kämpferischen oder gefährlichen Taten zwar immer noch so groß, daß sie sich künstlich in riskante Situationen begeben. Für solche Naturen haben Berufe wie Rennfahrer, Bergsteiger, Fallschirmspringer eine magische Anziehungskraft.

Mit zunehmender Anpassung an eine friedlichere Umwelt verlagert sich die Freude am Risiko jedoch auf friedlichere Ziele. Wo es keinen Kampf mehr gibt, da können sich die Energien an den Gewalten der Natur, der Materie austoben. Daß der Mensch sich »die Erde untertan« machte, verdankt er zu einem nicht geringen Teil dem Aggressionstrieb, der hier auf schwierige Aufgaben umgelenkt wurde. Bei Brücken- und Tunnelbauten, bei gefahrvollen Expeditionen, bei vielen kühnen und gewagten Unternehmungen, die dem Wohl der Allgemeinheit dienen, braucht man tapfere, mutige und auch abenteuerlustige Menschen.

Die Strategie des Friedens. Bei diesem »Kampf« für friedliche Ziele übernimmt man oft recht ungeniert die Vokabeln der kriegerischen Auseinandersetzung. Da bildet sich eine Heilsarmee, um den Bedürftigen zu helfen. In militärdienstähnlichen Gruppen arbeiten Friedenssoldaten eine Strategie des Friedens aus; man kämpft gegen Hunger und Not in aller Welt. So entwickelt sich langsam, aber merklich eine neue Moralvorstellung, die den Fremden nicht mehr als Feind, sondern als Bruder, die die Menschen anderer Rasse, anderer Religion, anderer Nation als Angehörige der »family of men« und die Welt als eine Einheit begreift.
Daß man diesen »Kampf« für den Frieden mit kriegerischem Vokabular führt, hat seinen guten Grund. Bei dieser oft schwierigen Aufgabe braucht man in hohem Maß all die Eigenschaften, auf die der Krieger einst stolz war: Mut, Ausdauer, Durchsetzungsvermögen und sogar strategisches Denken. Alle diese Eigenschaften bekommen jedoch, sobald man sie auf friedliche Ziele richtet, einen neuen Akzent.

Abbau der Rangunterschiede. An die Stelle des Eigennutzes tritt der Gemeinsinn. Als erfolgreich gilt nicht mehr der »Tüchtige«, der seine eigenen Taschen prall zu füllen versteht, sondern derjenige, der – seinen Fähigkeiten entsprechend – etwas zu geben bereit ist. Unter diesem Gesichtspunkt werden auch die Rangunterschiede mehr und mehr abgebaut, denn bei dieser gemeinsamen Aufgabe stehen alle Fähigkeiten und Begabungen gleichberechtigt und gleichgewichtig nebeneinander.
Wenn die Menschheit überleben will, dann müssen die reichen Völker den armen – in noch viel größerem Umfang, als es bis jetzt schon geschieht – helfen. Bei dieser Entwicklungshilfe gilt die altgewohnte Rangordnung der Fähigkeiten auf einmal nicht mehr. Ein Geisteswissenschaftler hat hier wenig Chancen

auf Anerkennung, aber ein Maurermeister mit eigenem Organisationstalent steht hier hoch im Kurs, weil er z. B. den Eingeborenen, indem er selbst Hand anlegt, zeigen kann, wie man eine befahrbare Straße baut.
Bei solchen und ähnlichen Erfahrungen wird uns heute bewußt, daß wir den »Erfolg« allzu lange und allzu einseitig einzelnen Geld- und Geistaristokraten zugesprochen haben.
Jeder Mensch besitzt Fähigkeiten, die bei aufmerksamer Beobachtung schon im Kindesalter erkennbar sind und kultiviert werden können. Ebenso hat jeder von uns Schwächen, die durch unsere unproportionierte Bevorzugung der Geld- und Geistakrobaten entweder verdeckt oder aufgebauscht wurden. Sobald wir aber den Erfolg eines Menschen in Relation zum Gemeinsinn sehen, finden unsere Fähigkeiten und unsere Schwächen eine gerechtere Beurteilung.

Fähigkeiten und Schwächen sind breit gestreut. Da begegnet mir in einem Selbstbedienungsladen ein unscheinbar aussehender Mann. Seine Frau hat ihn dorthin geschickt, um schnell noch vor Ladenschluß eine Tube Zahnpasta und ein Brot zu kaufen. Kaum geraten die verlockend ausgestellten Waren in seinen Gesichtskreis, da stopft er dies und das und jenes in seinen Warenkorb. Vollbepackt mit nötigen und unnötigen Dingen kommt er zu Hause an. Als Konsumenten muß man diesen Mann als einen leicht verführbaren Mitläufer bezeichnen. In seinem Beruf als Chemiker fällt er durch hervorragende und selbständige Leistungen auf.
Gehen wir einen Schritt weiter, so treffen wir vielleicht auf einen bedeutenden Musiker, der allen Respekt verdient hat. Sobald wir uns aber einmal mit ihm unterhalten, erschreckt er uns durch seine infantilen politischen Ansichten. Dagegen begegnet uns ein anderer, der uns durch seine überdurchschnittliche politische Einsicht auffällt, der aber in seinem Beruf als Durchschnittsmensch einzuordnen wäre.
In unserer pluralistischen Gesellschaft begegnen uns auf den verschiedensten Gebieten Menschen, die anregend und beispielgebend auf ihre Umgebung ausstrahlen – während sie vielleicht auf einem anderen Gebiet versagen.
Ich denke da an eine ältere Frau, die seit Jahren als Putzhilfe arbeitet, weil sie, wie sie selbst sagt, zu nichts anderem taugt. Die hervorragenden Fähigkeiten dieser Frau liegen auf mora-

lischem Gebiet. Sie entfaltet auf dem Gebiet der praktischen Nächstenliebe eine Aktivität, die anspornend auf ihre ganze Umgebung wirkt.
Menschen, die anregend und beispielgebend wirken, finden wir heute in allen Berufssparten und an jedem nur denkbaren Ort. Ohne viel Aufhebens davon zu machen, zeichnen sie sich durch überdurchschnittliches fachliches Können aus, durch persönlichen Mut, durch Organisationstalent oder durch allgemeine Fairneß. Diese Aktiven, diese Pioniere bilden jedoch keine geschlossene Gesellschaft, sie gehören auch keiner Elite an. Wir finden sie hier und dort und überall, jeder von uns kann sich dazuzählen.

Wie kann man etwas erreichen. Auf irgendeinem Gebiet besitzt jeder Mensch Fähigkeiten, die ihn aus der Gesellschaft herausheben. Diese Fähigkeiten gilt es beim Kind, beim Jugendlichen zu entdecken und zu kultivieren. Damit geben wir dem Begriff »sich durchsetzen« einen neuen Sinn. Das Kind soll nicht lernen, seine Ellbogen zu gebrauchen, um den Nebenmann beiseitezuschieben. Wir sollten ihm helfen, seine ihm eigentümlichen Fähigkeiten zu erkennen und zu entfalten.
Sobald das Kind oder der junge Mensch auf irgendeinem Gebiet etwas Besonderes leistet, erwacht sein Selbstbewußtsein. Dieses Selbstbewußtsein ist jedoch immer in Gefahr. Es artet allzuleicht in Angeberei und Eitelkeit aus, wenn der Jugendliche sich durch seine Leistung über andere erhaben dünkt. Leistung bekommt erst dann einen positiven Inhalt, wenn sie den Mitmenschen in irgendeiner Form dient.
Manchmal ist es schwer, diesen Sinn der Leistung einzusehen. In einer Gesellschaft, die den Erfolg des Menschen an seinem Bankkonto, an der Größe seines Wagens messen möchte, ist es nicht leicht, einem jungen Menchen begreiflich zu machen, daß man echte Befriedigung erst bei einer Leistung verspürt, die auch anderen Menschen etwas gibt.
Hartmut G. gehört zu den Jugendlichen, die bereits mit dem Gesetz in Konflikt gekommen sind. Er hat vor einigen Jahren mit zwei Kumpanen ein Auto gestohlen und einige Stunden später damit einen Unfall verursacht. Die Eltern des Jungen sind geschieden, er wohnt bei den Großeltern, die ständig auf die heutige Zeit schimpfen, weil sie sie nicht mehr verstehen.

Auf der Suche nach verborgenen Talenten. Der Bewährungshelfer, der sich um den Jungen kümmerte, suchte lange nach irgendwelchen verborgenen Talenten, um sein Interesse auf ein Gebiet zu lenken, auf dem er etwas Besonderes hätte leisten können. Er lud ihn in eine Bastelgruppe ein, animierte ihn zum Fotografieren, aber all das interessierte Hartmut nur wenig. Nach vielen Gesprächen schien sich herauszustellen, daß der Junge sich praktisch für nichts interessierte und gerade darum auf Abwege geraten war.
Seine freien Abende verbrachte er regelmäßig in Bier- oder Beatlokalen. Hier fühlte er sich wohl, weil er unter Gleichaltrigen durch sein flottes Mundwerk ein gewisses Ansehen erworben hatte. Eines Tages erzählte er, daß er einen Disk-jockey mit gutem Erfolg vertreten hätte. Aus der Begeisterung, mit der er darüber berichtete, erkannte der Bewährungshelfer, daß der Junge hier »in seinem Element« war. Anfangs zögerte er noch, ihn hierin zu unterstützen, weil er gerade in diesem Milieu die Freunde traf, die ihn zum Diebstahl verleitet hatten. Aber dann gelang es ihm, Hartmut für diese Tätigkeit zu interessieren. »Anwärter auf diesen Beruf gibt es genug«, erklärte er ihm, »du hast aber eine gewisse Chance, weil du schlagfertig bist und gut formulieren kannst. Das allein genügt jedoch nicht. Wenn du ›ankommen‹ willst, dann mußt du dich für die Probleme der jungen Leute interessieren. Dabei solltest du deinen Freunden aber immer um eine Nasenlänge voraus sein. Du mußt etwas mehr wissen, mußt über die Ereignisse, die euch beschäftigen, etwas intensiver nachdenken. Jeder Clown, jeder Conferencier – ja, jeder einfache Spaßmacher wirkt auf die Dauer albern, wenn er nicht etwas mehr weiß als die anderen, wenn er nicht die gesellschaftlichen Zusammenhänge etwas besser durchschaut als seine Zuhörer.«
Dieses Gespräch war der Anfang. Hartmut begriff, was der Bewährungshelfer meinte. Seit diesem Tag sind zwei Jahre vergangen. Hartmut hat heute zwei Berufe. Tagsüber arbeitet er als Chauffeur. Diese Tätigkeit schließt fast jeden Tag einige Stunden Untätigkeit ein, Wartezeit, die Hartmut durch Lesen ausfüllt. Unter seinem Sitz liegt immer eine Mappe mit Büchern. Anfangs gab ihm der Bewährungshelfer einige Titel an, die er ihm zu lesen vorschlug. Heute bewegt er sich auf dem eingeschlagenen Weg längst selbständig weiter.
Wenn er abends seinen zweiten Beruf als Disk-jockey ausübt,

dann bekommt er von den jungen Leuten oft spontanen Beifall. Durch seine erweiterte Bildung hat der schlagfertige Humor ein neues Gesicht bekommen. »Das ist typisch Hartmut«, sagen einige begeistert, wenn er wieder einen guten Witz gemacht hat. Ein anderer drückte es so aus: »Wenn Hartmut den Mund aufmacht, ist man zuerst verblüfft, dann muß man lachen, und danach fängt man an nachzudenken.«

Was heißt Erfolg haben. Seitdem Hartmut dieses Tätigkeit ausübt, ist er kaum wiederzuerkennen. Der Erfolg hat ihn so verwandelt. Wenn ich in meinem Synonymenlexikon die Worte: »Erfolg haben«, »sich durchsetzen« nachschlage, dann fallen mir zwei verschiedene Deutungen auf, die bunt durcheinander angeordnet sind. Zu der einen Rubrik gehören Bezeichnungen wie diese: aufsteigen, anvancieren, Karriere machen, die Oberhand bekommen, Herr werden, die Klasse wechseln, sich überlegen zeigen, das Feld behaupten.
Auf der anderen Seite bedeutet Erfolg haben aber auch: etwas erreichen, überzeugen, etwas ausrichten. Diese beste Definition dieses Begriffes fand ich bei Albert Einstein, er schreibt einmal:
»Man sollte sich hüten, dem jungen Menschen den Erfolg im üblichen Sinne als Ziel des Lebens hinzustellen. Als erfolgreicher Mann gilt jeder, der von seinen Mitmenschen mehr empfängt, als seinen Diensten entspricht. Der Wert eines Mannes aber sollte in dem bestehen, was er gibt, und nicht in dem, was er zu erlangen vermag.«

Wo fühlt sich der Mensch zu Hause?

Sind berufstätige Frauen schlechtere Mütter? Antje K. ist ein Schlüsselkind. Sie hat den Schlüssel nicht an einer Schnur um den Hals hängen, er steckt in einem Seitenfach ihrer Schultasche. Wenn sie mittags nach Hause kommt, braucht sie den Schlüssel, weil die Mutter ihren Dienst gegen 14 Uhr beendet. Die Schule dagegen schließt unregelmäßig.
Antje ist zehn Jahre alt. Sie unterscheidet sich von ihren Klassenkameraden nur durch größere Selbständigkeit. Sie kann be-

reits verschiedene Gerichte zubereiten, Rührei und Pfannekuchen, Bratkartoffeln und Salat, sie weiß, wie man Reis kocht und eine Sauce herstellt. Und sie kann auch schon mitreden, wenn ihre Eltern sich über günstige Einkaufsmöglichkeiten unterhalten, denn sie kauft manchmal schon selbständig ein.

Mittags, wenn Mutter und Tochter alleine sind, gibt es Schnellgerichte oder Aufgewärmtes vom Abend vorher. Gegen Abend, wenn der Vater nach Hause kommt, wird die Hauptmahlzeit eingenommen. Wer von den beiden zuerst nach Hause kommt, Mutter oder Tochter, beschäftigt sich mit der Zubereitung des kleinen Mittagessens.

Wenn eine Mutter den Vormittag nicht in der Küche zubringt, sondern einem Beruf nachgeht, sprechen immer noch viele von einer Gefahr für den Bestand der Familie. Dabei wird oft übersehen, daß die Familie aus der Vorstellung dieser Kritiker schon gar nicht mehr existiert. Niemand käme z. B. auf den Gedanken, von einer Auflösung der Familie zu sprechen, wenn eine nichtberufstätige Mutter ihre Kinder bereits vom dritten Lebensjahr an in einen Kindergarten bringt.

Gehören Großeltern nicht zur Familie? In der Vergangenheit gehörten zu einer Familie Eltern, Kinder, Großeltern und oft auch noch die Urgroßeltern. Heute leben 80 Prozent der Großeltern nicht mehr bei ihren Kindern. Wir nehmen diese Tatsache viel selbstverständlicher hin als das Phänomen der Schlüsselkinder, die im allgemeinen längst nicht so sehr unter der »Auflösung der Familie« leiden wie die alten Leute.

Ein Zuhause, das ist in unserer Vorstellung ein Ort, zu dem man immer wieder gerne zurückkehrt, das sind Räume und vor allem Menschen, zu denen man eine starke Bindung verspürt.

Für manche Menschen hat dieser Ort seine Anziehungskraft heute weitgehend verloren. Die jungen Leute streben manchmal frühzeitig aus dem Haus heraus, und die Alten läßt man nicht mehr hinein. Hier findet eine Umwälzung statt, die anscheinend zu neuen Formen des Zusammenlebens drängt. Wenn wir sie mit offenen Augen betrachten, so erkennen wir deutlich, daß hier nur überlebte Formen abgestoßen werden.

Wandlungen der familiären und der gesellschaftlichen Struktur hat es immer gegeben. »In alten Zeiten war es Sitte, die alten Leute in steiniges Gebirge auszusetzen, bis sie dort star-

ben«, so beginnt ein mazedonisches Märchen. Es berichtet von einem Mann, der eines Tages, wie es die Sitte verlangt, seinen alten Vater auf den Rücken nimmt und ins Gebirge trägt. Als er in der steinigen Wildnis angelangt ist und ihn absetzen will, bittet der Greis: »Nicht an dieser Stelle, mein Sohn, trag' mich noch ein Stückchen weiter.« Auf die verwunderte Frage, was er denn gegen diese Stelle habe, antwortet der Alte traurig: »Ach, lieber Sohn, wie kann einem das Grab seines Vaters gefallen. Als ich so alt war wie du, habe ich meinen Vater hierhergebracht. Ich bitte dich, gehorche mir noch ein letztes Mal und trage mich ein wenig höher.«
Während der Sohn den Vater höherschleppt, denkt er darüber nach, daß ihn in etwa dreißig Jahren sein Sohn, genau wie er es jetzt tut, in die Wildnis schleppen wird. Am Abend, als es dunkel wird, trägt er den Vater heimlich wieder nach Hause. Lange Zeit verbirgt er ihn, weil er sich vor den Leuten im Dorf schämt. Aber eines Tages läßt es sich nicht mehr verheimlichen. Da ihm in seiner Wirtschaft alles besser gelingt als den anderen Bauern, wird es offenkundig, daß er einen heimlichen Ratgeber im Hause hat, der ihm mit seiner langen Lebenserfahrung zur Seite steht. Von nun an entschließen sich auch die anderen Familien des Dorfes, ihre Alten nicht mehr in der Wildnis auszusetzen.
Diese Geschichte demonstriert eine Veränderung der Lebensgewohnheiten, einen Wandel, den wir heute in umgekehrter Richtung vollziehen. Jahrhundertelang hatten die alten Leute in der Familie ihren angestammten Platz. Heute fehlt es der Familie an Raum – aber auch an Bereitschaft, sie bei sich aufzunehmen. Man schickt sie zwar nicht in die steinige Wüste, aber man baut Heime, in denen sie ihren Lebensabend verbringen, isoliert, abgesondert von ihren Kindern und Enkeln.
Viele von uns können sich schlecht vorstellen, daß sie, wenn sie alt werden, auch einmal in ein Heim abgeschoben werden, wo sie, gemeinsam mit vielen Leidensgenossen, ihre Tage im Wartezimmer des Todes verbringen. Sie möchten lieber mit den Kindern und Enkeln im Gespräch bleiben, ihnen Beistand leisten, wenn sie Hilfe brauchen. Ein Mensch, der zu nichts mehr nütze ist, verliert das Wertbewußtsein seiner selbst.
Wenn die jungen Leute die alten oft so kaltschnäuzig beiseiteschieben, fragt man sich unwillkürlich: Was sind das für Leute,

die heute in die Altersheime drängen, wie haben sie die Kinder erzogen, von denen sie heute abgeschoben werden.

Wie man die Familie auflöst. Frau F., eine heute Achtzigjährige, wohnt seit zehn Jahren im Altersheim. Sie ist in Ostpreußen aufgewachsen. Ihre Eltern hatten ein Gemüsegeschäft, da mußte sie als kleines Mädchen schon so hart arbeiten, daß für die Schule wenig Zeit blieb. Zum Spielen kam sie nur selten, ihre strengen Eltern hätten das als Zeitverschwendung angesehen. Vor dem Ersten Weltkrieg heiratete sie einen Postbeamten, sie bekam eine Tochter, und die kleine Lore sollte es, wie sie damals sagte, einmal besser haben. Man kann nicht sagen, daß sie ihrer Tochter gegenüber besonders nachsichtig gewesen wären. Nein, sie verlangte Gehorsam, wie sie selbst gehorchen gelernt hatte. Aber diese Mutter, die als Kind auf vieles verzichten mußte, lehrte ihre Tochter – mehr unbewußt als bewußt –, Ansprüche an das Leben zu stellen. Die Ansprüche überschritten nie den Rahmen des finanziell Möglichen. Aber sie füllten diesen Rahmen so randvoll aus, daß kein Platz mehr für Gedanken an das Wohl und Wehe anderer Menschen blieb. Das Denken und Handeln dieser kleinen Familie kreiste nur um die Erfüllung ihrer Wünsche. Man las keine Zeitung, man studierte nur die Preislisten der Kaufläden.
Ein Jahr nachdem Lore heiratete, starb der Vater. Nun fühlte sich Frau F. sehr einsam. Sie wäre gerne zu ihrer Tochter gezogen. Aber Lore winkte ab, die Wohnung sei zu klein, der Sohn brauchte bald ein eigenes Zimmer. Von ihren Freundinnen und Bekannten hörte Lore immer wieder: Alt und jung zusammen, das geht nicht lange gut. »Wir besuchen dich oft«, versprach Lore. Aber wenn sie dann zu ihr kamen, hörten sie nichts als Klagen. Bei Menschen, die sich einsam fühlen, wachsen sich die üblichen Altersbeschwerden oft zu regelrechten Krankheiten aus. Frau F. kam zur Beobachtung ins Krankenhaus, und dort riet man Lore, für die Mutter einen Platz im Altersheim zu suchen. Das Altersheim ist 30 Kilometer von Lores Wohnung entfernt. Zwei- oder dreimal im Jahr besucht die junge Familie die alte Frau. Dann sitzt Lores Sohn gelangweilt herum. Er interessiert sich nicht für alte Leute. Lore im Grunde auch nicht, sie hat ihre beiden Großeltern gar nicht gekannt.

Wie man sich in der Familie unbeliebt macht. Wenn Lore ihre Freundin Inge besucht, wird sie in ihrer Meinung bestärkt, daß die alten Leute am besten in einem Heim aufgehoben sind. Inges Schwiegermutter wohnt bei ihren Kindern, sie haben ein Haus gebaut und der Mutter darin eine eigene Wohnung eingerichtet. Aber diese Wohnung steht den ganzen Tag leer. Die Schwiegermutter hält sich ständig in der Wohnung der Kinder auf. Abends gegen neun oder zehn Uhr, wenn die jungen Leute einmal eine Stunde allein sein möchten oder wenn sie Gäste erwarten, fragen sie oft: »Bist du denn noch nicht müde, Mutter?«

»Nein«, antwortet sie dann munter, »macht euch keine Sorgen, ich schlafe ja mittags zwei Stunden, da fühle ich mich abends immer besonders frisch.« Tagsüber hilft sie der Schwiegertochter in Haus und Garten, da möchte sie des Abends, wenn ihr Sohn nach Hause kommt, auch dabeisein.

Inge ist über die Hilfe der Schwiegermutter gar nicht immer sehr glücklich, die alte Frau weiß alles besser und möchte alles so machen, wie sie es zu ihrer Zeit gelernt hat. Sie macht Inge oft Vorwürfe, daß sie den Kindern gegenüber zu nachsichtig ist.

»Die Kinder sind verwöhnt«, sagt sie, wenn sie bei Tisch nicht essen wollen. »Sie haben keinen Hunger«, wirft Inge ein, »du hast ihnen ja eine Stunde vor dem Essen ein Butterbrot gegeben.« Ein strafender Blick trifft Inge. Alte Leute kritisiert man nicht vor den Kindern, soll er ausdrücken.

Zweimal im Jahr befreit sich Inge von dem Druck, der ständig auf ihr lastet. Zu Ostern und in den Sommerferien geht die Familie mit dem Wohnwagen auf Reisen. Der Schwiegermutter sind diese Reisen ein Dorn im Auge. Was könnte man mit dem Geld nicht alles kaufen. Sie hat immer neue Pläne: neue Gardinen, neue Möbel. Zwischen ihren und den eigenen Wünschen jongliert die junge Familie – oft etwas atemlos – hin und her.

Vollkommene Erwachsene, unvollkommene Kinder? An dem Verhalten vieler Vertreter der älteren Generation erkennt man besonders deutlich die schwachen Stellen unserer Gesellschaft. Was macht diese alten Leute oft so unausstehlich? Sie sind noch von der patriarchalischen Vorstellung geprägt, die das Kind als unvollkommenes Wesen betrachtete. Daß wir heute die Kindheit und die Jugend nicht nur als ein Durchgangsstadium ansehen, sondern ihnen Eigenwert einräumen, mißverstehen viele ältere Leute. Nach ihrer Ansicht ist man als Kind unfertig und als Erwachsener fertig. Man hat sie nicht an den Gedanken gewöhnt, daß man sein ganzes Leben lang, also auch als Greis, noch lernen muß. So sperren sie sich gegen neue Erkenntnisse, die ihr eigenes Leben unter Umständen beglücken oder verändern könnten.

Auf vielen Gebieten unseres öffentlichen Lebens, in Technik und Wirtschaft, haben wir längst die Vorstellung übernommen, daß der Mensch auch als Erwachsener noch ständig dazulernen muß. Nur in der Erziehung zögern wir immer noch, diesen Schritt zu vollziehen.

Kinder werden mit oft sehr harten, herzlosen Worten oder Taten bevormundet, aber Erwachsene oder alte Leute – so meinen viele von uns – dürfen nicht mehr kritisiert werden. Dabei begehen die Erwachsenen und die alten Leute in unserer sich wandelnden Gesellschaft, wenn sie nicht bereit sind, zu lernen, viele gravierende Fehler. Da sie diese Fehler aber entweder vertuschen oder sogar leugnen, kommt die junge Generation oft in schwere Konflikte.

Wir können uns schwer in die Situation des Jugendlichen versetzen, der die Fehler und Schwächen der Erwachsenen schon deutlich erkennt, aber nicht kritisieren darf. Während dieselben Erwachsenen seine Fehler und Schwächen oft recht barsch und unhöflich anprangern.

Unfähig, Kritik anzunehmen. Herr M. suchte vor einigen Monaten einen Rechtsanwalt auf mit der Absicht, sich scheiden zu lassen. »Meine Frau will mich dauernd erziehen«, erklärte er, »ich halte das einfach nicht mehr aus.« Der Rechtsanwalt brachte die Sache wieder in Ordnung. Man einigte sich auf einen Kompromiß, die Frau versprach, sich etwas zurückzuhalten, und der Mann sah ein, daß er gewisse unausstehliche Gewohnheiten ablegen müsse.

Ich erzählte diese Geschichte verschiedenen Erwachsenen. Fast alle konnten sie den Mann gut verstehen. Sie lehnten die Erziehungsversuche des Ehepartners energisch ab. Warum reagieren diese Erwachsenen so allergisch auf den Versuch des Partners, ihre schlechten Gewohnheiten zu kritisieren oder zu korrigieren. Die Erinnerung an die eigene Kinderzeit, an die

Strafen und die ewigen Vorwürfe sind so drückend, daß man sich spontan dagegen wehrt.
Das Kind läßt die Strafen und Drohungen noch wie ein unabwendbares Unwetter über sich ergehen. Aber versetzen wir uns einmal in die Lage eines heranwachsenden Jugendlichen, der ständig auf unverblümte Weise getadelt oder gar gestraft wird. Er fühlt sich zu Hause einfach nicht mehr wohl und sucht sich einen anderen Ort, wo er nicht geschimpft, nicht geohrfeigt, sondern anerkannt wird. Die Schwierigkeiten häufen sich, wenn der Heranwachsende die imaginäre Brücke vom Jugendlichen zum Erwachsenen überschreitet.

Erwachsen und doch nicht erwachsen. Wenn der junge Mensch mit 14 oder 15 Jahren in den Beruf kommt, erklärt man ihn kurzerhand zum Erwachsenen. Man schickt den Lehrling in einen Betrieb, dort soll er Arbeiten verrichten wie ein Erwachsener. Aber wehe, wenn er etwas verkehrt macht, dann ist er auf einmal kein Erwachsener mehr, sondern ein »dummer Schnösel«. Auch ein Erwachsener kann schon einmal etwas verkehrt machen, um wieviel mehr ein Jugendlicher, für den der Betrieb noch neu ist. Aber bei einem Erwachsenen bedient man sich, wenn man ihn auf einen Fehler aufmerksam macht, eines höflichen Tones. Nur beim Jugendlichen glaubt man schimpfen und poltern zu müssen. Und der Jugendliche denkt: das gehört sich so. Kaum ist er ein wenig herangewachsen und ein jüngerer Lehrling tritt an seine Stelle, dann ahmt er den unfreundlichen Tonfall nach. Er hat es ja so gelernt. Wer mit einem Lehrling nicht ebenso höflich redet wie mit dem Chef, der darf sich über die schlechten Manieren der jungen Leute nicht wundern.
Bei seinen ersten Gehversuchen in der Erwachsenenwelt stellt man dem jungen Menschen ständig Hindernisse und Fallen in den Weg. Auch außerhalb des Betriebes fühlt er sich nirgends so recht heimisch. Die kleine elterliche Wohnung wird ihm bald zu eng. Er kommt sich überflüssig vor zwischen den Eltern, die doch nur an ihm herumnörgeln. Zwischen 14 und 16 hat man nun einmal etwas ungeschickte, tölpelhafte Manieren. Aber die Erwachsenen wollen das nicht wahrhaben. Ungeduldig verlangen sie, daß das Kind, wenn es aufhört, Kind zu sein, sich von heute auf morgen zum kompletten Erwachsenen entpuppt.
Der Jugendliche tut, was er kann. Wenn ich den Erwachsenen

noch zu kindisch bin, werde ich mal ein bißchen großtun, so denkt er. Aber das ist nun ganz verkehrt. Jetzt werfen sie ihm Großsprecherei vor. So flüchtet der junge Mensch auf die Straße. Dort trifft er viele Gleichaltrige, die genau wie er aus den engen Wohnungen herausgedrängt sind. Wenn viele solcher Halbwüchsiger an einer Straßenecke stehen und nicht gerade miteinander flüstern, dann runzeln die Erwachsenen wiederum ärgerlich die Stirn.

Die Jugendlichen, ein Volk ohne Raum. Aber wo sollen sie auch hin. Diese jungen Leute brauchen Plätze, auf denen sie sich bewegen können, und Aufenthaltsräume, in denen sie miteinander reden, spielen, tanzen, in denen sie lesen und sich beschäftigen können. Wir lehren sie, wie man arbeitet, aber nicht, wie man lebt.
Wie man sich in der Freizeit »amüsiert«, das erfahren sie montags morgens von den älteren Kollegen. Dieselben Kollegen, die den Lehrling bei der Arbeit als dummen Jungen anschnauzen, vergessen nun auf einmal, daß er noch lange nicht volljährig ist. Ungeniert prahlen sie mit ihren Liebeserlebnissen und erzählen schlüpfrige Witze. Wen wundert es, daß diese Jugendlichen sich angestrengt bemühen, das Amüsement der Erwachsenen postwendend nachzuahmen.
Aber es gibt auch andere Beispiele. In einer westdeutschen Großstadt hat man seit einigen Jahren neue Wege der Lehrlingsausbildung eingeschlagen. Im ersten Jahr kommen die jungen Leute mit dem Betrieb noch kaum in Berührung. In mehrwöchentlichen Kursen und Arbeitsgemeinschaften, die jeder selbst wählen kann, wird gemalt, gebastelt, musiziert, Theater gespielt. Nebenher läuft die Vorbereitung auf den Beruf, in den der Jugendliche langsam hineinwächst. Die musische Tätigkeit macht den jungen Menschen freier, selbständiger und selbstbewußter. In Zusammenarbeit mit den Lehrern kann er jetzt selbst entscheiden, auf welchem Gebiet er sich spezialisieren möchte. Parallel zu dieser Tätigkeit laufen kulturelle Veranstaltungen, die die Jugendlichen zum Teil selbst arrangieren, Laienspiele, musikalische Darbietungen, aber auch Vorträge und Diskussionen, an denen die ganze Belegschaft teilnimmt.
Wie man in der Vergangenheit der Jugend den »Respekt« vor dem Alter beibrachte, wirkt man hier auf die Erwachsenen ein, um sie an den Respekt vor der Jugend zu gewöhnen. So wächst

allmählich die gegenseitige Achtung, die dem Jugendlichen einen angemessenen Platz in der Gesellschaft zur Selbstverständlichkeit werden läßt.
Auch in den Familien reift allmählich die Einsicht, daß die Kinder für ihre körperliche und geistige Entwicklung Bewegungsfreiheit brauchen, daß sie als gleichberechtigte Partner in der Familie geliebt und geachtet werden sollten. Da sich die Bedürfnisse der Kinder aber – dem Stadium ihres Wachstums entsprechend – ständig verändern, ist die Familie keine feststehende Größe mehr.

Raum ist eine Frage der Gegenseitigkeit. Frau O. berichtet darüber: »Unser erstes Kind kam ein bißchen verfrüht, fünf Monate nach der Hochzeit. Wir hatten kaum Zeit, unsere kleine Wohnung zu möblieren. Aber das war vielleicht ganz gut so. Wenn wir uns gleich auf konventionelle Weise ›komplett‹ eingerichtet hätten, wäre für Ulrike und Andreas, der zwei Jahre später ankam, viel zuwenig Platz gewesen. So verzichteten wir auf raumgreifende Schlafzimmermöbel und richteten statt dessen ein Kinderzimmer ein. In den ersten Jahren wohnten wir im Hause meiner Eltern. Das Haus ist nicht groß. Außer uns lebten meine Eltern und eine gelähmte Großmutter mit darin. Aber für uns alle war es eine schöne Zeit. Ich konnte weiter ins Büro gehen. Meine Mutter versorgte das Haus. Die Urgroßmutter, die immer an derselben Stelle auf ihrem Stuhl saß, wurde für unsere beiden Kleinen zu einem ruhenden Pol, der sie von Zeit zu Zeit wie ein Magnet anzog. Ich kam erst am Spätnachmittag nach Hause, meine Mutter war bald in der Küche, bald im Garten oder zum Einkaufen unterwegs. Aber die Uroma saß stets an derselben Stelle und hatte auf die tausend Fragen immer eine Antwort.

Die offene Familie. Als die Kinder größer wurden, zogen wir in ein Mehrfamilienhaus. Seitdem hat jedes Kind sein eigenes Zimmer. Anfangs machte ihnen der eigene Raum viel Spaß, sie richteten ihn selbst ein, beklebten die Wände mit bunten Plakaten und luden ihre Freunde ein. Aber nach einigen Jahren, als sie 16 und 18 wurden, änderte sich das fast schlagartig. Als ob ihnen das Zuhause zu eng geworden wäre, strebten sie jeden Abend aus dem Hause. Eine Zeitlang sorgten wir uns, aber dann sagten wir uns, sie wollen schließlich alles kennenlernen.

Ja, sie kannten bald alle Jugendklubs, alle Tanzlokale unserer Stadt. Nicht ganz ein Jahr dauerten diese Erkundungsfahrten, dann waren sie der Nachtschwärmerei überdrüssig geworden. Jetzt richteten sie sich in ihren Räumen wieder häuslich ein, als hätten sie auf einmal ihr Zuhause neu entdeckt.«

Nicht alle Jugendlichen können so ungehindert aus dem Hause und wieder dahin zurückkehren. Viele bekommen Vorwürfe gemacht, wenn sie die Welt draußen wißbegierig erforschen. Aber sie brauchen diese eigenen Erlebnisse, um sich eine eigene Meinung bilden, um auf eigenen Füßen stehen zu können. Und wenn der junge Mensch von diesen Ausflügen nach Hause zurückkommt, braucht er verständige Eltern, mit denen er darüber reden kann.

Eltern, die eine allzu feste und vorgefaßte Meinung haben, werden ihr Kind bevormunden wollen: Tu das, laß jenes, sagen sie. Aber damit ist ihm nicht geholfen, der junge Mensch soll ja lernen, sich selbst zu entscheiden, darum braucht er keine Verbote, sondern das Gespräch – mit den Eltern wie mit Gleichaltrigen.

Familien, in denen von Anfang an das Gespräch gepflegt wird, kommen leichter über Probleme hinweg, die fast immer auftauchen, wenn die Kinder sich anschicken, das »Nest« hin und wieder zu verlassen, um die Welt außerhalb des Hauses kennenzulernen.

Besonders schwer haben es Kinder aus Familien, die sich ängstlich nach außen abkapseln, die sich nicht einmal für die Politik interessieren, weil sie sich und ihren Kindern einzureden versuchen, daß »die Welt« schlecht sei. Wer dagegen mit offenen Augen am öffentlichen Leben teilnimmt – und sei es nur dadurch, daß er Zeitungen liest, Dokumentationssendungen in Radio und Fernsehen hört, der erlebt den ständigen Wandel unserer Gesellschaft mit und kann seine Kinder besser verstehen, die heute, lange bevor sie »mündig« werden, schon mitreden wollen und können.

Alt und jung kein Gegensatz mehr. In der Familie der Vergangenheit wurde der junge Mensch zu einem bestimmten Zeitpunkt ruckartig zum Erwachsenen ernannt. Solange er im Hause der Eltern lebte, ordnete er sich selbstverständlich unter. Wenn das – bei den 15- bis 20jährigen – zu Reibereien führte, suchte die Mutter die Wogen zu glätten.

Heute beginnt der Prozeß der Selbständigwerdung schon in der Kindheit, und – zum Ausgleich dafür – muß der Erwachsene bereit sein, immer noch und immer wieder dazuzulernen. Dadurch wird der altgewohnte Gegensatz zwischen Alten und Jungen weitgehend eingeebnet – dadurch hat aber auch die individuelle Verschiedenheit der Menschen größere Entfaltungsmöglichkeiten.

Die vielen Gesichter der neuen Familie. Dem einheitlichen Bild der Familie der Vergangenheit steht heute eine vielgestaltige, offene Familie gegenüber. Diese Familie braucht aber auch vielgestaltige, offene Wohnmöglichkeiten. Aber immer noch bauen wir Wohnungen für die alte, geschlossene Familie. Da entstehen Mietskasernen, uniformierte Häuserblocks für Ehepaare, die sich an quasi militärischen Bedürfnissen orientieren. In diesen Wohnungen haben die Alten und die Jungen keinen geeigneten Raum.

Das reichgegliederte Heim für die verschiedenartigsten Bedürfnisse. Hier und da entstehen aber auch heute schon in den Ateliers junger Architekten die ersten Modelle für Heimstätten der neuen, offenen Familie, in denen der Mensch sich zu Hause fühlen kann: reichgegliederte Wohnburgen mit Wohnungen verschiedener Größe. Die Zwischenwände kann jeder nach seinen individuellen Bedürfnissen selbst aufstellen. Im gleichen Hause, in erreichbarer Nähe sind Kindergärten, Einkaufsmöglichkeiten untergebracht, daneben gibt es Klubräume, Spiel- und Bastelräume als Treffpunkt für jung und alt. Es gibt heute Familien mit Kindern und ohne Kinder, solche, die ihre Großeltern in der Nähe haben, und solche, die lieber alleine sein möchten. Dazu gibt es Alleinstehende aller Altersgruppen, die entweder für sich oder mit einem oder mehreren Freunden zusammenleben möchten. Diese vielfältigen Bedürfnisse soll jeder auf seine Weise befriedigen können.
Das Bedürfnis des Menschen nach Geselligkeit wurde bislang von den Architekten kaum einmal zur Kenntnis genommen. Die Phantasie des guten Architekten entzündete sich höchstens einmal an einem Schlemmerlokal für wohlhabende und ältere Leute. Die Einrichtung von Tanz- und Unterhaltungslokalen für die Jugend überließ man oft recht obskuren Unternehmern.

So entstanden Spielsäle und Spielhallen, die oft zu Spielhöllen ausarteten.
Die Vergnügungssteuer, die den zu diesem Zweck gemieteten Raum nach Quadratmetern bemißt, tat das ihrige dazu. Unter diesem Zwang baute man winzige Tanzflächen, auf denen sich die Jugendlichen in drangvoller Enge bewegen. Wo soll der Bewegungsdrang der Jugendlichen hin, wenn man sie permanent einengt? Fast zwangsläufig müssen sie von Zeit zu Zeit dagegen revoltieren, da sie es selbst nicht ändern können. Darum sollte man alle Bestrebungen unterstützen, die sich vorgenommen haben, unsere Welt für alt und jung etwas bewohnbarer zu machen, damit wir uns darin zu Hause fühlen können.

Das Besitzstreben, wie es entsteht und vergeht

Stehlen, ein aufregendes Spiel. Vor einigen Jahren kam die Mutter eines Quintaners aufgeregt zu mir: »Was soll ich nur machen, mein Sohn hat gestohlen.« Ich schüttelte zunächst ungläubig den Kopf, denn ich kannte den Jungen und hätte ihm das einfach nicht zugetraut.
Die Mutter entdeckte eines Abends im Zimmer ihres Jungen allerlei Spielzeug, das ihm nicht gehörte. Da er auf ihre Fragen etwas merkwürdig reagierte, bohrte sie weiter, nichtsahnend, aus reiner Neugier. Dabei kam heraus, daß die halbe Klasse, etwa 15 Jungen, seit einiger Zeit ein neues »Spiel« erfunden hatten. Sie gingen durch die Kaufhäuser und ließen auf möglichst geschickte Weise Süßigkeiten und Spielzeug in ihren Taschen verschwinden, so daß keiner es merkte.
Als die Mutter das hörte, war sie entsetzt. Sie redete ihrem Sohn ins Gewissen, verständigte aber auch die Mütter der anderen beteiligten Jungen. Man traf sich zu einem gemeinsamen Gespräch. Jede Mutter nahm sich vor, nachdem sie sich von dem ersten Schrecken erholt hatte, ihren Sohn von diesem Tun abzubringen. Alle einigten sich darüber, von der Sache weiter kein Aufhebens zu machen. Ganz wohl war ihnen allen dabei nicht. »Stellen sie sich vor«, so sagte die Mutter, »die Geschichte

wäre an die Öffentlichkeit gekommen. Vermutlich wären unsere Kinder von der Schule geflogen – es hätte eine Gerichtsverhandlung gegeben – nicht auszudenken.«
Das Entsetzen der Mutter über diese Form von Spielen ist verständlich. Aber, wenn wir die Sache einmal objektiv betrachten, ist der Schaden, den die Kinder angerichtet hatten, vergleichsweise gering. Apfel»klauen« war schon zu Großvaters Zeiten ein beliebter Sport, unerlaubt, aber nicht unbedingt kriminell.

Gefährliche Spiele. Ich erinnere mich aus meiner eigenen Kindheit eines »Spiels«, das ungleich schwerwiegendere Folgen hatte.
Durch unsere kleine Stadt fuhr alle halbe, manchmal alle Viertelstunde eine Straßenbahn. Irgendwann dachten sich die damals 8- bis 10jährigen Jungen ein Spiel aus, das den kleinen Bruder einer meiner Klassenkameradinnen das Leben kostete. Sie rannten kurz vor der herannahenden Straßenbahn noch auf die andere Straßenseite. Wer möglichst nah an der Bahn vorbeisauste, prahlte dadurch mit dem größten Mut. Auch dieses gefährliche Spiel war von den Eltern lange Zeit gar nicht bemerkt worden.
Der Schrecken über den Tod des Jungen war groß. Die Eltern beschworen ihre Kinder, so etwas nie wieder zu tun. Aber niemand kam damals auf den Gedanken, die unvernünftigen Kinder vor das Gericht zu zitieren.
Ganz anders hätte man, auch damals, bei einem Ladendiebstahl reagiert. Hier wäre das Jugendgericht in Aktion getreten. Als ich mit einem im Dienst ergrauten Jugendrichter über diese beiden Fälle sprach, nickte er mit dem Kopf und seufzte: »Ja, ja, in unserer Gesellschaft werden Eigentumsdelikte viel zu streng bestraft.«

Wie man die Begehrlichkeit weckt. »Gönn dir etwas«, so fordern uns die Werbesprüche auf. Sie wecken schon beim Kind und beim Jugendlichen Wünsche, an die er zuvor noch gar nicht gedacht hatte. Unverblümt locken sie ihn mit dem Hinweis: »Wenn du diesen Gegenstand besitzt, platzen deine Freunde vor Neid.«
Aber für all die Dinge, mit denen man ihm den Mund wässrig macht, braucht der Jugendliche Geld. Gleichzeitig raten oder

befehlen ihm die Eltern, mit seinem Taschengeld sparsam umzugehen. Was soll er also tun?
Wir erziehen schon unsere Kinder zum Besitzstreben, zum Konkurrenzdenken, wir beurteilen einen Menschen nach der Höhe seines Einkommens. Und gleichzeitig verurteilen wir heftig den kleinen Dieb, bei dem dieses sorgfältig anerzogene Besitzstreben aus den vorgeschriebenen Bahnen gleitet.

Die kleinen und die großen Diebe. Diese zwiespältige Moral wurde in unserer Gesellschaft jahrhundertelang verschleiert. Der kleine Mann seufzte höchstens einmal resignierend: »Die kleinen Diebe hängt man, die großen läßt man laufen!« Heute verliert man jedoch mehr und mehr die Scheu davor, auch die Großen anzuprangern. In Amerika spricht man in diesem Zusammenhang bereits seit längerer Zeit von Weißkragenverbrechern. Der englische Kriminologe Mannheim hat errechnet, daß die kleinen Diebe, einschließlich der Berufsverbrecher, dem Bürger der USA jährlich etwas 250 bis 400 Millionen Dollar abnehmen, dagegen beläuft sich der Schaden, den die Weißkragenverbrecher ihren Landsleuten zufügen, auf über eine Milliarde Dollar.
In Deutschland liegen die Verhältnisse nicht anders, sie sind nur noch weniger bekannt. Man ist bei uns immer noch geneigt, das Vergehen dieser »feinen« Leute als eine Art Kavaliersdelikt zu bagatellisieren.
Im Jahre 1961 stellte der Steuerstrafrechtler Terstegen einmal auf einer Tagung eine Liste solcher Weißkragenverbrechen zusammen. Da gab es Lebensmittelfälscher, die aus Abfallfett Schweineschmalz herstellten und verkauften, oder Unternehmer, die sich die gleichen Investierungen mehrfach bezahlen ließen, Ärzte, die unnötige Behandlungen ausführten, Juristen, die bei der Vorbereitung von Straftaten mitarbeiteten, Wohnungsgesellschaften, die den Staat und die vielen kleinen Sparer betrogen, und die vielen Steuersünder, die mit falschen Karten spielten, um ihre Konkurrenten unterbieten oder übertrumpfen zu können.

Unter der Diktatur des Konkurrenzdenkens. Im harten Konkurrenzkampf sucht einer den anderen zu überholen. Dabei werden die Rechtschaffenen oft glatt an die Wand gespielt. Schließlich ergreift die Seuche auch den sonst Anständigen, er muß mitmachen, wenn er nicht untergehen will. Von diesen Delikten erfährt aber der kleine Mann nur wenig. Er bekommt meist nur die Renommierseite der Konkurrenzkämpfer zu sehen.

Zur Zeit überlegen die zuständigen Stellen, wie man sich gegen den Schaden, den die Weißkragenverbrecher anrichten, wehren kann. Man will ihnen mit strengeren Gesetzen, mit höheren Strafen zu Leibe rücken. Solange wir jedoch unsere Grundeinstellung zum Mitmenschen nicht ändern, werden wir auch mit härteren Strafen nicht viel erreichen.

Wir stehen dieser möglichen Veränderung oft noch recht skeptisch gegenüber, weil wir uns eine Gesellschaft ohne Konkurrenzdenken und Besitzstreben kaum vorstellen können. Vielleicht hilft uns ein Blick über den eigenen Kulturkreis hinaus, unser Vorstellungsvermögen zu erweitern.

Ein Leben ohne Besitzstreben? Die Ethnologen und die christlichen Missionare, die seit einigen Jahrhunderten bis in die entlegensten Winkel der Welt vordringen, haben uns gelehrt, daß es tatsächlich Völker gab und gibt, die – ohne Besitzstreben – besser, friedlicher leben, als wir es uns vorstellen können.

Ch. A. Eastmann läßt einmal einen Indianer zu Worte kommen, der über die Formen des Zusammenlebens mit seinen Stammesgenossen berichtet:

»Liebe zu irdischem Besitz betrachten wir als Schwäche. Daher muß das Kind schon früh das schöne Bewußtsein der Freigebigkeit kennenlernen. Man lehrt es, gerade das, was es am liebsten hat, zu verschenken, und macht es schon früh zum Almosenverteiler der Familie, damit es das Glück des Schenkens kennenlernt.«

Das Schenken als Lehrfach. Man sucht schon den Kleinsten begreiflich zu machen, daß sie ihren Mitmenschen nichts wegnehmen, sondern ihnen etwas geben sollen. K. Langloh-Parker beobachtete bei den Ureinwohnern Australiens, wie die Mutter dem kleinen Kind, das noch nicht laufen kann, leise im Takt auf die Händchen klopft und dazu Reime singt, die etwa folgenden Inhalt haben:

»Gütig sein, wolle nicht berühren, was anderen gehört, laß lie-

gen, gütig sein.« Oder: »Gib mir, Baby, gib ihr, Baby, gib irgendeinem, Baby, gib allen, Baby.«
Mehr unbewußt als bewußt übernimmt das Kind diese Lebensregeln. B. Spencer erzählt von seiner Forschungsreise in das Innere Australiens:
»Wir waren daran gewöhnt, manchmal zwanzig oder mehr Piccaninnies (Negerkinder) um uns versammelt zu haben, wenn wir Süßigkeiten verteilten, und dabei machte niemals irgendein Kind den Versuch, sich mehr als einen Anteil zu sichern. Die Größeren sorgten immer sehr dafür, daß die Kleinen nicht übersehen wurden.«
Als Fridtjof Nansen gegen Ende des vorigen Jahrhunderts nach Grönland kam, verwunderte ihn vor allem das soziale Verhalten der Eskimos:
»Der Grönländer steht der Not anderer wie ein mitleidiges Kind gegenüber; sein erstes Staatsgesetz ist zu helfen. Hierauf und auf dem Zusammenhalten in guten und in bösen Tagen basiert die Existenz aller kleinen grönländischen Gemeinwesen.«
Ähnliches hatte bereits einige Jahre zuvor der Amerikaner F. Boas beobachtet:

Die ungeschriebenen Gesetze sozialen Verhaltens. »Die Eskimos haben ungeschriebene Gesetze, was die Uneigennützigkeit anbetrifft. Wenn eine Robbe zu den Hütten gebracht wird, hat jeder auf einen Teil des Fleisches oder des Tranes Anspruch, der von dem Jäger selbst verteilt wird oder von seiner Frau in die einzelnen Hütten gebracht wird. Dieser Brauch wird nur praktiziert, wenn die Nahrung knapp ist. – So ein gewohnter Akt der Uneigennützigkeit, zu einer Zeit praktiziert, wo die Selbstbeschränkung sehr schwierig ist, stellt eine Norm dar, die die Jugend nicht durch direkte Belehrung erreicht, sondern als Erlebnis bewußter Nachahmung der Eltern. Die Bräuche rufen die Selbstbeschränkung hervor, die ihnen nicht von irgendeinem Gesetz auferlegt ist, und die Kinder werden mehr durch das Vorbild als durch ein förmliches Lehren der allgemeinen Maxime geleitet, daß verlorene Gegenstände dem Eigentümer zurückgegeben werden müssen.«
Wo immer die Völker noch in genossenschaftlichen Verbänden leben, da orientieren sich Begriffe wie Gut und Böse am sozialen Verhalten. Gelobt und geachtet wird derjenige, der an-

deren mitteilt oder der eine gerechte Verteilung der Güter gewährleistet.

Wo Besitzunterschiede die Ordnung bestimmen. Wo sich die genossenschaftliche Ordnung auflöst (beobachtete A. Knabenhaus bei einigen Stämmen Australiens), wo Besitzunterschiede bestimmend werden, beginnen die Reichen, Macht auszuüben und die Ärmeren zu unterdrücken. Unterschiede zwischen arm und reich führen auch bald zur unterschiedlichen Bewertung und Behandlung von alt und jung, von Mann und Frau. Jetzt bestimmen die Alten und die Wohlhabenderen das Gruppenleben, und sie bemessen sich selbst einen höheren Lebensstandard zu. Bestimmte Speisen bleiben den Älteren oder dem Mann vorbehalten. »Den australischen Speiseverboten«, schreibt Knabenhaus, »haftet ein deutlicher Klassencharakter an; sie bedeuten eine einseitige Vergünstigung der älteren, männlichen Gruppengenossen auf Kosten der Frauen und der jungen Leute, die dadurch auf einem Lebensgebiet von elementarer Wichtigkeit in eine inferiore Stellung gedrängt werden.«
Wo die Gleichberechtigung nicht mehr gültig ist, da wird die Ordnung durch strenge Strafen aufrechterhalten. Es bilden sich einzelne Gruppen, die besondere Vorrechte genießen. Diese Gruppen beginnen die Nichtmitglieder zu terrorisieren und auszubeuten. Um ihre Vorrechte zu erhalten, drohen sie jedem, der ihre Gesetzte nicht beachtet, strenge Strafen an.
Das naheliegendste Beispiel einer solchen Entwicklung bietet uns unsere eigene abendländische Geschichte. Nachdem das private Besitzstreben die alten Markgenossenschaften langsam auflöste, zerfiel die Gesellschaft in Reiche und Arme. Bei den Armen blieben Reste des einstigen selbstlosen Verhaltens aber noch lange erhalten.
Als das Christentum sich in Europa ausbreitete, gab es in allen Ländern noch starke Erinnerungen an die alte genossenschaftliche Form des Zusammenlebens. Wo sie sich mit dem christlichen Gedanken der Brüderlichkeit und der Gleichberechtigung verband, da kam es nicht selten, wie in den zahlreichen Bauernkriegen, zu Aufständen gegen die herrschende Gewalt.

Der Schutz des Eigentums. »Besäßen wir Habe, so brauchten wir Waffen, um sie zu schützen«, so schrieb Franz von Assisi,

»denn aus dem Eigentum erwachsen die Streitigkeiten und die Rechtsverdrehungen und hierdurch wird die Liebe zu Gott und zum Nächsten am häufigsten verletzt. Deshalb wollen wir keinerlei Eigentum in dieser Welt besitzen.«

Als der heilige Franziskus diese Gedanken aussprach, war ein nahezu tausendjähriger Streit für und wider diese Frage bereits zugunsten des Privateigentums entschieden. Der größte Teil des Bodens befand sich bereits in den Händen weniger Feudalherren, die diesen Besitz verbissen und rücksichtslos verteidigten oder ihn sich gegenseitig streitig machten.

Gerade das hatten die Kirchenväter vermeiden wollen. Um 600 mahnte Gregor der Große:

»Wir sollen es wissen, daß die Erde, wovon sie ja herstammen und gemacht sind, allen Menschen gemeinschaftlich ist und daß daher die Früchte, welche die Erde erzeugt, allen ohne Unterschied gehören sollen.«

Die alten Kirchenväter hatten keineswegs die Absicht, alle Menschen zu Habenichtsen zu machen. Im Gegenteil, sie strebten eine möchlichst breite Streuung des Besitzes an. Schon um 374 schrieb der Bischof Ambrosius von Mailand: »Die Natur gibt alle Güter allen Menschen gemeinsam; denn Gott hat alle Dinge geschaffen, damit der Genuß gemeinschaftlich sei; und damit die Erde zum gemeinsamen Besitztum werde. Die Natur hat also das Recht der Gemeinschaft erzeugt, und es ist nur die ungerechte Anmaßung (Usurpatio), welche das Eigentum erzeugt.«

Diese Gedanken gehen auf die im Alten Testament immer wieder geäußerte Auffassung zurück, daß dem Menschen nichts in dieser Welt wirklich gehört, da alles »Gottes ist«. Niemand konnte z. B. Grund und Boden in seinen absoluten Besitz nehmen, weil die Erde Gott gehörte.

Gemeinnutz geht vor Eigennutz. Bei den alten Kirchenvätern war der Wunsch nach sozialer Gerechtigkeit noch lebendig. Und in der frühmittelalterlichen Wirtschaftsweise war diese »Gerechtigkeit« auch noch teilweise verwirklicht. Bei den noch vorhandenen Markgenossenschaften galten Wiesen und Felder, Seen, Bäche und Wälder als gemeinsamer Besitz.

Anfangs bestanden Markgenossenschaften und Grundherrschaft noch nebeneinander. So blieben auch die alten Begriffe des

Gemeineigentums noch lange im Gedächtnis des Volkes wie eine Erinnerung an ein verlorenes Paradies. In den Bauernkriegen, die während des Mittelalters immer wieder aufflackerten, verlangten die Bauern vor allem die Wiedereinsetzung der alten Rechte. So kam es, daß der Wilddieb lange Zeit nur von den Adelsherren, nicht aber von den Bauern als Dieb angesehen wurde. Der »Dieb« war für den Bauern der neue Grundherr, der ihm das Recht zu jagen und zu fischen »gestohlen« hatte.
Während der Adel immer größeren Reichtum aufhäufte, verarmte der Bauer in vorher nicht gekanntem Maße. Der Hörige wurde zum Arbeitssklaven herabgewürdigt. Überlastet, unfähig, sich zu bilden, entwickelte sich bei ihm schließlich eine stumpfe, unzufriedene und neidische Knechtgesinnung, vom Adel, der ihn in diese Rolle hineingedrängt hatte, obendrein noch maßlos verachtet.
Ein Lichtblick in dieser immer mehr um sich greifenden Verarmung bildete die blühende Handwerkskultur der mittelalterlichen Städte. Hier wurden noch einmal genossenschaftliche Formen des Wirtschaftslebens aufgegriffen, um das allzu rücksichtslose Besitzstreben einzelner im Zaume zu halten. Kein Meister durfte mehr Gesellen einstellen als seine Zunftgenossen. Qualität und Preise waren festgelegt und wurden ständig überprüft.
Mit dem Aufkommen der Manufakturen und der Fabriken wurden die Besitzbeschränkungen der Zünfte als lästig empfunden. Das Bürgertum, der Unternehmer verlangten nach mehr Handlungsfreiheit. Nach dem Vorbild der Feudalherren, die durch Besitz zur Macht gelangt waren, strebte nun auch der Bürger nach immer größerer Gewerbefreiheit, die ihm eine schrankenlose Vermehrung des Besitzes versprach.

Besitz erweckt den Neid der Habenichtse. Bald wirkten sich jedoch auch die negativen Seiten uneingeschränkten Besitzstrebens aus. Zeiten absoluter Gewerbefreiheit bringen immer eine starke Verelendung der Massen mit sich. So wie das hemmungslose Besitzstreben des Adels die Verarmung der Bauern nach sich zog, so folgte dem aus allen Nähten platzenden Reichtum des Besitzbürgers im 19. Jahrhundert die Verelendung des Proletariats, das nichts mehr sein eigen nannte.
Zu Beginn dieser Entwicklung sah es so aus, als wolle der

Bürger getreulich das Vorbild des Adels kopieren und alle Macht durch Besitz an sich reißen. Der robuste Eigennutz und finanzieller Erfolg gewannen ungeheures Ansehen.
Aber im Gegensatz zum Adel, der seinen Stolz dareinsetzte, nie ein Buch gelesen zu haben, war der Bürger ausgesprochen bildungsfreundlich. Seine Dichter und Denker genossen hohe Achtung und wurden zu Erziehern des ganzen Volkes.
Einige von ihnen verteidigten den Besitz, andere stellten ihn in Frage. Aus dieser Diskussion, die über hundert Jahre andauerte, entwickelte sich allmählich ein neues, verändertes Bewußtsein. Der naive Egoismus, die primitive Ausbeutung wurden mehr und mehr als verwerflich erkannt. Man begann über die Ursachen der Armut nachzudenken.

Das Ende des absoluten Besitzes. In der Vergangenheit war jeder Haushalt, da fast alle Gebrauchsgüter im Hause selbst hergestellt wurden, nahezu unabhängig. Seitdem man – nach und nach – fast alle Konsumgüter fabrikmäßig herstellte, war jeder einzelne auf alle anderen angewiesen. Diese enge Verflechtung zwischen Käufer und Produzenten führte allmählich zu einem ganz neuen sozialen Bewußtsein. Wo im Großen produziert wird, da gibt es keinen absoluten Besitz mehr. Die Verpflichtungen der Allgemeinheit gegenüber schränken die Verfügungsgewalt über den Besitz stark ein.
Unter der Kaiserin Maria Theresia bekam der beinamputierte Kriegsinvalide noch keine Kriegsrente, sondern das Recht, in den Straßen Wiens zu betteln. Heute bemühen wir uns, den Gedanken der Wohltätigkeit ganz aus unserem sozialen Denken zu verbannen, weil er den Unterstützungsempfänger zum Almosenempfänger degradiert. Der Kriegsinvalide besitzt heute einen Rechtsanspruch auf einen ausreichenden Lebensunterhalt. Schrankenlosen Egoismus empfinden wir heute ebenso als unmoralisch wie das Almosengeben, weil die Sorge für den sozial Schwachen zu einer Pflicht geworden ist. Unserem Grundgesetz und unseren Steuergesetzen liegt dieser Gedanke zugrunde. Wenn sie ehrlich befolgt würden, dürfte es sich heute kaum noch lohnen, großen Besitz anzuhäufen. Aber sie werden nicht ehrlich befolgt!
Die Lage ist jedoch nicht hoffnungslos. Wir befinden uns mitten in einem Wandel zu einem neuen Besitzdenken, das eine

breite Streuung von Eigentum für alle anstrebt – aber leider noch nicht erreicht hat.

Immer noch beobachten wir einzelne, die die neuen Spielregeln nicht einhalten und, wie in vergangenen Zeiten, rücksichtslos versuchen, von dem gemeinsamen Kuchen, der für alle reichen soll, ein unverschämt großes Stück für sich abzuschneiden. Man »enteignet« den kleinen Mann heute nicht, man gibt ihm sogar etwas. Man überredet ihn mit Engelszungen, dies und das und jenes zu kaufen, und hindert ihn dadurch, sein Geld so anzulegen, wie es seinem persönlichen Nutzen dient.

Er weiß ja auch gar nicht, wie er sein Recht auf Eigentum wahrnehmen könnte, wer sagt ihm das schon? Er hat in der Schule Lesen und Schreiben und Rechnen gelernt, aber die wirtschaftlichen Zusammenhänge, die ihm die versprochene Eigentumsbildung ermöglichen könnten, sind für ihn hinter einem dichten Schleier verborgen.

Warum klären wir unsere Kinder nicht sorgfältig darüber auf, wie sie sich als Käufer, als Sparer, als Staatsbürger verhalten sollen, wenn sie einst zu ihrem Recht kommen wollen. Solch ein Aufklärungsunterricht wäre wichtiger als Schönschreiben und Schnellrechnen. Keine Rechen- und keine Schreibmaschine nimmt uns das Nachdenken darüber ab, wie wir unser Recht auf Eigentum wahrnehmen können.

In der neuen, veränderten Gesellschaft, der wir zustreben, werden wir ein neues Verhältnis zum Besitz gewinnen müssen. Dazu verhilft uns die Einsicht in die eben skizzierten geschichtlichen Zusammenhänge. Das Bewußtsein, daß sich die Welt, in der wir leben, ständig verändert, gibt uns den Mut, an ein neues verändertes Verhältnis zum Besitz zu glauben.

Gemeinsinn schützt den Besitz aller. Es kommt heute nicht so sehr darauf an, den Besitz des einzelnen durch drakonische Maßnahmen zu schützen und dadurch besonders hervorzuheben. Stärker als bisher sollte die Erziehung in jedem einzelnen den Gemeinsinn zur Entfaltung bringen. Gemeinsinn erzeugt nicht nur soziales Verhalten, er weckt auch das Bewußtsein für den gemeinsamen Besitz. Schulen, Museen, Straßen, Verwaltungsgebäude und viele andere Einrichtungen gehören heute uns allen. Aber die meisten Menschen haben sie noch gar nicht richtig in ihren Besitz genommen.

Unsere Kinder bemühen sich heute, von dieser unserer Welt

endlich Besitz zu ergreifen. Manchmal tun sie es etwas stürmisch und unüberlegt. Um sie zu verstehen, sollten die Eltern die geschichtliche Entwicklung kennenlernen, die zu dieser neuen Einstellung geführt hat.
Diese veränderte Denkweise verändert heute das öffentliche Leben so gut wie das Zusammenleben in der Familie. Sie begegnet uns in den kleinsten Ereignissen des Alltags.

Was hältst du vom Taschengeld? Eines Tages blätterte ich im Aufsatzheft meines Sohnes. Da entdeckte ich eine Überschrift, die mich neugierig machte. »Was hältst du vom Taschengeld?« hatte der Lehrer gefragt. Ich war gespannt darauf zu hören, was mein Sohn zu diesem Thema zu sagen hatte. Jahrelang bekam er von uns jede Woche einen bestimmten Betrag. Anfangs warf er das Geld in eine Spardose, nach einer gewissen Zeit, die Spardose hatte den Reiz des Neuen verloren, ließ er das Geld oft achtlos herumliegen. So kam es, daß wir es auch hin und wieder vergaßen, ihm das Geld zu geben. Nun las ich, warum mein Sohn sich für das Geld nicht sonderlich interessierte, er schrieb:
»Ich halte nicht viel vom Taschengeld. Wir haben zu Hause eine Familienkasse, das ist Mutters Portemonnaie. Es liegt immer im Küchenschrank, damit jeder dran kann.« Ich war überrascht. Natürlich stimmte das. Aber der Gedanke an eine Familienkasse war mir neu. Ich hatte mir tatsächlich angewöhnt zu sagen: »Nimm dir was aus meinem Portemonnaie«, wenn eines der Kinder Geld brauchte, für ein Heft, für ein Buch oder dergleichen. Diese Gewohnheit veranlaßte meinen Sohn zu schreiben: »Ich finde das gut so, denn wenn man eine Familienkasse hat, geht man sparsamer mit dem Geld um, weil es doch allen gehört, nimmt man nur so viel heraus, wie man wirklich braucht.« Als Begründung führte er ein Erlebnis an, über das ich mit ihm einige Wochen zuvor gesprochen hatte. Er ist der Älteste, da spricht man hin und wieder mit ihm über Erziehungsprobleme, die bei den Jüngeren auftauchen.
Unser Jüngster hatte eine Zeitlang die Angewohnheit, sich von der Obstschale immer alles wegzunehmen, was gerade darauf lag: zwei Äpfel, drei Bananen, je nachdem. So bekam immer nur er das Obst, die anderen hatten das Nachsehen. Vielleicht liegt es daran, daß immer nur wenig Obst auf der Schale liegt, sagte ich mir, darum greift er so gierig danach.

Erziehung zum Teilen. »Wir brauchen neues Obst«, sagte ich ihm eines Tages. Und dann ernannte ich ihn zu unserem Obsteinkäufer und Obstverteiler. Er staunte, als er aus dem Gemüseladen, in den ich ihn geschickt hatte, nach Hause kam, mit einer großen Tasche voller Obst: »Au, so viel auf einmal?«
Dann überlegten wir gemeinsam, wie lange wir wohl damit auskämen, wenn jeder von uns jeden Tag einen Apfel oder eine Apfelsine bekäme, und ich bat ihn, darauf zu achten, daß jeder zu seinem Teil käme. Seitdem bringt er jeden Abend jedem von uns ein Tellerchen mit Obst. Die Sorge für die anderen hat ihn von den allzu heftigen eigenen Wünschen abgelenkt.
Erfahrungen dieser Art kann jeder von uns machen. Wenn es uns gelingt, unserem Kind das Bewußtsein zu vermitteln, daß bestimmte lebensnotwendige Dinge allen in der Familie gehören, dann tritt der persönliche Egoismus weitgehend zurück. Es fühlt sich geborgen, weil es weiß, daß für es wie für alle anderen gesorgt ist. In diesem Bewußtsein respektiert es auch rücksichtsvoller die Dinge, die ihm nicht gehören.
Dinge, die uns selbst gehören, bekommen wir – bis auf Ausnahmen – nicht geschenkt. Wir müssen sie uns erarbeiten. Wer einen Beruf ausübt, erhält einen durch Gesetze und Absprachen garantierten Lohn. Eine Ausnahme machen Hausfrauen und Kinder. Kein Gesetz garantiert der Hausfrau und den Kindern einen bestimmten Lohn. Sie müssen mit dem zufrieden sein, was man ihnen gibt. Ihre soziale Stellung entspricht der des Leibeigenen zur Zeit der Feudalherrschaft. Damals wie heute gab es menschliche und unmenschliche Grundherren und Familienväter. Das änderte nichts an der Abhängigkeit der Leibeigenen.
Viele Hausfrauen überwinden heute diesen Zustand finanzieller Abhängigkeit durch Berufstätigkeit. Den Kindern hat unsere Gesellschaft diese Möglichkeit vorläufig noch verbaut. Kinderarbeit ist offiziell verboten. Dieses Gesetz entstand als Reaktion auf die skandalöse Ausbeutung durch Kinderarbeit im 19. Jahrhundert. Es bezog sich auf Verhältnisse, die es nicht mehr gibt.

Abhängigkeit verhindert die Gleichberechtigung. Niemand findet etwas dabei, wenn die lieben Kleinen sich durch Dienstleistungen im Hause ein bißchen Geld verdienen. Aber gerade das Taschengeld oder das Handgeld für Rasenmähen, Geschirrspülen usw. macht die wirtschaftliche Abhängigkeit unserer Kinder besonders deutlich. Rolf bekommt von seiner Mutter für das Mähen eines 400 qm großen Rasens zwei Mark. Detlev, sein Nachbar, erhält von seinem Vater für eine nur halb so große Fläche fünf Mark. Ein Arbeiterkind bekommt in der Woche zwei Mark Taschengeld, sein Klassenkamerad zwanzig Mark.

Wie sehr die Kinder diese Abhängigkeit spüren, geht aus ihren Antworten auf die Frage nach dem Gehorsam hervor. Sie wissen genau, daß sie selbst dann gehorchen müssen, wenn ihre Eltern ihnen Unrecht tun. »Wir können doch gar nichts machen«, schreibt ein Junge, »wir sind doch die Schwächeren.« Ein anderer meint: »Die Eltern geben uns Kleider und Essen, darum müssen wir ihnen gehorchen.«

Diese 12- bis 16jährigen Kinder wären durchaus schon in der Lage, an ein bis zwei Stunden des Tages eine bezahlte Arbeit zu leisten, eine Arbeit, bei der sie vermutlich mehr lernen würden als in den vielen Schulstunden, die sie verschlafen, weil die mangelnde körperliche Bewegung und die monotone Stimme des Lehrers ihre Aktivität lähmt. Wenn wir – was in Zukunft unerläßlich sein wird – unser ganzes Leben hindurch lernen müssen, dann könnten die Lernstunden in der Schule reduziert werden. Eine produktive, bezahlte Arbeit würde dem heranwachsenden Jugendlichen eine langsam wachsende finanzielle Unabhängigkeit geben. Mit der Unabhängigkeit wächst die Eigenverantwortung und die Mitverantwortung.

Wir leben heute in einer Gesellschaft, in der viele Güter allen gemeinsam gehören. Die Verantwortung für diesen gemeinsamen Besitz verbindet uns mit dem öffentlichen Leben und mit der Politik.

Darüber hinaus besitzt jeder von uns Dinge, die seine private Umgebung darstellen. Beides, der gemeinsame und der private Besitz, können besser respektiert werden, wenn die Familie schon darauf vorbereitet.

Mit Taschengeld und willkürlicher Bezahlung von Dienstleistungen degradieren wir das Kind nur zum Almosenempfänger. Zwischen einem Kind, das von seinem Vater allzu lange wirtschaftlich abhängig ist, läßt sich eine echte Partnerschaft nur sehr schwer verwirklichen. Allzuleicht entstehen Konfliktsituationen, in denen der Vater den Sohn fühlen läßt, daß er

der wirtschaftlich Stärkere ist. Nur so kann der Eindruck entstehen, den ein Junge mit den Worten wiedergibt: »In unserer Familie hat der Vater zu bestimmen.« – Warum? – »Weil er der Vorgesetzte ist.«
Bernhard Shaw sagt einmal sarkastisch: »Das Verhältnis zwischen Vorgesetzten und Untergebenen schließt gute Manieren aus.« Sicherlich leidet das Klima in den Familien häufig unter der Machtposition des Vaters und der Machtlosigkeit der Kinder. Solange unsere Kinder nicht, auch finanziell, als mehr und mehr gleichberechtigte Partner neben ihren Eltern stehen, können sich gute – demokratische – Manieren kaum entwickeln.

Die sogenannten guten Manieren

Manieren kann man dressieren. Vor etwa zwanzig Jahren hörte ich eine damals noch junge Frau sagen: »Erziehung ist ein utopisches Bemühen. Das einzige, was man seinen Kindern beibringen kann, sind gute Manieren.«
Als sie so sprach, hatte sie soeben ihrem vierjährigen Sohn einstudiert, wie man einen Diener macht. Wenn er einem Erwachsenen die Hand gab, klappte er zusammen wie ein Taschenmesser, und ihr dreijähriges Töchterchen ging bei jeder Begrüßung tief in die Kniebeuge. Heute sind diese Kinder erwachsen. Sie kennen nicht nur alle Anstandsregeln, sondern befolgen sie auch, und gerade dadurch wirken sie unfreiwillig komisch.

Umgangsformen sind Spielregeln. Ein gutes Benehmen ist in unserem Verständnis zugleich ein schönes Benehmen. Da unser Gefühl für das Schöne und das Nichtschöne sich jedoch beständig verändert, wandelt sich auch unsere Meinung über das, was wir ein gutes und zugleich schönes Benehmen nennen. Die Schauseite unseres Benehmens steht in einer engen Kommunikation mit dem Inhalt. Auf kaum einem Gebiet unseres Lebens sind darum Ethik und Ästhetik so stark voneinander abhängig. Umgangsformen sind Spielregeln. Wenn wir zu viert an einem Tisch von mittlerer Größe sitzen und strecken alle unsere Beine hemmungslos aus, dann stoßen wir unweigerlich aneinander. Also einigen wir uns darauf, daß jeder von uns seine Füße etwas zurücknimmt, damit er die anderen nicht behindert. Aus der Notwendigkeit eines möglichst reibungslosen Zusammenlebens sind unsere Umgangsformen entstanden. Daß dieses Getriebe unseres Zusammenlebens nicht heißläuft, bewirkt eine dem Öl vergleichbare Substanz, die als Liebe, Zuneigung oder gegenseitige Achtung unsere zwischenmenschlichen Beziehungen durchdringt. In Verbindung mit einem guten Benehmen entsteht daraus die freundliche Rücksichtnahme, die Hilfsbereitschaft und ein wohlwollendes mitmenschliches Verhalten. Ohne diese Eigenschaften wirken alle Höflichkeitsbezeugungen kalt und leer, wenn nicht gar abstoßend.

Gutes Benehmen ist kein fester Besitz. Nun sind so schöne Tugenden wie Hilfsbereitschaft und Rücksichtnahme nicht immer und nicht in jedem Fall zu verwirklichen. Sie stellen – wie das gute Benehmen überhaupt – ein Ziel dar, das wir ständig anstreben, ohne es je so zu erreichen, daß wir von uns sagen könnten, wir hätten es in unserem Besitz. Um wieviel weniger können wir von unseren Kindern schon ein gutes Benehmen verlangen. Wenn wir ihnen jedoch glaubhaft vorleben, wie wir selbst immer wieder danach streben, ein gutes und zugleich schönes Benehmen zu erlangen, dann pflanzt sich dieser Wunsch mit ziemlicher Sicherheit in unseren Kindern fort. Aber gerade in diesem Punkt reiben sich heute oft Eltern und Kinder, alt und jung. Draußen im Berufsleben hat der Vater eine bestimmte Vorstellung davon, wie man sich benehmen muß, um nicht anzuecken. Dort tut er des Guten oft zuviel. Um seinen Posten nicht zu verlieren oder einen höheren zu bekommen, nimmt er sich oft mehr zusammen, als es seinem angeborenen Temperament entspricht. Zu Hause wirft er – wie Kleider und Schuhe, die ihn beengen – diese allzuguten Manieren ab. Hier läßt er sich gehen. Von den Kindern verlangt er jedoch das gute Benehmen, das er selbst soeben abgelegt hat. Wenn sie sich ebenso gehenlassen wie er selbst, bricht seine im Beruf unterdrückte Herrschsucht sich rücksichtslos Bahn. Mit harten und beleidigenden Worten weist er seine Kinder zurecht.

In diesem Verhalten tritt die alte autoritäre Grundeinstellung zutage, die dem Vorgesetzten Respekt zollt, während sie vor dem sozial Schwächeren auftrumpft. Gegen diese Einstellung, die dem Prinzip der Gleichberechtigung zuwiderläuft, lehnt sich die Jugend heute auf.

Die Gleichberechtigung in der Familie. Wenn man die heutige Elterngeneration auf ihr undemokratisches Verhalten hinweist, stößt man häufig auf Abwehr. Theoretisch stimmen sie einer Gleichberechtigung zu, in der Praxis sind sie oft unfähig, über den Schatten ihrer Erinnerungen zu springen. Als sie selbst Kinder waren, spielten sich die Erwachsenen vor ihnen als quasi unfehlbar auf. Darum können sie sich so schlecht daran gewöhnen, von ihren Kindern kritisiert zu werden.
»Ein alter Mann bedauerte, so zur Unzeit geboren zu sein, in seiner Jugend hätte er immer schweigen müssen, und jetzt müsse er wieder schweigen, da die Jungen das Wort haben.«
Diesen Satz schrieb vor mehr als 2000 Jahren der griechische Philosoph Demokrit. In seinen »Hinterlassenen Papieren eines lachenden Philosophen« läßt er diesen Alten auftreten, der die – in einer Demokratisierung begriffene – Welt nicht mehr versteht.

Höflichkeit stammt aus der höfischen Zeit. Auch wir streben heute einer Demokratisierung zu, die unser Zusammenleben in der Politik und in der Familie grundlegend verändert. Darum wirken unsere Umgangsformen wie ein Kleid, das uns nicht mehr passen will, aus dem wir herausgewachsen sind. Auf den alten Höflichkeitsformen liegt der Staub der Jahrhunderte. Sie entstammen einer höfischen Zeit, die von gravierenden Standesunterschieden geprägt war. Die damalige Oberschicht nahm sich das Recht eines stolzen, hochfahrenden Auftretens heraus, während die Untertanen sich demütig verbeugten, mit Katzbuckeln und Kratzfüßen, mit Fuchsschwänzeln und Scharwenzeln, und wie die Demutsbezeugungen alle hießen.
Viele Höflichkeitsbezeugungen erinnern immer noch daran, daß sich die damals tonangebende Schicht vorwiegend im Kampf begegnete. Man reichte sich die Hand, da man gewöhnt war, nach dem Kampf zu »ver-handeln«. Dabei reichte man sich die Rechte, die Schwerthand, damit während der Unterhandlung keiner zum Schwert greifen konnte. Man nimmt den Hut ab, wie einst der Besiegte nach dem Kampf den Helm abnahm, um seine Wehrlosigkeit zu demonstrieren. Lange Zeit

wurde diese Ergebenheitsgeste nur von den Untergebenen ausgeführt.

Auch das Niederknien stellt solch eine Demutshaltung dar. Man kniete vor dem Sieger nieder und senkte dabei den Kopf. Indem der Besiegte seinen ungeschützten Nacken vor dem Sieger beugte, hoffte er auf dessen Gnade.

In den Jahrhunderten der Feudalherrschaft kultivierte man vor allem diejenigen Höflichkeitsformen, die es der Oberschicht ermöglichten, sich vom niederen Volk zu distanzieren. Man hütete die sogenannten guten Manieren ebenso eifersüchtig wie den Besitz und die Privilegien. Mit einer entwaffnenden Selbstverständlichkeit stellte sich die jeweils herrschende Klasse als die vollkommene, alle übrigen als minderwertig dar.

Nobel, edel, herrlich nannten die Vornehmen sich selbst, während sie ihre Untertanen als niedrig, gemein, ordinär bezeichneten. Lange Zeit kam es kaum jemand in den Sinn, an dieser Klassifizierung zu zweifeln.

Am sichersten ließ sich diese Ordnung aufrechterhalten, wenn man schon die Kinder der Untertanen von klein auf zum Gehorsam, zur Demut gegen alle Autoritäten, gegen ihre Eltern und gegen alle Mitglieder der herrschenden Klasse erzog.

»Den Kindern der Armen soll Demut und Gehorsam anerzogen werden«, heißt es in einer Chronik, »die Kleidung, die man ihnen gibt, soll von gröbster Art sein, so daß keine Verwechslung mit den Kindern der höheren Klassen möglich ist. Helle, bunte Farben sollen ihnen nicht erlaubt sein, damit sie gar nicht erst Gefallen daran finden lernen. Die Gebete und Lieder, die man sie lehrt, sollen ihnen Arbeitspflicht und Gehorsam einschärfen.«

Die Kinder der Oberschicht dagegen erzog man durch waghalsige Spiele zu draufgängerischem Mut. Arbeit war eines Herrn unwürdig. So entstanden nebeneinander zwei Klassen mit ganz verschiedenen Tugenden und Umgangsformen.

Knigges »Umgang mit Menschen«. Als die Throne der Feudalherren zu wanken begannen, schrieb der Freiherr von Knigge sein berühmtes Buch über den »Umgang mit Menschen«. Viele griffen damals begierig nach diesem Buch, weil sie glaubten, darin bestimmte Regeln des feinen Benehmens zu finden. Für die damalige aufstrebende bürgerliche Welt waren feine Manieren zugleich höfische Manieren, die man getreulich zu kopieren suchte. Wer aber das Buch zur Hand nahm, der stellte zu seinem Erstaunen fest, daß der Freiherr von Knigge für die höfischen Sitten nur beißenden Spott übrig hatte. Er schrieb sein Buch im Gedanken an die beginnende Emanzipierung des dritten Standes, und das Liebäugeln des Bürgers mit den höfischen Sitten erfüllte ihn mit tiefer Sorge: Wenn alle Bürger frei und selbständig werden, und sie benehmen sich alle so egoistisch und rücksichtslos, wie die Höflinge es zu tun pflegen, dann entsteht ein lebensgefährliches Chaos, bei dem einer dem anderen das Wasser abgräbt. Während er den Bürger zur Selbständigkeit ermutigte, ermahnte er ihn zugleich, Rücksicht auf seinen Nebenmenschen und auf die sozial Schwachen zu nehmen.

Knigge glaubte, als er seinen Leitfaden für eine demokratische Gesellschaft schrieb, daß die morsch gewordenen Fürstenthrone auch in Deutschland bald einstürzen würden. Aber dieser Sturz ließ noch über hundert Jahre auf sich warten. Während sich in Frankreich, England und in den Vereinigten Staaten die Gesellschaft längst in demokratischen Umgangsformen übte, schaute in Deutschland der Untertan immer noch furchtsam nach der Obrigkeit, die ihm Verhaltensvorschriften erteilte.

Länger als in anderen Ländern orientierte sich das Zusammenleben in der Familie in Deutschland noch an der alten obrigkeitsstaatlichen Ordnung. Der Vater übernahm die Rolle des Vorgesetzten, nach dessen Gebot sich alles richtete.

Selbst heute, nachdem wir bereits über zwanzig Jahre in einer Demokratie leben, fürchtet man hier und da immer noch den »Verlust der Autorität«.

Partnerschaft zwischen Theorie und Praxis. Wenn man die Eltern fragt, ob sie ihre Kinder zu gehorsamen Untertanen oder zu selbständigen und selbstbewußten Bürgern erziehen möchten, so entscheiden sie sich selbstverständlich für den Bürger. Aber das Wort Gehorsam übt trotzdem immer noch eine magische Wirkung aus und prägt die Spielregeln des Zusammenlebens.

Viele Eltern haben den aufrichtigen Wunsch, sich partnerschaftlich neben ihre Kinder zu stellen und sie mitentscheiden zu lassen. Wenn sich die Kinder dann aber wirklich als gleichberechtigt empfinden, kommt es oft zu Konflikten. Diese Konflikte treten stets dann auf, wenn einer von beiden, Eltern oder Kinder, etwas falsch machen.

Ein Vater erzählte mir empört: »Gestern hat mein Junge zu mir gesagt: ›Du dummes Luder.‹ Na, da hab ich ihm aber 'ne Tracht Prügel verabreicht.« Die Mutter stand daneben und meinte: »Der Junge hat mir ja so leid getan. Vielleicht hat er es gar nicht so böse gemeint, aber so etwas darf er doch auch nicht zu seinem Vater sagen. Der Vater ist doch schließlich der Vater.«

Als ich den Vater frage, warum ihn sein Sohn denn dummes Luder genannt habe, beginnt er zu stottern. Obwohl er es nicht zugeben möchte, geht aus seinem Gerede hervor, daß der Vater dem Sohn unrecht getan und ihn dadurch zum Zorn gereizt hatte. Auch seine Verteidigung mündete in der Feststellung: »Ich bin doch schließlich der Vater!« und dabei beruft er sich auf das vierte Gebot.

Jedermann kennt das vierte Gebot, aber es ist sicher kein Zufall, daß die Auslegung dieses Gebots durch Paulus kaum bekannt ist. Er schreibt in seinem Brief an die Epheser, nachdem er die Kinder ermahnt hat, ihren Eltern zu gehorchen: »Und ihr Väter, reizt eure Kinder nicht zum Zorn.«

Natürlich kommt es immer wieder vor, daß Kinder unartig sind und daß Eltern ihre Kinder zum Zorn reizen. Fehlerlose Eltern und fehlerlose Kinder wären sicher nicht besonders liebenswert. Wenn wir aber erreichen möchten, daß unsere Kinder uns trotz unserer Fehler lieben und achten, dann müssen wir diese Fehler eingestehen und versuchen, sie zu korrigieren.

Erwachsene entschuldigen sich. Einen der Wege, seine Fehler einzugestehen, hat mir einmal ein älterer Mann in einem jugoslawischen Dorf gezeigt. Als ich das erste Mal in seiner Familie zu Gast war und mich von ihm verabschiedete, bat er mich nachzudenken, ob er während meines Besuches irgend etwas falsch gemacht habe, in diesem Falle möchte ich es bitte entschuldigen. Später lernte ich das Dorf und seine Menschen näher kennen, und ich konnte miterleben, wie am Weihnachtsabend der Vater – einer alten Sitte folgend – eine kleine Rede hielt. In dieser Rede bat er seine Kinder in aller Form um Verzeihung für alles, was er ihnen während des Jahres unrecht getan, für alles, was er falsch gemacht hatte. Und die Kinder lehrt man das gleiche, wenn sie so alt sind, daß sie in die Gemeinde der Erwachsenen aufgenommen werden. Ein kleines

Kind, so sagt man, braucht sich noch nicht zu entschuldigen. Es weiß noch nicht, was es tut. Am Abend vor der Konfirmation tritt das Kind vor seine Eltern und bittet sie um Verzeihung, für alles, was es Unrechtes getan hat. Jetzt, wo das Kind in das Erwachsenenalter eintritt, muß es ja lernen, sich zu entschuldigen, wenn es etwas falsch gemacht hat, genau wie der Vater es ihm immer wieder vormacht.
Wenn wir unter diesem Gesichtspunkt die sogenannten Unarten unserer Kinder, aber auch unsere eigenen Fehler betrachten, bekommt das Zusammenleben in der Familie ein humaneres Gesicht.
Auch Väter lassen gelegentlich ihre Schirme in der Straßenbahn stehen, auch Mütter stoßen hin und wieder Kaffeetassen um, zerbrechen Gläser oder kostbare Vasen. Und was für Zensuren würden die Eltern wohl nach Hause bringen, wenn sie wieder einmal zur Schule gehen müßten?
Kinder werden wegen solcher Unzulänglichkeiten beschimpft, geschlagen oder in mehr oder weniger versteckter Form gedemütigt, wie ein Junge berichtet:
»Wenn ich eine ›Fünf‹ schreibe, kriege ich Hausarrest und eine Backpfeife.«

Wie kritisiert man Kinder? Die Gedankenlosigkeit eines Erwachsenen, der mit schmutzigen Schuhen unser Haus betritt und lehmige Spuren auf unserem Teppich hinterläßt, wird nachsichtig übersehen oder höflich, freundlich, mit Humor kritisiert. Ein Kind erfährt meist in barschem oder energischen Ton, was es falsch gemacht hat.
Wir erwarten vom Kind, daß es sich so verhält, wie wir uns gerne benehmen möchten. Dabei vergessen wir immer wieder, daß das Kind nicht nur die Schauseite unseres Benehmens erlebt, es bemerkt, da es die Dinge aus seiner Perspektive betrachtet, auch unsere Schattenseiten, die wir oft – unter uns Erwachsenen – voreinander verbergen.
Ein kleines Mädchen schüttelte, unter dem Tisch sitzend, nachdenklich den Kopf: »Komisch, von unten, von der Seite, die ich immer sehe, ist der Tisch so häßlich, kein Anstrich, schmutzige Zettel kleben daran. Nur oben, die Seite, die ihr immer seht, ist schön.«
Wenn das Kind die Kehrseite unseres Benehmens bemerkt und erstaunt darauf hinweist, müßten wir ihm eigentlich dankbar

sein, denn nun können wir es beim nächsten Mal besser machen.

Was heißt »artig« sein? Beim Kind rechnen wir damit, daß es sich »artig« verhält. Unter artig verstehen wir soviel wie ausgeglichen, also völlig normal. Dabei weiß jedermann, daß es den normalen Menschen gar nicht gibt. Gerade unsere Eigenarten machen uns zu dem, was wir sind. Eine grobe Gliederung teilt die Menschen von alters her in Sanguiniker und Melancholiker, in Phlegmatiker und Choleriker ein. Diese Anlagen kommen selten in reiner Form vor. Aber bei dem einen oder anderen tritt doch die eine oder andere Eigentümlichkeit stark zutage. Einen Erwachsenen, der gelegentlich oder häufig aus der Haut fährt, erträgt man, weil man sich sagt, der ist nun mal so. Einem Kind dagegen verzeiht man seine Zornausbrüche so leicht nicht.
Im Laufe der Zeit lernt das Kind aus der Erfahrung, daß man den Zorn des Erwachsenen ertragen muß, daß man selbst aber seinen Zorn zurückhalten muß. Darum sagt ein Junge: »Die Eltern nehmen für sich das Recht in Anspruch, uns zu schlagen. Dieses Recht geben sie uns Kindern nicht. Wenn ihr Kind sie trotzdem schlägt, fangen sie an zu jammern: Was haben wir denn getan. Dabei muß ein Kind wirklich Wut haben, wenn es nach seinen Eltern schlägt. Aber die Hintergründe kommen meist nicht ans Licht.«
Weil die Kinder das wissen, verhalten sie sich dementsprechend:
»Wenn mir mein Vater im Zorn eine haut, muß ich meinen Zorn abreagieren, indem ich das Weite suche. Wenn ich meinem Vater eine hauen würde, müßte ich ›Renn, Buddy, renn‹ spielen. Ich würde vor Weinachten nicht wiederkommen.«
Hätte sich der zornige Vater anschließend bei seinem Sohn entschuldigt, wäre das Gleichgewicht wiederhergestellt. Da das nur selten geschieht, leiden viele Kinder unter einer regelrechten Gleichgewichtsstörung in der Familie. Ihr Benehmen bekommt schließlich – je nach Temperament – eine Schlagseite: entweder sie gewöhnen sich ein unterwürfiges, unaufrichtiges Benehmen an, oder der aufgestaute Trotz äußert sich, sobald sie auf eigenen Füßen stehen, in einem herrischen und rücksichtslosen Auftreten.

Unart und Eigenart. Gleichzeitig unterdrücken wir damit permanent seine Eigenart. Ein artiges Kind wäre eine Kind ohne Eigenschaften. In den Unarten drückt sich nicht selten die wachsende Eigenart aus. Anstatt sie zu bestrafen, sollten wir sie beobachten. Bei jedem Kind können wir schon mehr oder weniger ausgeprägte Eigenschaften erkennen: Selbstbewußtsein oder Bescheidenheit, Vorsicht oder Entschlossenheit, Sensibilität, Aktivität, Anlehnungsbedürfnis. Wenn sich diese Eigenschaften mit bestimmten Neigungen und Fähigkeiten verbinden, wächst daraus die Persönlichkeit, der einmalige, unaustauschbare und unverwechselbare Mensch. Wenn das Kind bei diesem Wachstumsprozeß hin und wieder unsere konventionellen Vorstellungen von Art und Unart, von Ordnung und Sauberkeit stört, so sollten wir darauf nicht anders reagieren als auf das störende Verhalten eines Erwachsenen.
Wenn mein Nachbar etwas tut, was mich in unerträglichem Maße stört, biete ich ihm keine Tracht Prügel an. Ich gebe ihm weder eine Ohrfeige noch einen gutgemeinten Klaps, sondern mache ihn taktvoll, am besten mit einer Prise Humor, auf sein falsches Verhalten aufmerksam. Wenn wir uns erst an den Gedanken gewöhnt haben, daß es ein Zeichen von schlechten Manieren ist, wenn wir unsere Kinder schlagen, anschnauzen oder anbrüllen, dann werden freche und unaufrichtige Kinder Seltenheitswert bekommen.

Vorschulerziehung im Elternhaus

Die Sprache, ein wertvolles Instrument

Liebe ist mehr als ein Gefühl. Ein gutes Verhältnis zwischen Eltern und Kindern – wer wünscht sich das nicht. Aber es fällt einem genausowenig in den Schoß wie eine gute Ehe. Beides entwickelt sich in einem langsamen Prozeß.
Am Anfang steht etwas sehr Positives, bei der Ehe wie beim neugeborenen Kind. Bei beiden beginnt es mit Liebe, Zuneigung und Sympathie. Aber dieses eingebrachte Kapital an Liebe verbraucht sich sehr schnell, wenn wir nicht zu gewissen

physischen und psychischen Anstrengungen bereit sind. Auch die Verstandeskräfte sollte man dabei nicht schonen.
Hierbei unterscheiden sich allerdings die Ehe und das Verhältnis zwischen Eltern und Kindern. Die Ehe beruht von Anfang an auf Gegenseitigkeit. Jeder tut etwas für den anderen, während die Eltern ihren Kindern gegenüber zunächst einmal die Gebenden sind. Das macht die Kinder in einem gewissen Alter – scheinbar – etwas egoistisch.
Kinder kommen hilflos zur Welt. Sie müssen, um überleben zu können, gefüttert, umsorgt und gepflegt werden.
Mit der wachsenden Selbständigkeit des Kindes ändert sich dieser Zustand. Nach und nach braucht das Kind etwas weniger Fürsorge, etwas weniger Aufmerksamkeit. Mit zwei Jahren lernt es essen, mit drei Jahren zieht es seine Kleider und Schuhe an.

Nehmen und geben. Wenn es bis jetzt nur der nehmende Teil in der Familie war, so übt es sich jetzt – spielerisch zunächst – auch im Geben. Es betreut seine Puppe, seinen Bär, so wie es selbst vorher von den Eltern betreut wurde.
Kinder, die allzu lange und allzu perfekt oder aber mangelhaft betreut werden, haben auf dieser Übergangsstufe oft Schwierigkeiten. Sie möchten den Zustand, in dem sie die Nehmenden und die Eltern die Gebenden sind, erhalten. Dabei kommt es häufig zu – scheinbar – unmotivierten Trotzreaktionen. Viele Eltern und sogar Psychologen sind der Meinung, daß alle Drei- bis Vierjährigen irgendwann einmal eine Trotzperiode durchmachen. Dieser Irrglaube konnte entstehen, weil viele Eltern (besonders diejenigen, die einen Psychologen aufsuchen) ihren Kindern auf dieser Übergangsstufe vom Nehmen zum Geben keine Brücken zu bauen wissen.
Wenn die körperliche Betreuung nachläßt, setzt der Wissensdrang ein. Indem die Eltern diesem Wissensdrang Nahrung und Spielraum gewähren, wächst das Kind langsam in die Rolle des Nehmenden und Gebenden und in ein harmonisches Verhältnis zu seiner Umwelt hinein.

Darf man die geistige Entwicklung dem Zufall überlassen? Während die meisten Eltern heute der körperlichen Pflege (Nahrung und Kleidung) große Aufmerksamkeit zuwenden, überlassen sie die geistige Entwicklung immer noch mehr oder

weniger dem Zufall. Das haben nicht einmal unsere Großeltern getan. Aber ihre Erziehungsregeln sind mit Recht in Vergessenheit geraten, weil sie einer obrigkeitsstaatlichen Gesellschaft dienen sollten. Zudem sind die Umweltbedingungen, in die unsere Kinder heute hineinwachsen, ungleich differenzierter und komplizierter. Um so mehr brauchen sie aber Eltern, die ihnen auf dem Weg in diese neuen, vielschichtigen Lebensbedingungen helfend zur Seite stehen.
Vieles ist dabei auch für die Eltern neu, anders als zu ihrer eigenen Kindheit. Das gibt ihnen die Chance, gemeinsam mit ihren Kindern Neues aufzunehmen. Wo die Kinder lernen, können die Eltern umlernen oder hinzulernen. So stellen sie sich nicht mit erhobenem Zeigefinger über, sondern mitlernend neben ihre Kinder.

Sprechen – aber wie? Um uns in dieser Welt zurechtzufinden, bedienen wir uns der Sprache. Wir benützen sie wie ein Instrument, auf dem wir Töne hervorbringen. Irgendwie lernt jedes Kind einmal sprechen, aber wenn wir das Sprechenlernen völlig dem Zufall überlassen, erweist sich dieses Instrument unter Umständen als grob, als ungepflegt, ungeschliffen oder ungenau.
Ich erinnere mich einer Mutter, die immer sehr schnell und sehr unartikuliert sprach. Sie hat erreicht, daß ihre sechs Kinder sich eine ebensolche undeutliche Aussprache aneigneten. Eine ihrer Töchter wollte Lehrerin werden. Sie merkte selbst gar nicht, daß die Kinder ihre Sprechweise nur mit großer Anstrengung verstehen konnten. So schob sie die Schwierigkeiten, die dabei entstanden, den Kindern in die Schuhe. Schließlich versuchte sie durch Lautstärke auszugleichen, was sie an Deutlichkeit vermissen ließ. Dabei wurde natürlich der Kontakt zu den Kindern keineswegs besser.
Wer Kinder erzieht, sollte seine eigene Sprechweise zunächst einmal kritisch beobachten. Dabei ist das Tonband ein hervorragendes Hilfsmittel. Man muß seine eigene und die Stimme seiner Freunde erst einmal auf Band gesprochen hören, dann wird einem auf einmal bewußt, auf wievielerlei Weise man reden kann: laut und leise, langsam und schnell, deutlich und undeutlich, sicher und unsicher, geziert und natürlich, freundlich und unfreundlich, abgehackt und fließend – diese Aufzählung läßt sich noch beliebig ergänzen.

Während wir uns selbst beobachten, erkennen wir Schwächen und Fehler, die wir an unseren Kindern nicht gerne sehen möchten. Ehe sich unsere Kinder eine möglicherweise unschöne oder falsche Sprechweise von uns angewöhnen, können wir diese Fehler korrigieren.

Um mit der Sprache vertraut zu werden, geht das Kind anfangs spielerisch mit ihr um. Es wiederholt die Wörter in rhythmischer Folge. Oft singt es seine ersten einfachen Sätze. In diesen ersten Lebensjahren holen wir die alten Kinderreime aus unserm Gedächtnis hervor, die sich zum Teil über Hunderte von Jahren von einer Generation auf die andere erhalten haben.

Die Dinge erkennen und benennen. Spielend erweitert das Kind seinen Wortschatz, dabei haben die Eltern Gelegenheit, ihm unaufdringlich zu helfen. Wenn es seine Bausteine um sich herum aufbaut, lernt es die Grundfarben kennen und benennen. Wenn es die Farben unterscheiden kann, spielen wir Farbensuchen: »Ich sehe was, was du nicht siehst, es ist rot«, dabei suchen wir alle Gegenstände im Raum, die rot aussehen.

Beim Malen mit Buntstiften lernt es bald die Unterschiede zwischen helleren und dunkleren Tönen: hellrot, dunkelblau . . ., aber auch die Zwischentöne: blaugrün, rotgelb usw. kennen. Jetzt können wir das Suchspiel erweitern. Wir halten Ausschau nach allen rotgelben, hellgrünen Gegenständen. Dabei lernt das Kind die genauere Bezeichnung der Farben und zugleich die Namen der verschiedenen Gegenstände.

Sammelbegriffe. Während wir unsere Aufmerksamkeit auf die Gegenstände lenken, stellen wir fest, daß bestimmte Dinge zusammengehören. Daraus ergibt sich ein neues Spiel: Was gehört z. B. alles zu dem Sammelbegriff Obst oder Gemüse oder Möbel oder Spielzeug usw. Man kann dieses Spiel im Zimmer, im Freien, auf einer Reise spielen. Man kann es bei der Betrachtung eines Bilderbuchs beginnen.

Zur Erweiterung dieses Spiels fertigen wir uns viele bunte Kärtchen an, auf denen vielerlei Obstsorten, allerlei Kleidungsstücke, Hausrat, Spielzeug zu sehen ist, auf jedem Kärtchen ein anderer Gegenstand. Zu diesem Zweck schneiden wir aus Reklameseiten oder Warenkatalogen die betreffenden Bilder heraus und kleben sie auf die Kärtchen. Nun werfen wir alle Kärtchen durcheinander und suchen heraus: »Was gehört zum Sammelbegriff Obst, was zu Kleidung, zu Gemüse, zu Spielzeug?«

Die Anfangsbuchstaben. Wenn wir die Gegenstände aufzählen, bemerken wir eines Tages, daß viele Wörter auf dieselbe Art anfangen. Wir suchen darum gemeinsam einmal Wörter, die mit B anfangen: Baum, Butter, Bach, Bein, usw. Dabei kommt der Unterschied zwischen B und P zur Sprache. Also suchen wir das eine Mal Wörter mit B und ein anderes Mal Wörter mit P: Pantoffel, Paket, Pony, usw. Dieses Spiel dehnen wir nach und nach auf alle Buchstaben aus.

Plural und Umlaut. Eines Tages fällt uns auf, daß es von derselben Sache eines und viele gibt, und während wir den Plural bilden, bemerken wir, daß einige Wörter sich in der Mehrzahl verändern. Wir suchen Wörter wie »Kind« und »Kinder«, also Wörter, die sich nicht sehr viel verändern, und solche, die sich etwas mehr verändern, wie: Apfel – Äpfel, Mutter – Mütter.
Bei diesem Spiel mit dem Plural lernt das Kind eine klare Aussprache. Ebenso bei dem Umlaut, der bei der Verkleinerung entsteht. Wir suchen und finden dazu die entsprechenden Ausdrücke:
Puppe – Püppchen, Hahn – Hähnchen, Baum – Bäumchen, Ball – Bällchen. Diese Wortveränderungen kann man gut im Sprechgesang spielen. Kinder lieben den Rhythmus und leiern dazu eine abfallende Tonfolge.

Richtige Aussprache. Schwierigkeiten bereitet den Kindern oft die Häufung von Konsonanten in einem Wort. Darum suchen wir einmal gemeinsam schwierige Wörter, wie Schnecke, Schlüssel, Kneifzange, Schornstein, Schmutz.
Um die richtige Aussprache der Vokale zu üben, machen wir Tierstimmen nach: wie macht der Esel, die Katze, der Hund, usw. Oder wir suchen uns aus einem Memoryspiel alle Gegenstände heraus, in denen a, e, i, o oder u vorkommen.

Dativ und Akkusativ. Zum richtigen Sprechen gehört auch die richtige Anwendung des Dativs und Akkusativs. Um das Kind an den richtigen Gebrauch dieser Fälle zu gewöhnen, wenden

wir in der Unterhaltung gelegentlich Sätze an, in denen diese Fälle vorkommen: Ich wasche dich – wir geben dir etwas zu essen u. ä. Oder wir fordern durch Fragen die entsprechenden Antworten heraus, damit dem Kind allmählich bewußt wird, daß auf die Frage »wo?« mit dem Dativ und auf »wohin?« mit dem Akkusativ geantwortet wird.
Um uns im Gebrauch der Fälle zu üben, spielen wir »Koffer packen«. Da wird ein Koffer mit vielerlei Kleidungsstücken verpackt: Ich gebe dir (oder dem Vater) den Strumpf, der andere antwortet: ich lege den Strumpf in den Koffer. Die Kinder suchen dabei immer neue Gegenstände, die man in einen Koffer packen kann.
Da oft das besitzanzeigende Fürwort verwechselt wird (dritte Person Singular wird oft mit der dritten Person Plural verwechselt), wenden wir im Gespräch des öfteren Sätze an, in denen diese Wörter vorkommen, z. B. »Gib mir den Bleistift, das Handtuch, die Schlüssel.« – »Der Bleistift gehört mir, die Schlüssel gehören dem Vater.« In diesem Zusammenhang singen wir das Lied:
»Jetzt steht Hannemann von seinem Bettchen auf ...«
»Jetzt steht Frau Hannemann von ihrem Bettchen auf ...«
Oder wir spielen mit Handpuppen und lassen dabei den Hans und die Grete im Gespräch grammatische Fehler machen, die die Kinder leicht erkennen und verbessern. Bei Fehlern, die die Kinder noch nicht merken, spricht nur der Hans das Wort verkehrt aus, daraufhin verbessert Grete ihn, und die Kinder helfen ihr dabei.

Das Gegenteil und die Steigerung – Gegenwart und Vergangenheit. Zu den Sprachspielen, die den Kindern Spaß machen, gehört auch das Suchen des Gegenteils. Ich sage »warm«, und die Kinder rufen »kalt«, so geht es weiter: naß – trocken, rauh – weich, schnell – langsam, und so fort.
Wie wir mit den Gegensätzen spielen, so können wir auch Steigerungsformen bilden: warm, wärmer, am wärmsten. Dabei sagt einer das erste Wort, die anderen ergänzen. Bei einem anderen Spiel sagt einer von uns einen Satz in der Gegenwart, z. B. »Ich bringe der Mutter Blumen«. Die anderen sprechen ihn in der Vergangenheit: »Ich brachte der Mutter Blumen.« Auch an diesem Spiel können sich ohne große Schwierigkeiten mehrere beteiligen.

Reimereien. Viel Spaß macht auch das Reimebilden. Einer sagt »Maus«, der andere ruft »Haus«. Nun muß derjenige, der Haus gerufen hat, ein neues Wort sagen. Wir können auch viele Wörter suchen, die sich auf ein Wort reimen. Einer sagt z. B. »Baum«, darauf suchen wir alle Wörter, die sich darauf reimen: Traum, Saum, Schaum, usw.
Manchmal beginnt einer von uns einen Satz mit einem Wort, und die anderen suchen dazu das passende Tätigkeitswort: Der Vogel – fliegt. Das Auto – fährt. Der Hund – bellt usw. Wir können aber auch mit einem ganzen Satz beginnen und die Kinder bitten, an diesen Satz eine ganze Geschichte anzuknüpfen.
Ein anderes Mal drehen wir die Geschichte um und spielen »Verkehrte Welt«. Ein alter Kinderreim beginnt:
Ein Dorf in einem Bauern saß,
der gerne Löffel mit Milch aß.
In ähnlicher Weise ordnen wir einmal zum Spaß alle Dinge zueinander, die nicht zueinander gehören, oder drehen, wie in dem Kinderreim, alles um.
Solche und ähnliche Sprachspiele kann man bei den verschiedensten Gelegenheit beginnen. Das drei- bis sechsjährige Kind spricht mit dem größten Vergnügen. Um so freudiger geht es auf die Sprachspielereien ein.

Der Zeitbegriff. Während wir mit ihm reden, lassen wir hin und wieder Zeitbegriffe in unser Gespräch einfließen. Zunächst sprechen wir einmal von vorhin, von heute morgen, von gestern und von morgen. Später erwähnen wir auch gelegentlich Dinge, die vor einem Jahr geschehen sind. Gemeinsam versuchen wir uns vergangener Dinge zu erinnern. Während wir uns gewesene Ereignisse ins Gedächtnis zurückrufen, ermuntern wir das Kind, sie zu erzählen und diese Erlebnisse auch einmal anderen mitzuteilen: »Das mußt du mal dem Vater erzählen, der war damals nicht dabei.«
Bei dieser Erinnerung an Vergangenes regen wir das Kind auch hin und wieder an, die Dinge, die es erlebt hat, kritisch zu bedenken und zu beurteilen, ob sie ihm angenehm, unangenehm, wichtig oder unwichtig erscheinen.

Sehen und beurteilen. Auch wenn wir gemeinsam im Selbstbedienungsladen einkaufen, greifen wir nicht stumm und unüberlegt in die Regale, sondern unterhalten uns mit dem Kind über den Sinn und Zweck der Dinge, die wir einkaufen oder auf die wir lieber verzichten möchten. Dabei lernt es neue Begriffe und Bezeichnungen kennen. Es gewöhnt sich daran, gute und schlechte, notwendige und überflüssige Waren zu unterscheiden, ja, es ist auch schon in der Lage, die Werbung danach zu beurteilen, ob sie uns informieren oder zum Kauf überreden will. Beim Einkauf, beim Anschauen des Werbefernsehens oder der vielen Prospekte, stets können wir bei kritischer Betrachtung das Urteilsvermögen schulen und das Bewußtsein erweitern.

Zur Meinungsbildung hat das Kind heute oft Gelegenheit. In Zeitung und Zeitschriften, im Rundfunk und Fernsehen hört und sieht es Bilder, Geschichten, Ereignisse, über die wir uns mit ihm unterhalten können. Durch unsere und seine eigenen Fragen und Hinweise übt es sich im Nachdenken, und es kann entscheiden, ob eine Sache positiv oder negativ oder wie immer zu beurteilen ist. Und indem wir mit ihm darüber sprechen, werden wir es auch anregen, zu begründen, warum diese oder jene Sache gut oder schlecht ist.

Hierbei erfahren Kinder und Eltern gemeinsam, daß man eine Sache auf ganz verschiedene Weise sehen kann. Man kann etwas sehr genau betrachten oder über eine Sache hinwegsehen. Man kann einfach zusehen oder etwas einsehen. Man kann etwas durchschauen, und man kann etwas in eine Sache hineinsehen.

Indem Kinder und Eltern häufig miteinander über Dinge reden, die sie umgeben, entwickelt sich langsam das, was wir die Persönlichkeit nennen. In der Schule, aber auch im Kindergarten gibt man dem Kind viel zu wenig Gelegenheit zum Sprechen. Da es sich hier vorwiegend im Zuhören übt, paßt es sich oft mehr an, als ihm zuträglich ist. So verkümmert sein Selbst, ehe es sich richtig entfalten konnte.

Erst wenn der Mensch selbst spricht, wenn er sich ausdrücken lernt, gewinnt er an Selbstbewußtsein. Viele Menschen werden heute aus dem einfachen Grunde nicht gehört, weil sie sich nicht richtig artikulieren können, weil sie ihre Gedanken nicht in eine verständliche Form zu bringen wissen.

Sprechen muß man üben. Lange Zeit waren die Kinder der Arbeiter den Kindern des Bildungsbürgertums nicht zuletzt darum in der Schule unterlegen, weil in ihren Familien zuwenig gesprochen wurde. Wo man sich beim Reden auf das Notwendigste beschränkt, da geht auch der Wortschatz nicht über den Bedarf des täglichen Lebens hinaus.

Mit der wachsenden Zahl der Druckerzeugnisse wächst auch der Wortschatz. Das Fernsehen vermittelt Wörter und Begriffe, die viele Zuschauer vorher gar nicht kannten. Pessimistische Kritiker schieben zwar heute oft dem Fernsehapparat die Schuld daran in die Schuhe, daß in manchen Familien heute so wenig gesprochen wird. Das mag bei bestimmten Familien und über eine gewisse Zeit hinweg durchaus zutreffen. Ganz allgemein kann man jedoch beobachten, daß der Fernseher Gesprächsstoff ins Haus bringt, der vorher noch gar nicht existierte. Hier werden Interessen geweckt, die im Einerlei des Alltags eingeschlafen waren.

In einer Familie, in der man sich aussprechen kann, fühlt man sich zu Hause. Durch den Inhalt und durch die Art des Gesprächs bekommt jede Familie ihr eigenes Gesicht. Indem das Kind mit seinen Eltern spielend lernt und seinen Gesichtskreis durch Gespräche erweitert, fühlt es sich als Person anerkannt. Dieser lebendige Kontakt zur Familie bedeutet jedoch keine Fessel.

Gespräche erweitern den Gesichtskreis. In der Vergangenheit wertete man die Familie oft als einen Ort der Geborgenheit. Hier konnte und sollte der junge Mensch Wurzeln schlagen. Heute sind – in unserer mobilen Gesellschaft – auch diese Wurzeln mobilisiert. Darum hat die Familie nicht mehr die Aufgabe, das Kind an das Elternhaus zu binden. Familie ist heute überall, seitdem der Gedanke, daß die ganze Menschheit eine Familie darstellt, mehr und mehr ins öffentliche Bewußtsein dringt.

Auf das Zusammenleben in dieser Menschenfamilie bereitet das Elternhaus die Kinder heute vor. Es bietet ihnen die Möglichkeit, ihre Persönlichkeit zu stabilisieren, damit sie später unter den verschiedensten Gegebenheiten und sozialen oder geographischen Bedingungen ihr eigenes Ich und die Belange der Allgemeinheit miteinander in Einklang bringen können.

In der Familie, beim gemeinsamen Spielen und Lernen macht das Kind die ersten Gehversuche als Ich, um mit dem Du und dem Wir ins Gespräch und zu einer Verständigung zu kommen.

Auf Fragen antworten. Oft wird es jedoch schon früh in diesem Wachstum gehemmt, wenn die Eltern bei den tausend Fragen der Kinder die Geduld verlieren und nicht mehr antworten wollen. Die Wißbegier des Kleinkindes, die sich darin äußert, daß es nahezu alles anfassen, »begreifen« möchte, drückt sich auch sprachlich aus. Immer wieder möchte es Geschichten hören. Immer wieder möchte es auch selbst sprechen. Irgendwann zwischen dem dritten und fünften Lebensjahr kommt eine Zeit, da steht der Mund einfach nicht mehr still.
Während dieser Zeit beginnt auch das Frage-und-Antwort-Spiel. Warum, woher, wohin . . .? Anfangs antworten die Eltern, einmal, zweimal, wenn das Kind wissen will: Woher kommt das Wasser, wie kommt es in die Wasserleitung, in die Talsperre, in die Flüsse, in die Regentropfen, in die Wolken. Sie antworten, solange ihre Geduld reicht oder solange sie eine Antwort wissen. Manchmal ist der Punkt schon bei der ersten oder zweiten Frage erreicht. Halt deinen Mund, heißt es dann oder: hör endlich auf mit der Fragerei.
Warum geben Eltern nicht offen zu: Das weiß ich auch nicht so genau, schauen wir mal gemeinsam nach! Ein Lexikon gehört eigentlich in jede Familie, die Kinder hat, denn wer weiß schon alles, was Kinder wissen möchten.
Wo das Kind Antworten auf seine Fragen bekommt, da reißt das Gespräch eigentlich nie ab, denn die Fragen hören ja nie auf.

Das Gespräch als Brücke zur Welt. Am lebendigsten bleibt das Gespräch dort, wo gemeinsame Interessen die Familie verbinden. Ganz gleich, ob man sich für Sport, für Briefmarken, für Technik, Politik oder bestimmte Wissensgebiete interessiert, hier reißt der Gesprächsfaden nicht ab.
Viele Familien zerfallen ganz einfach an ihrer Sprachlosigkeit. *Bert Brecht* legt einmal einer Mutter in einem Gedicht die Worte in den Mund:

> »Immerfort hört man, wie schnell
> die Mütter ihre Söhne verlieren, aber ich

behielt meinen Sohn. Wie behielt ich ihn?
Durch die dritte Sache.
Er und ich waren zwei, aber die dritte
gemeinsame Sache, gemeinsam betrieben, war es,
die uns einte.
Oftmals selber hörte ich Söhne
mit ihren Eltern sprechen,
Wieviel besser war doch unser Gespräch
über die dritte Sache, die uns gemeinsam war,
vieler Menschen große, gemeinsame Sache!
Wie nahe waren wir uns, dieser Sache
nahe. Wie gut waren wir uns, dieser
guten Sache nahe.«

Wo das gemeinsame Gespräch zu versiegen droht, da versucht manche Mutter es wieder durch Fragen in Gang zu bringen: »Wie war es in der Schule? – Was hast du heute gemacht? – Wo warst du so lange?« Aber solche Fragerei setzt kein Gespräch in Bewegung.
Bei einem Gespräch steht Aussage gegen Aussage, Argument gegen Argument gleichberechtigt nebeneinander. Dabei lernt man redend und zuhörend, sich mit einer Sache auseinanderzusetzen. Durch Rede und Gegenrede entwickelt sich ein lebendiger Meinungsaustausch.

Die Welt des Kindes ist unsere Welt

Kinder brauchen Tuchfühlung. Die junge Familie bekommt eine neue Wohnung. Jetzt wird unser Kind endlich ein eigenes Zimmer haben, sagen sich die Eltern und richten es mit Sorgfalt und Geschmack ein. Ein Bett und ein Tisch, ein geräumiger Schrank, in dem auch die vielen Spielsachen ihren Platz finden – da wird das Kind sich wohl fühlen.
Aber nach einigen Wochen stellen sie fest: das Kind will nicht im Kinderzimmer spielen. Es zieht mit seinem Krimskram immer dorthin, wo sich die Eltern oder wenigstens einer von beiden gerade befinden.
Manche Erwachsenen stellen sich die Welt des Kindes als eine Art Naturschutzpark vor, nett und freundlich eingerichtet,

aber doch durch ein schützendes Gitter von unserer Welt getrennt. Bei Licht betrachtet erweist sich diese Vorstellung jedoch gar nicht so kinderfreundlich, wie sie sich gibt. Diese Erwachsenen möchten gar nicht so sehr das Kind, sondern vielmehr sich selbst vor dem Kind schützen, das – sobald es in die Welt der Erwachsenen einbricht – einige Unordnung anrichtet und dabei so manche liebgewordene Gewohnheit in Frage stellt.

Die Spielgefährten und ihre Eltern. Die Welt des Kindes, das ist unsere Welt, dort fühlt es sich zu Hause. Das heranwachsende Kind entdeckt eines Tages auch die Freuden des Alleinseins. Das Vorschulkind dagegen möchte am liebsten da sein, wo wir auch sind, und das tun, was wir auch tun. Da wir uns jedoch nicht ständig in seiner Nähe aufhalten können oder wollen, sehen wir uns nach Spielgefährten um, die hin und wieder in unserer Wohnung, mal in der Wohnung der Freunde zusammenkommen. Natürlicherweise vertragen sich die Kinder gut miteinander. Zu Reibereien kommt es jedoch fast immer da, wo Kinder dazwischen sind, die von ihren Eltern mehr oder weniger autoritär erzogen wurden. Diese Kinder treten hin und wieder in der Spielgemeinschaft dadurch hervor, daß sie über die anderen herrschen möchten, dabei entsteht fast immer Streit.
Damit unsere Vorstellungen von Erziehung sich nicht durchkreuzen, sollten wir uns von Zeit zu Zeit mit den Eltern der Spielgefährten unserer Kinder unterhalten. Vielleicht tauschen wir einmal ein Buch über Erziehungsfragen aus und diskutieren darüber. In diesen Gesprächen wird uns bald klarwerden, was unsere Kinder brauchen. Sicher ist ein geregelter Tageslauf eine der Vorbedingungen, die dem Kind das Gefühl der Sicherheit in einer Familie vermitteln.

Unsere Welt ist keine Zwangsanstalt. Dieses Bedürfnis nach Regelmäßigkeit sollten wir jedoch nicht ständig bis in alle Einzelheiten und nicht mit Gewalt durchsetzen wollen. Wir erreichen so gut wie nichts, wenn wir das Kind zum Essen oder zum Waschen zwingen. Es hat seine Gründe, wenn es nicht so regelmäßig essen will, wie wir es uns angewöhnt haben, und waschen wird es sich auch eines nahen oder fernen Tages ohne unser Drängen. Manche Eltern möchten ihre Kinder zu einem bestimmten Verhalten zwingen, weil sie befürchten, daß sie sich in der Welt nicht schnell genug zurechtfinden werden. Aber, was ist das für eine Welt, in die man hineingezwungen wird? Ich möchte, daß mein Kind eine Welt kennenlernt, in der es gerne lebt und arbeitet. Darum richte ich meine Wohnung so ein, daß nicht überall Verbotsschilder aufgerichtet werden müssen. Unlängst erhielt ich einen Brief einer Großmutter, die in ihrem Haus die junge Familie ihrer Tochter mit zwei kleinen Kindern aufgenommen hat, sie schreibt mir:

Die Welt begreifen, heißt alles anfassen. ». . . Meine Tochter hat inzwischen noch einen Jungen bekommen. Es ist schön, aufregend, faszinierend, laut – unbeschreiblich, wie viele Gegenstände ich besitze, die immer vom Fußboden aufgehoben werden müssen. Ich hatte auch schon vergessen, daß das Wasser für Kinder unwiderstehlich ist. Wunderbar zu sehen, wie manchmal alles schwimmt, auch die Teppiche. Tim ist jetzt zwei Jahre und einen Monat alt. Ein kluger, schon sprechender Junge. Aber ein Biest. Kennt alle meine schwachen Seiten. Es genügt, nur das Stimmchen zu hören: Bitte, bitte, gib mir! Und es gibt kein Nein. Schlank, blond, braune Augen. Und die zweite Ausgabe heißt Til. Dick, unheimlicher Mund, in dem alles mögliche verschwindet. Selten satt zu kriegen. Versucht zu sitzen. Aber die fette Masse stört ihn, er kugelt immer runter. Einmalig für ein acht Monate altes Kind, er will nicht kriechen. Und wenn er auf dem Teppich liegt, rollt er nur, ganz, ganz schnell, wie ein Wiesel im Feld.«
Diese Großmutter weiß aus Erfahrung – was manche junge Mutter noch nicht weiß –, daß die Teppiche eines Tages nicht mehr schwimmen. Sie weiß auch, daß die Kinder nicht dümmer, sondern klüger werden, wenn sie den Wassereimer umwerfen und die Wirkung beobachten, die sie damit hervorrufen.

Was man in der Küche alles lernt. Die Welt beginnt für das Kind im Wohnzimmer, in der Küche. Hier lernt es die Haushaltsgeräte, ihre Namen und ihre Funktion kennen, den Staubsauger und das Staubtuch, das geliebte Wasser, den Aufnehmer, den Schrubber und die Spülbürste. Was hindert uns ei-

gentlich daran, unsere Kinder, die so gerne im Wasser pantschen, Geschirr spülen, den Fußboden aufwischen zu lassen. Auch wenn dabei die Küche hin und wieder schwimmt.
Beim Kochen und beim Kuchenbacken kann auch das Drei- bis Sechsjährige schon mithelfen. Bei dieser Gelegenheit werde ich ihm – nach und nach – darüber berichten, wer alles für uns sorgt. Wer bringt uns die Milch ins Haus, woher kommen die Kohlen oder das Heizöl, der Strom, das Gas. Auf welchen Wegen kommen die Lebensmittel in das Geschäft, aus dem wir sie kaufen.

Riechen, schmecken, tasten. Hier in der Küche gibt es aber auch viele Möglichkeiten, seine Sinne zu üben und zu schärfen. Hier erfährt man, wie Pfeffer riecht, daß Käse gut und Seife gar nicht gut schmeckt. Wenn die Freunde zu Besuch kommen, spielen wir »Augen verbinden und raten«. Zuerst probieren wir mit verbundenen Augen Zucker und Salz, dann schwierigere Sachen: eine Prise Mehl, einen Teelöffel Brombeermarmelade, einige Kuchenkrümel, Brot und was die Küche alles zu bieten hat.
Dann riechen wir, ebenfalls mit verbundenen Augen, an einer Apfelsine, an einer Zwiebel, an einem Ledergürtel, am Senfglas und dergleichen.
Oder wir legen verschiedene Gegenstände auf ein Tablett: einen Löffel, eine Sicherheitsnadel, einen Schlüssel und dergleichen. Einer nach dem anderen darf diese Gegenstände mit verbundenen Augen anfassen und raten, was er in der Hand hat.

Kleider an- und ausziehen. Wenn die Kinder aus dem Hause gehen oder wenn wir mit ihnen zum Einkaufen gehen, üben sie sich im Mantelanziehen, im Knöpfezumachen, im Schuheschnüren und Schleifebinden. Wenn es beim zweiten- oder drittenmal nicht klappt, dann wird doch der zehnte oder zwanzigste Versuch gelingen. Wer dabei beobachtet, daß sein Kind sich besonders ungeschickt anstellt, der sollte nicht die Geduld verlieren, sondern mit seinem Kind, zu einer anderen Tageszeit, wenn man gerade nicht in Eile ist, diese Fertigkeiten einüben. Damit es mehr Spaß macht, ziehen wir mal alle unsern Mantel verkehrt herum an, knöpfen ihn uns gegenseitig auf dem Rükken zu. Die Schleife lernen wir an einem Band, das wir um zwei Stühle schlingen, das Schnüren an zwei Kartonstreifen mit Löchern, die wir mit dem Locher hineinstanzen, und einem langen Schuhriemen, den wir durch die Löcher schnüren. Bei dieser Beschäftigung erfahren wir, was man ja wissen muß, was links und rechts ist.

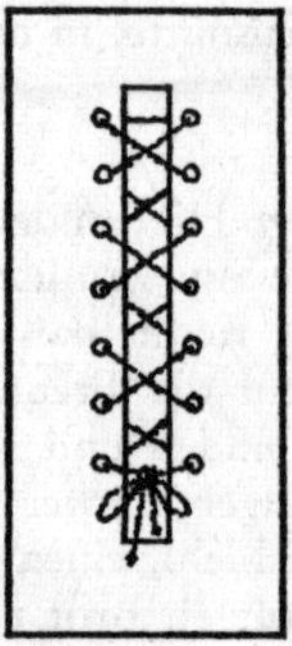

Die Berufe. Wenn der Vater morgens aus dem Hause geht, sollte sein Kind wissen, wohin er geht, was er arbeitet, wenn er von zu Hause fort ist. Natürlich interessiert mein Kind auch, was die anderen Väter und Mütter arbeiten, was für Berufe es gibt, und daß man alle Berufe erst lernen muß. Manche Berufe kann man sehen. Der Postbote z. B., der uns die Briefe bringt, gibt mir Gelegenheit, darüber zu berichten, wie die Briefe von einer Stadt, von einem Land zum anderen kommen. Die große Baustelle, an der wir auf unserm Weg zum Einkaufen vorbeikommen, ist ein Anlaß zum Stehenbleiben. Hier muß ich Auskunft über die verschiedenen Arbeitsvorgänge geben, über die Maschinen, die da zu sehen sind. Andere Berufe können wir im Bilderbuch nachschlagen. Ich kann aber auch über die Berufe unserer Freunde und unserer Nachbarn allerlei erzählen.

Der Straßenverkehr. Auf dem Weg zum Einkaufen geht es links und rechts über verschiedene Straßen, also merken wir uns ihre Namen. Beim Überqueren der Straße müssen Verkehrsregeln beachtet werden, die auch ein vier- bis sechsjähriges Kind schon kennen sollte.

Wo immer etwas gearbeitet wird, bleiben wir stehen, weil mein Kind wissen will, warum z. B. die Straßendecke aufgerissen wird, was in der Fabrik gearbeitet wird, an der wir täglich vorbeikommen.

Auf all diesen Wegen, zu Fuß, per Auto, mit der Bahn, lernt das Kind die verschiedenen Verkehrsmittel kennen. Es sieht die Verkehrszeichen und fragt nach ihrer Bedeutung.

Zu Hause versuchen wir, die verschiedenen Verkehrszeichen mit Buntstiften nachzumalen und auszuschneiden. Auf einem Bogen Papier, so groß wie der Tisch, zeichnen wir – von un-

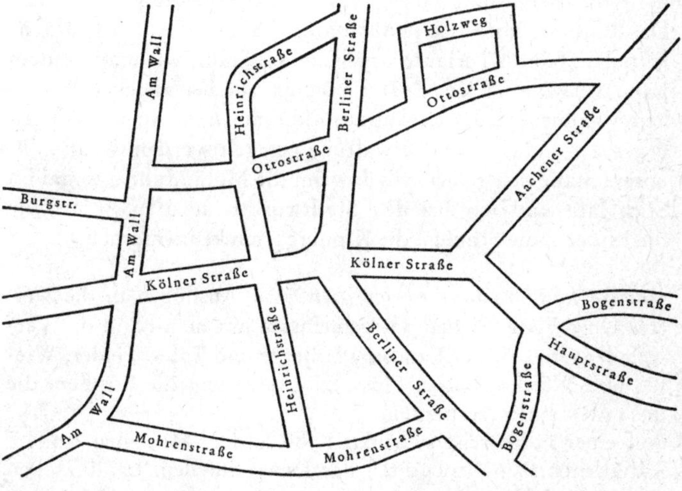

serer Straße ausgehend – alle Nebenstraßen unserer Umgebung auf. Unsere Verkehrszeichen bekommen einen Fuß, und wir bringen sie an die richtigen Stellen. Hier stellen wir einen Verkehrspolizisten auf, dort eine Ampel. Und dann fahren wir mit unseren Spielautos über die Straßen.
Damit sich das Kind ein auf die Papierfläche übertragenes Straßennetz besser vorstellen kann, fertigen wir vorher einmal gemeinsam einen Grundriß unserer Wohnung an. Wie zeichnen die Möbel dort ein, wo sie stehen, und bringen Türen und Fenster an der richtigen Stelle an. Dasselbe können wir aber auch mit Stäbchen und Bauklötzen auf dem Fußboden demonstrieren. Im Sommer zeichnen wir die Räume auf die Erde oder in den Sand.

Unsere Stadt und ihre Verwaltung. Das fünf- bis sechsjährige Kind interessiert sich auch schon für seine weitere Umgebung. Auf kleinen Ausflügen erlebt es den Zoo und seine Tiere, die Parkanlagen in unserer Stadt. Es sieht die verschiedenen Stadtteile, die City mit dem Einkaufszentrum, die Wohnviertel, die Schrebergärten und die Fabrikgelände. Wir erzählen ihm, was in unserer Stadt alles hergestellt wird, wer diese Produkte braucht, und auf welche Weise sie in die verschiedenen Länder transportiert werden. Dabei erklären wir ihm, daß früher vieles mit der Hand hergestellt wurde, was heute die Maschine herstellt.
Das Rathaus im Mittelpunkt unserer Stadt gibt uns Gelegenheit, dem Kind zu erläutern, wie unsere Stadt, wie unser ganzes Land verwaltet wird. Später können wir bei vielen Gelegenheiten immer wieder darauf zurückkommen, wenn wir Dingen begegnen, die von der Verwaltung geregelt werden, wenn z. B. unsere Staße neu geteert wird, wenn die Müllabfuhr uns mal im Stich läßt und wir bei den Stadtwerken anrufen, wenn wir die Museen, die Schulen, die Kindergärten kennenlernen.

Andere Länder, andere Menschen. Auf Ausflügen in die weitere Umgebung erleben wir gemeinsam mit dem Kind die Verschiedenartigkeit der Landschaft: Berge und Täler, Felder, Wiesen und Wälder, Bäche, Flüsse und Seen und die Straßen, die uns miteinander verbinden.
Auf einer Ferienreise sieht das Kind andere Menschen, andere Tätigkeiten. Wir beobachten das Leben auf dem Lande, sehen

die Bauern bei der Erntearbeit, bei der Viehwirtschaft und wissen nun genauer, woher die Dinge kommen, die wir essen.
Auf Reisen in andere Länder können wir unserem Kind erklären, daß es verschiedene Regierungsformen gibt und wie sich diese Regierungen allmählich entwickelt haben. Wir berichten ihm darüber, daß die Menschen in der Vergangenheit oft Angst vor den Menschen anderer Länder hatten. Weil die Nahrungsmittel noch knapp waren, bekämpften sich die Völker gegenseitig. Heute streben wir dagegen ein gutes Verhältnis zu anderen Völkern an. Dabei kann auch das Fünf- bis Sechsjährige schon verstehen, daß es heute noch immer Völker in der Welt gibt, die nicht genug zu essen haben und denen wir helfen müssen. Wir werden ihm auch nicht verheimlichen, daß es bessere und schlechtere Regierungen gibt. Am Beispiel unserer politischen Vergangenheit können wir ihm das deutlich machen. Indem wir die Vergangenheit und die Gegenwart miteinander vergleichen, bemerken wir einen spürbaren Wandel. Wir können von der Erklärung der Menschenrechte berichten, zu der sich fast alle Völker bekennen, und von unserer eigenen Verfassung und darauf hinweisen, daß heute – wenn auch nicht alle – so doch viele Menschen den guten Willen haben, andere Rassen zu achten und den sozial Schwachen zu helfen.

Die Geschichten von Bill und Joe. Um meinen Kindern die Menschen in anderen Ländern etwas näherzubringen, habe ich mir zwei Jungen ausgedacht. Sie heißen Joe und Bill, sind genauso alt wie meine beiden Söhne, aber sie haben eine schwarze Hautfarbe und leben im Negerviertel von New York, in Harlem. Alles, was die beiden Jungen hier in unserer Stadt erleben, tun und treiben Joe und Bill genauso, nur daß sich das alles eben im fernen Amerika abspielt. Sie stehen an einer Baustelle, sie gehen einkaufen, helfen der Mutter beim Kochen und Backen und bei der Hausarbeit. Sie machen einen Ausflug zum Zoo, gehen sonntags in die Kirche und nachmittags ins Strandbad.
Im Sommer, wenn wir unsere Großmutter im Westerwald besuchen und anschließend mit dem Schiff eine Rheinfahrt machen, fahren Joe und Bill mit dem Dampfer auf dem Mississippi nach New Orleans, um ihre Großmutter zu besuchen.
Abends vor dem Schlafengehen, wenn meine Kinder mich immer so dringend bitten: erzähl uns doch eine Geschichte, dann

berichte ich von Joe und Bill. Da meine Söhne täglich etwas Neues erleben, geht mir der Erzählstoff nie aus. Sie hören mir gespannt zu, weil ihnen die Dinge, die ich erzähle, irgendwie bekannt vorkommen. Da sie sich aber auf einem anderen Erdteil ereignen, wird ihnen die Ferne nah, und sie betrachten die beiden fremden Jungen wie nahe Verwandte.

Die Bekanntschaft mit der Natur

Die Tiere. Alles was sich bewegt, erweckt spontanes Interesse – nicht nur bei unseren Kindern. Es macht Spaß, einer Katze, die sich putzt, einem Hund, der herumtollt, zuzusehen.
Während das Kind die vielen Tiere, die um uns herum leben, beobachtet, gewinnt es einen Einblick in die Vielgestaltigkeit der Natur. Zunächst erfreut es sich ganz einfach an der verwirrenden Fülle. Es ahmt die Tierstimmen nach, den Hund, die Katze, die Hühner, den Hahn, Kühe, Pferde, Ziegen, Vögel, sie alle lernt es schon an der Stimme unterscheiden. Bald erkennt es aber auch, daß verschiedene Arten zusammengehören. Hier beginnen seine Fragen, und indem wir sie gewissenhaft beantworten, helfen wir ihm, sein Bild von der Welt zu vervollständigen.
Gemeinsam mit dem Kind beobachten wir die Lebensgewohnheiten der Tiere und bemerken, daß man die Tiere bestimmten Gruppen zuordnen kann. Da gibt es Säugetiere, die lebendige Junge zur Welt bringen, und Eierleger. Es gibt Vierbeiner, Zweibeiner und solche, die sich mit Flügeln, andere, die sich mit Flossen fortbewegen.
Wir beobachten aber auch die Kleintiere, die Käfer und die Schmetterlinge, Raupen, Spinnen und Würmer. Wir unterhalten uns darüber, daß die Tiere anders als die Menschen leben, und fragen uns, wo leben sie denn: Im Stall, im Käfig, im Wald, im Wasser?
Welche Tiere richten sich selbst eine Wohnung? Wie schlafen sie? Wie schützen sie sich vor der Winterkälte? Dabei erfahren wir, daß einige Waldtiere und Vögel im Winter von den Menschen gefüttert werden, und vielleicht bauen wir selbst im Winter für die Vögel ein solches Futterhäuschen.
Daß die Tiere ihre Nahrung auf andere Weise als wir Menschen zu sich nehmen, drücken schon die verschiedenen Wörter

aus: Menschen essen, Tiere fressen. Indem wir die Tiere mit den Menschen vergleichen, denken wir darüber nach, wie wir essen und wie die Tiere es tun. Welche Tiere haben einen Schnabel und welche ein Maul, fragen wir uns.
Während wir die Tiere beobachten, stellen wir fest, daß sie sich auf verschiedene Weise fortbewegen, und wir fragen uns, welche Tiere laufen, welche schwimmen, welche fliegen, welche kriechen?
Wer sich für die Tiere besonders interessiert und mehr darüber wissen möchte, der kann in »Brehms Tierleben« allerlei Interessantes über die Lebensgewohnheiten der verschiedenen Tiere finden.
Viele Tiere, auch solche, die in unserer Gegend nicht zu Hause sind, können wir im Zoo kennenlernen. In Zeitungen und Zeitschriften finden wir häufig Tierbilder, die wir ausschneiden und aufkleben können. Wir schreiben die Namen darunter und stellen uns auf diese Weise nach und nach ein ganzes Tierbilderbuch zusammen.
Beim Beobachten der Tiere stellen wir fest, daß sich die einzelnen Arten von verschiedenen Pflanzen ernähren. Und wenn wir uns fragen: was fressen denn die Kühe, die Ziegen, die Hühner, die Eichhörnchen, lernen wir viele verschiedene Pflanzen, Bäume und Sträucher kennen.

Die Pflanzen und die Jahreszeiten. An den Pflanzen, die wir in den Gärten und auf Spaziergängen sehen, stellen wir den Wechsel der Jahreszeiten fest. Welche Blumen und Sträucher blühen im Frühjahr zuerst, welche Bäume werden zuerst grün, fragen wir uns. So lernen wir nach und nach die Namen vieler Pflanzen kennen. Auf unseren Spaziergängen merken wir uns, welche Pflanzen in der Nähe des Waldes, in der Nähe des Wassers, welche auf trockenem Boden und welche nur auf der Wiese wachsen.
Wir beobachten, wie die Blüten der Bäume und Sträucher abfallen und wie die Früchte langsam dicker werden. Im Sommer sehen wir Bienen und Schmetterlinge auf den Blumen. Dabei erklären wir unseren Kindern, wie der Honig von den Bienen gemacht wird, erzählen ihnen aber auch, wie die Insekten die Blüten, von einer zur anderen flatternd, befruchten.
Im Herbst sehen wir, wie die Blätter langsam gelb, rot und braun werden. Beim Einsammeln besonders schöner Blätter

lernen wir die Namen der verschiedenen Bäume kennen. Wir unterscheiden Bäume, die ihre Blätter verlieren, die Laubbäume, und Nadelbäume, die auch im Winter grün sind.
Auf dem Waldboden finden wir viele Früchte: Eicheln, Kastanien, Tannenzapfen, Nüsse, Bucheckern und dergleichen, aus denen wir allerlei Spielzeug basteln können. Da gibt es Früchte, die wir essen können, und solche, die die Tiere fressen.
Manche Pflanzen, wie z. B. Mohn oder Lupinen, haben Kapseln, aus denen Samenkörner fallen. Wir brechen oder schneiden die Kapseln einmal auf und schauen sie uns genauer an. Wenn wir sie im nächsten Frühjahr in die Erde streuen, wachsen daraus neue Pflanzen.
Im Winter, wenn das Laub von den Sträuchern und Bäumen abgefallen ist, erkennen wir an den Zweigen schon die Knospen, aus denen im nächsten Frühjahr die neuen Blätter und Blüten kommen.
Wenn wir die scheinbar so trockenen und leblosen Zweige von Kirschbäumen, Kastanien oder Gartensträuchern im warmen Zimmer in eine Vase stellen, entwickeln sich aus diesen Knospen nach einigen Wochen Blätter und Bluten.
Im Frühjahr probieren wir auf der Fensterbank aus, wie aus Samen Pflanzen werden. Wir füllen Blumentöpfe mit Erde und säen Kressesamen hinein. Oder wir drücken in die Erde eine Bohne, eine Erbse oder einen Sonnenblumenkern und beobachten, wie die Pflänzchen, die wir fleißig gießen, nach einiger Zeit aus der Erde kommen und immer größer werden. Wenn wir z. B. 14 Tage vor Ostern eine Schale mit Erde füllen, Grassamen daraufstreuen und regelmäßig begießen, dann haben wir zu Ostern ein dichtes Grasnest für unsere Ostereier.

Die Blumenuhr. Bei diesen verschiedenen Beobachtungen und Beschäftigungen, im Frühling und Sommer, im Herbst und im Winter, erwacht bei den Kindern nach und nach das Zeitgefühl und das Bewußtsein für die Bedeutung der Zeiten im Ablauf des Jahres. Welche Rolle die Zeit im Leben der Pflanze spielt, verdeutlicht uns eine Blumenuhr, die wir uns auf einem Bogen Papier aufzeichnen können. Der schwedische Naturforscher Linné hat uns solch eine Uhr zusammengestellt. Aber jeder kann sich solch eine Blumenuhr selbst anfertigen, wenn er die Blumen, die in seiner Umgebung blühen, beobachtet. Er wird rasch feststellen, daß bestimmte Blüten sich jeden Tag um dieselbe Uhrzeit öffnen und schließen.

Blumenuhr des Carl v. Linné

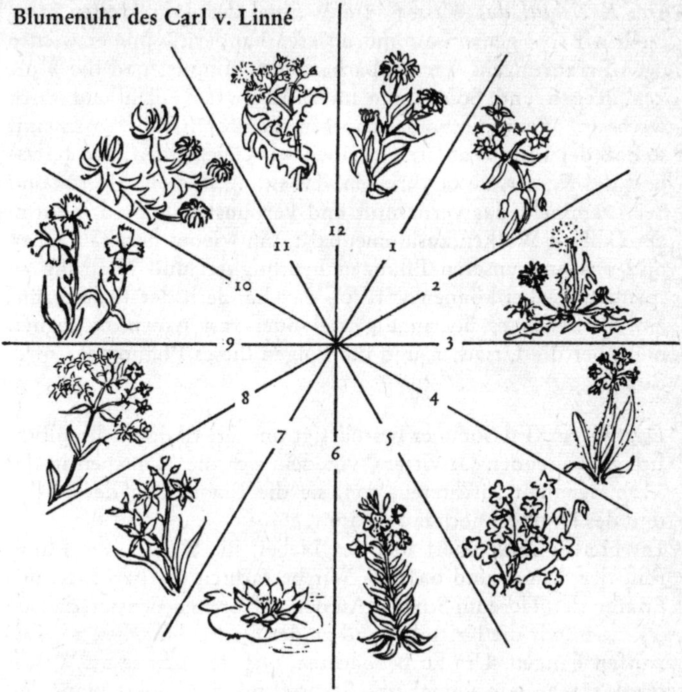

Es öffnen sich am Vormittag: nach 6 Uhr die weiße Seerose, nach 7 Uhr die Graslilie, nach 8 Uhr das Tausendgüldenkraut, nach 9 Uhr die Karthäusernelken, nach 10 Uhr das Eiskraut, nach 11 Uhr die Gänsedistel.
Es schließen sich am Nachmittag: nach 12 Uhr die Ringelblume, nach 13 Uhr das Wiesenschaumkraut, nach 14 Uhr der Löwenzahn, nach 15 Uhr das rote Habichtskraut, nach 16 Uhr der Sauerklee, nach 17 Uhr die Nachtkerze.
Diese Blütezeiten beobachtete Linné in Schweden. In anderen Gegenden öffnen und schließen sich die Blumen zu anderen Zeiten.

Wer noch einen Schritt weiter geht, kann einen Kalender herstellen und darin vermerken, wann die verschiedenen Bäume,

Sträucher und Pflanzen grün werden, wann sie blühen und wann sie ihre Blätter verlieren.

Der Kreislauf des Wassers. Im Wechsel der Jahreszeiten sammeln wir so – gemeinsam mit unseren Kindern – immer wieder neue Erfahrungen. Wir beobachten den Himmel und die Wolken, Regen und Sonne, die im Frühjahr so auffallend rasch wechseln. Wenn die Sonne dann in die nassen Pfützen scheint, so daß der Dampf aufsteigt, haben wir Gelegenheit, den Kreislauf des Wassers zu beschreiben, das sich in Bächen, Flüssen und Seen sammelt, das verdampft und verdunstet und sich hoch in der Luft zu Wolken zusammenballt, um wieder herabzuregnen und uns und unseren Pflanzen Feuchtigkeit und Nahrung zu spenden. Dabei können wir von den Ländern der Erde erzählen, in denen es übermäßig viel oder fast gar nicht regnet, und über die Ursachen und die Folgen dieses Phänomens sprechen.

Das Wetter. Im Sommer beschäftigt uns das Ereignis des plötzlich auftretenden Gewitters, vor dem sich die Menschen in der Vergangenheit fürchteten, weil sie die Entstehung des Blitzes und des Donners noch nicht kannten.
Im Herbst interessiert uns der Nebel, im Winter der Rauhreif, der Schnee und das Eis. Wir betrachten die verschiedenen Spuren der Tiere im Schnee. An den gefrorenen Fensterscheiben erkennen wir die Kristalle, und an der Dachrinne sehen wir Eiszapfen hängen. Um zu beobachten, wie der Schnee zu Wasser wird, tragen wir einmal eine Schüssel mit Schnee ins Haus und lassen ihn schmelzen. Oder wir bringen Wasser zum Gefrieren, wenn wir es, bei Temperaturen unter Null, ins Freie stellen.
Um das ständig wechselnde Wetter einmal über längere Zeit beobachten zu können, fertigen wir uns einen Wetterkalender an. Wir teilen ein Blatt Papier in so viele Karos, wie der Monat Tage hat. Die Kästen werden von 1 bis 31 numeriert. Nun tragen wir das Wetter eines Tages gewissenhaft ein. Regen oder Sonne, einzelne oder dichte Wolken, Gewitter, Hagel, Schnee, Nebel, für jede dieser Erscheinungen denken wir uns ein Zeichen aus, malen es täglich, dem Wetter entsprechend, auf unsere Tabelle und schreiben auch die Temperatur dazu, die wir jeden Tag vom Thermometer ablesen.
Jeden Monat stellen wir uns eine neue Tabelle her, die wir

1 20°	2 19°	3 16°	4 16°	5 19°	6 20°	7 22°
8	9	10	11	12	13	14
15	16	17	18	19	20	21
22	23	24	25	26	27	28
29	30	31				

sorgfältig aufbewahren. Wenn wir diesen Kalender ein Jahr hindurch führen, können wir im nächsten Jahr das Wetter eines jeden Tages, eines jeden Monats mit dem des vergangen Jahres vergleichen. Dabei tauchen Erinnerungen an das vergangene Jahr auf, und, indem wir die Kinder ermuntern, sich zu erinnern, legen wir den Grundstein für das historische Bewußtsein.

Erde, Sonne und Mond. Bei unseren Wetterbeobachtungen fällt uns auf, daß es im Sommer immer länger werdende und im Winter immer kürzere Tage gibt. Dabei taucht die Frage auf:

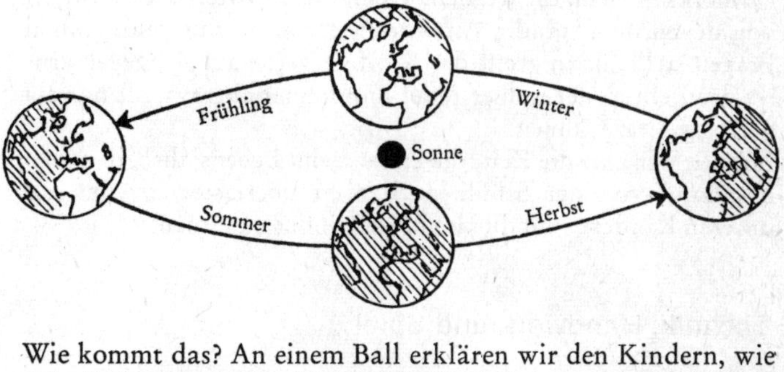

Wie kommt das? An einem Ball erklären wir den Kindern, wie sich die Erde ständig dreht. An einem zweiten, dickeren Ball demonstrieren wir, wie sich Erde und Sonne im Umlauf zueinander verhalten. Ein dritter, kleiner Ball stellt dann auch

noch den Mond dar. Dabei wird uns die Veränderung der Tage, aber auch der Wechsel der Jahreszeiten klar.
Durch Berichte in Zeitungen und im Fernsehen über Raumfahrt und Mondlandungen hat sich der Gesichtskreis auch des Vorschulkindes bereits beträchtlich erweitert. Sie werden mit immer neuen Fragen konfrontiert, über die auch wir uns ständig informieren müssen, um uns mit ihnen darüber unterhalten zu können.

Das erste Wissen. Im täglichen Umgang mit unseren Kindern verfügen wir über die nie wiederkehrende Chance, ihm das erste Wissen so zu vermitteln, daß sein angeborener Wissensdurst, seine natürliche Neugierde befriedigt werden. Wir wollen und können darauf verzichten, ihm das Wissen – wie es in der Schule meist geschieht – aufzudrängen.

Im Laufe eines Tages, eines Jahres ergeben sich ganz von selbst viele Gelegenheiten, auf die tausend Fragen des Kindes die entsprechenden Antworten zu geben.
Der Lehrer hat sein Programm, er doziert und fragt ab. Wir aber können warten, bis das Kind uns fragt – und es fragt uns, unaufgefordert, da die Welt, die uns umgibt, täglich Dinge bereithält, die es noch nicht versteht. Und da sich seine Fragen an direkten Ereignissen und Erlebnissen entzünden, wird die Antwort begierig aufgenommen und verarbeitet.
Ein Kind, das gewöhnt ist, selbst zu fragen und Antworten zu bekommen, darf auch vom Erwachsenen gelegentlich auf etwas aufmerksam gemacht werden. Wenn dieser Vater, diese Mutter, von denen man ständig Antworten erwartet, nun auch einmal Fragen stellt, dann greift das Kind sie gerne auf. Dagegen erntet der Lehrer, der immer redet und immer abfragt, oft nur ein gelangweiltes Gähnen.
Nützen wir also die Zeit, die ersten zehn Lebensjahre, in denen das Kind von der Schule noch nicht überlastet ist, um mit unseren Kindern und durch unsere Kinder zu lernen.

Technik, Handwerk und Spiel

Zerstören und Aufbauen. Wenn sich meine Kinder besonders intensiv, alles um sich her vergessend, mit einer Sache beschäftigen, dann werde ich oft an die Menschen des vortechnischen

Zeitalters erinnert, an deren wildes und ungestümes Experimentieren. Es kommt noch nicht viel Nützliches dabei heraus, aber die Freude am Entdecken, am Auseinandernehmen und Wiederzusammensetzen ist hier noch ungebrochen vorhanden.
In unserer modernen Zivilisation gibt es eine Menge Abfall. Die Dinge, die wir wegwerfen, um uns neue zu kaufen, sind nach meiner langjährigen Erfahrung mit eigenen und Kindern anderer Leute das aufregendste und lehrreichste Spielzeug, das man sich denken kann.
Alte Radioapparate, Uhren, Telefon, Stecker, Steckdosen, Bügeleisen, Lampen, Klingeln, Batterien und dergleichen Dinge locken zunächst einmal zum Zerstören. Man kann mit dem Hammer daraufschlagen, man kann sie aber auch langsam, Stück für Stück auseinandernehmen. Daß unser Zimmer, nachdem ein Radioapparat in sämtliche Einzelteile zerlegt ist, nicht mehr aufgeräumt aussieht, darf uns dabei nicht stören.

Das Telefon und die Uhr. Auf die Frage: was ist dies und was ist das? fällt uns das Antworten oft recht schwer. Am einleuchtendsten wird eine Sache, wenn wir auf ihren Ursprung zurückgehen. Nehmen wir einmal das Telefon. An einem einfachen Gerät können wir demonstrieren, wie der Schall sich über einen Draht oder sogar über eine Kordel fortpflanzt:
Von zwei Milchdosen entfernen wir mit dem Büchsenöffner den Deckel. Der Boden beider Dosen wird in der Mitte durchlöchert. Eine mehrere Meter lange Kordel, durch das Loch im Boden der Dose geführt, verbindet die beiden Dosen miteinander. Ein Kind hält die offene Dose ans Ohr, das andere nimmt die andere Dose mit der Öffnung an den Mund. Die Kordel wird straff gespannt. Wenn nun das eine Kind in die Dose spricht, kann das andere jedes Wort verstehen, auch wenn die Kordel zehn Meter und länger ist.
Das Laufwerk einer Uhr »begreift« man, wenn man einen alten Wecker auseinandernimmt und die Funktion der mehr oder weniger straff gespannten Feder erkennt, die das Gewirr der Rädchen in Bewegung setzt.

Elektrizität. Die Wirkung der Elektrizität kann man demonstrieren, indem man eine Glasplatte erwärmt und so über zwei dicke Bücher legt, daß ein Zwischenraum bleibt. Unter die Glasplatte legen wir kleine, aus Seidenpapier ausgeschnittene Figuren: Bäume, Püppchen oder Autos. Wenn wir nun mit der Faust über die erwärmte Glasplatte reiben, beginnen die Püppchen zu tanzen, da durch Reibung und Wärme Elektrizität erzeugt wird.

Den Stromkreis erkennen wir, wenn wir uns eine kleine Batterie herstellen. Wir schneiden eine Zitrone durch, legen die eine Hälfte auf ein Glas. Dann stecken wir in jede der Kammern kleine Stücke Zink- oder Kupferblech und verbinden je zwei Stücke mit einem Draht, so daß kleine Bogen entstehen. Vom ersten und letzten Metallstück leiten wir einen etwas längeren

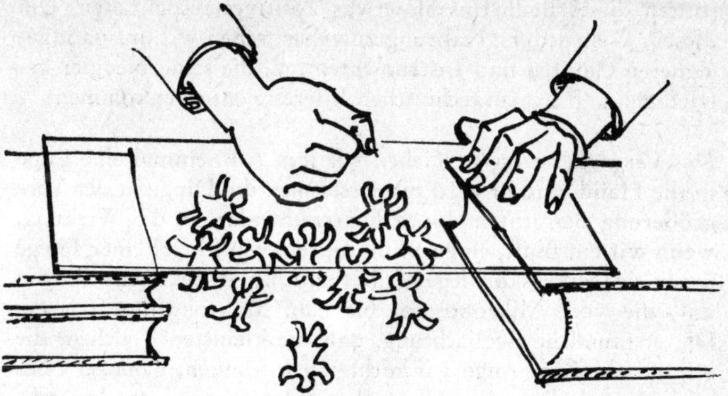

Draht ab und warten eine Weile. Die Säure greift das Metall an, und nun entsteht – genau wie in der Batterie – ein Stromkreis, der fließt und sich schließt, sobald wir die beiden Drahtenden an die Zunge legen; wir spüren dabei deutlich ein leises Prickeln.

Mit einer Taschenlampenbatterie und Drähten könen wir solch einen Stromkreis beliebig erweitern und viele kleine Birnen zum Glühen oder eine Klingel zum Läuten bringen.

Für die älteren Kinder gibt es fertige Kästen mit technischen, physikalischen, chemischen, optischen Geräten, mit denen man weiter experimentieren kann.

Das Kind verspürt einen starken Drang, die Dinge, die es noch nicht kennt, zu untersuchen. Daß es dabei vieles zunächst einmal zerstört, darf uns nicht erschrecken, im Gegenteil, wir

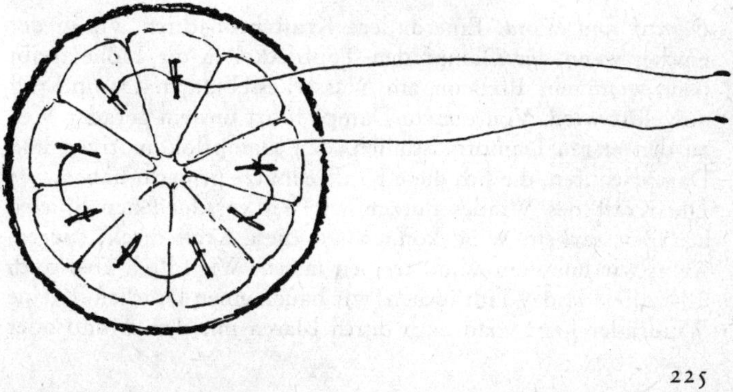

sollten dieses Bedürfnis als etwas Positives respektieren. Um diesem Wissensdurst Nahrung zu geben, sehen wir uns nach geeigneten Geräten und Instrumenten um, die seine Neugier befriedigen und seinem technischen Interesse entgegenkommen.

Das Vergrößerungsglas. Geben wir ihm z. B. einmal eine Lupe in die Hand, und es wird mit Erstaunen die Dinge in der Vergrößerung betrachten. Noch überraschender ist die Wirkung, wenn wir ein Blatt, einen Blutstropfen, den Flügel einer Fliege unter ein Mikroskop legen. Hier tauchen immer neue Fragen auf, die vom Mikrokosmos bis zum Makrokosmos reichen. Die erstaunliche Beobachtung, daß die kleinsten Teilchen, die wir mit bloßem Auge gar nicht sehen können, genauso reich gegliedert sind wie der Himmel mit den Sternen, machen wir, wenn wir uns mit dem Fernglas die weite Welt etwas näher heranholen.

Der Magnet. Wie eng Natur und Technik zusammengehören, bringt uns der Magnet zum Bewußtsein, mit dem man Nähnadeln, Heftklammern, Nägel und Heftzwecken von der Erde aufheben kann. Wir bauen uns einen kleinen Kran, der mit einem Magneteisen allerlei metallische Gegenstände einsammelt.
Daß der Magnet, wenn man ihn unter einer Glasplatte hin und her bewegt, die auf der Platte liegenden Nadeln wie Fische hinter sich her zieht, zeigt uns noch deutlicher seine Anziehungskraft. Ein Kompaß schließlich, dessen Nadel stets in eine bestimmte Richtung zeigt, bringt unser Gespräch auf die beiden Pole unserer Erde und ihren Magnetismus.

Dampf und Wind. Eine andere Kraft beobachten wir in der Küche, wenn der Dampf den Topfdeckel in die Höhe treibt oder wenn ein Pfeifton am Wasserkessel durch Dampfkraft ausgelöst wird. Von diesem Dampf führt uns ein gerader Weg zu den ersten Dampfmaschinen, den Dampflokomotiven und Dampfschiffen, die sich diese Kraft zunutze gemacht haben.
Die Kraft des Windes nutzen wir bei verschiedenen Spielen aus. Bei starkem Wind können wir diese Kraft direkt spüren, wenn wir uns vom Wind treiben lassen. Wir falten aber auch Schwalben und Windrädchen, wir bauen einen Drachen. Kleine Windräder kann man auch durch Blasen mit dem Mund oder

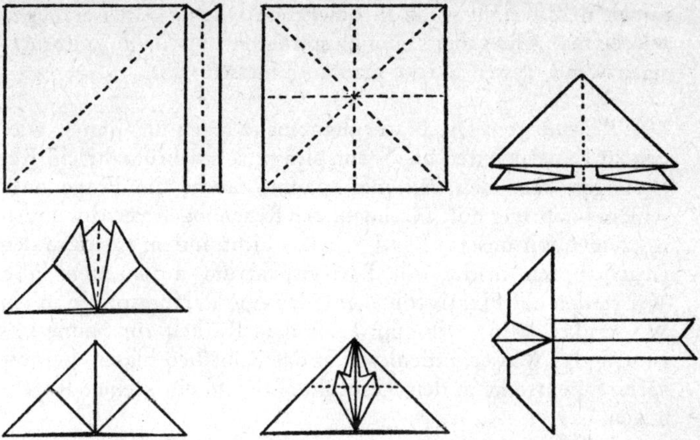

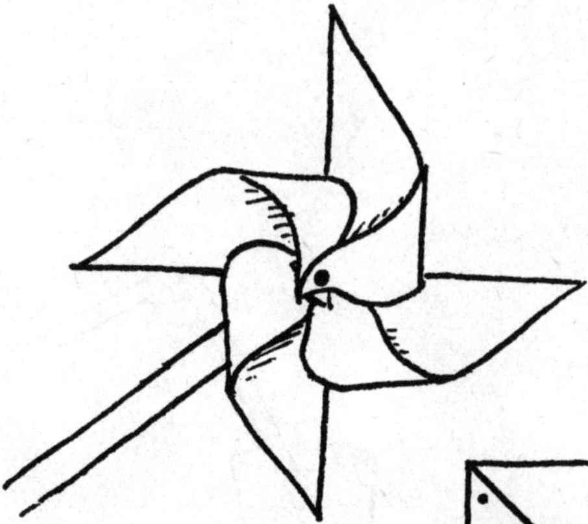

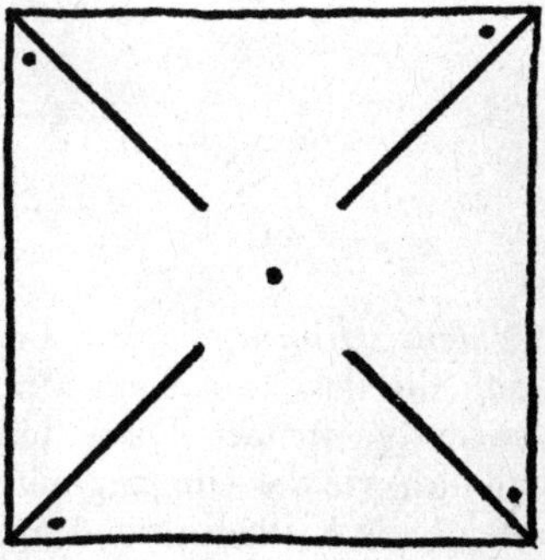

mit dem Blasebalg schon in Bewegung setzen. Dabei erzeugen wir einmal schwachen, einmal stärkeren und dann ganz heftigen Wind, dessen Stärke man auch messen kann.

Der Regenbogen. Die Naturphänomene regen uns immer wieder zu Experimenten an. Wenn sich z. B. im Frühjahr ein Regenbogen über den Himmel spannt, taucht die Frage nach seinem Ursprung auf. Nachdem der Regenbogen verschwunden ist, zeigen wir unserm Kind, wie das Licht, indem es sich in den Regentropfen bricht, ein Farbenspektrum aufleuchten läßt. Wir stellen ein Fixativröhrchen oder eine Parfümspritze in ein Wasserglas. Wenn wir nun – mit dem Rücken zur Sonne stehend – das Wasser, indem wir in das Röhrchen blasen, herausspritzen, entsteht in dem gesprühten Strahl ein kleiner Regenbogen.

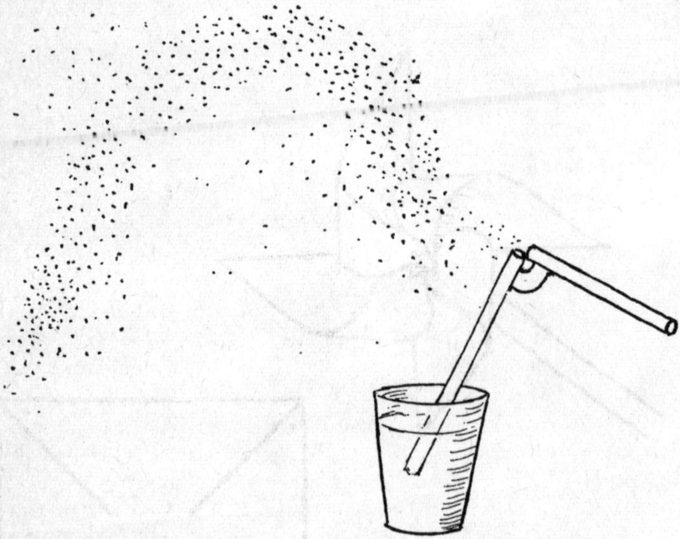

Malen, zeichnen, formen. Im Regenbogen tauchen alle Farben auf, die das Kind beim Malen mit Wasserfarben oder Buntstiften verwendet. Dieses bildnerische Gestalten beginnt ganz ähnlich wie der Umgang mit technischen Geräten. Am Anfang steht eine Kritzelei, die dem Erwachsenen nur als ein sinnloses

Durcheinander erscheint: ein unentwirrbares Knäuel von Strichen. Nach mehrmaligen Versuchen löst sich das Gewirr in waagrechte oder senkrechte, parallellaufende Striche. Mit einem Kreis, dem irgendwo ein kleines Schwänzchen anhängt, beginnt der Versuch, etwas darzustellen. Aus diesem Kreis entsteht wiederum viele Monate später das Bild eines Menschen. Zunächst durch Andeutung von Armen und Beinen, dann durch Trennung von Rumpf und Kopf wird allmählich deutlich, daß hier etwas dargestellt werden soll.
Im Laufe der Jahre werden die Dinge immer deutlicher erkennbar: Bäume, Sonne, Mond und Sterne, Autos, Schiffe. Bei diesem bildnerischen Gestalten braucht das Kind die Belehrung des Erwachsenen nicht. Es benötigt dazu nur Material: Papier, Ölkreide oder Wachsstifte, Filzstifte oder Wasserfarben.
Anregung geben wir ihm höchstens durch verschiedene Techniken. Wir zeigen ihm, wie man mit der Schere bunte Papiere ausschneiden und aufkleben kann. Dabei benützen wir entweder gummiertes Buntpapier oder Klebstoff.
Wir geben ihm Plastilin, Wachs oder Knetholz. Auch hierbei braucht es kaum Anleitung. Es kommt von selbst darauf, daß man die Knetmasse zwischen den Händen rollen, drücken, daß man Kugeln und Würste daraus formen kann. Aus diesen einfachen Formen entstehen bald Körbchen mit Eiern, Teller, Krüge, Äpfel, Bananen, kleine Figuren, Menschen und Tiere.

Bauen. Bei der Beschäftigung mit Bausteinen treibt die Freude am Gestalten das Kind ebenfalls von einfachsten zu immer komplizierteren Formen. Es beginnt mit dem Aneinanderreihen der Klötze, dann bildet es einen Kreis und baut schließlich die Klötze übereinander zu einem Turm – der zunächst noch oft einstürzt. Die Erfahrung lehrt es aber schließlich, die Steine so aufeinanderzulegen, daß der Turm stehen bleibt.
Das Aufräumen der Bausteine bereitet fast immer Schwierigkeiten. Spaß macht es, wenn man die Klötze einordnen kann. Wir benutzen dazu Kunststoffkästen mit vielen Fächern und lernen dabei gleichzeitig die Bezeichnung der verschiedenen Formen. Da gibt es große und kleine, Rollen und Scheiben, quadratische, dreieckige, rechteckige Bausteine in verschiedenen Farben. Beim Einordnen verwenden wir Begriffe wie: davor – dahinter – darüber – darunter – daneben usw. Spielend und

lernend, zerstörend und aufbauend bildet das Kind sich weiter. Um die Welt zu begreifen, bildet, baut und experimentiert es so gerne.

Basteln. Zum Handwerkszeug des Kindes gehört eine Kiste mit vielerlei Material, das gesammelt und irgendwann einmal verwendet werden kann: Garnrollen, Korken, Dosen, Film- und Farbbandspulen, Streichholzschachteln, Draht, Wollreste, bunte Lappen, Gummiringe, Klebstoff, Papier, Schere, Buntstifte – und dazu auch ein Bastelbuch. So kann es, zum Teil selbständig, zum Teil mit Hilfe der Eltern, Dinge herstellen, die ihm das befriedigende Bewußtsein vermitteln: das habe ich gemacht! Ein Kind, das diese Freude an der Tätigkeit früh kennenlernt und oft erlebt, wird sie später nie wieder ganz verlieren.

Die Spielsachen. Darüber hinaus braucht das Kind – so denkt der Erwachsene – Spielsachen, um sich zu beschäftigen. Er überhäuft aber oft das Kind mit einer schwindelerregenden Fülle von Spielkram. Mit diesem Wirrwarr von Spielsachen schiebt der Erwachsene das Kind ab. Er verbannt es aus seiner eigenen Welt, und – indem er ihm eine eigene Welt, die Spielwelt, zuweist – glaubt er, ihm etwas Gutes zu tun.
Im Extremfall – der aber gar nicht so selten ist – sieht das dann so aus: das Kind räumt seine tausend Sachen aus dem Schrank heraus, verstreut sie malerisch auf dem Fußboden, läßt sie dort liegen und kommt ratlos in die Küche, um zu fragen: »Mutter, was soll ich tun?«
Wenn unsere Erwachsenenwelt insgesamt kinderfreundlicher wäre, dann benötigte das Kind viel weniger Spielsachen. Der Pädagoge Fritz Bärmann hat einmal, indem er die Spielwelt des Kindes analysierte, das wesentliche Spielzeug zusammengestellt, mit dem das Kind heranwächst, an dem es sich bildet. Da bleiben nur vier Arten von Spielsachen übrig, und es sind – sicher nicht zufällig – zugleich die Dinge, mit denen unsere Kinder am liebsten und ausdauernsten spielen.
1. Das »Spielzeug zum Liebhaben«. Das sind Puppen oder Tiere aller Art, die man in den Arm nehmen, streicheln, die man mit ins Bett nehmen und so betreuen kann, wie der Vater und die Mutter das Kind betreuen.
2. Das »Spielzeug zum Bewegen«. Mit Tieren und Wagen, die

das Tier hinter sich herzieht oder vor sich herschiebt, bewegt es sich von sich fort in eine andere Dimension. Neue Begriffsbestimmungen wie: vor – zurück, auf – ab, hin und her – im Kreis herum – in die Kurve . . . werden erfahren und benannt. Beim Übergang vom handgeschobenen oder gezogenen Fahrzeug zum mechanisch betriebenen Blechauto hat das Kind die Anfänge der Technik in der Hand und lernt sie begreifen.

3. Das »Spielzeug zum Gestalten«. Das sind Baumaterialien aller Art, aus Holz, Kunststoff oder Metall. Für die Zwei- bis Vierjährigen kleine und große bunte Bausteine, einfache Formen, mit denen man Dörfer und Städte, Türme und Brücken bauen kann. Auf der nächsten Stufe greift es nach Steckbausteinen (Lego), aus denen sich Häuser mit mehreren Räumen, Garagen, Autos, Schiffe zusammensetzen lassen. Für die älteren Kinder Metallbaukästen, die vom einfachen Zusammensetzen und -schrauben bis zu komplizierten Konstruktionen die Experimentierfreude wecken und steigern.

4. Das »Spielzeug zum Miteinanderspielen«. Da ist als erstes der Ball, der den Kontakt zu einer anderen Person herbeiführt, die den Ball fängt und zurückwirft. Miteinander spielt man aber auch alle Brett- und Kartenspiele. Ein intensives Zusammenspiel entwickelt sich beim Handpuppenspiel, wo man sich aus dem eigenen Ich heraus in eine andere Rolle begibt und freier wird im Wechselgespräch mit einem und mit mehreren Partnern.

Bei all diesen Spielen und Beschäftigungen sind die Grenzen zwischen Spiel und Arbeit, zwischen Spaß und Ernst, zwischen dem »So-tun-als-ob« und ernsthaftem Tun meist nicht genau zu bestimmen. Es handelt sich hier um eine Tätigkeit, die die Kräfte des Kindes in Bewegung setzt, die sogar oft körperliche und geistige Anstrengungen verlangt. Hierbei erlebt das Kind beides zugleich: ein lebendiges Spiel und ein mit spielerischem Elan bewältigtes Leben.

Zählen, Messen und Wiegen

Viel und wenig, groß und klein. Die ersten arithmetischen Kenntnisse erwirbt sich schon das drei- bis vierjährige Kind, indem es viel und wenig unterscheiden lernt. Auch die Geometrie tritt in seinen Gesichtskreis. Es kann einen großen Schuh

von einem kleinen, einen langen Stab von einem kurzen unterscheiden.
An Vergleichen schult es sein Augenmaß: dieser Apfel ist dikker als jener; der Rolf ist genauso groß wie ich, die Mauer ist höher als der Zaun, der daneben steht. Solche und ähnliche Vergleiche und Erfahrungen macht es täglich, beim Spiel, bei der Arbeit.

Umgang mit Mengen. Beim Einsammeln oder Austeilen von Spielgegenständen beginnt es, verschiedene Mengen zu unterscheiden. Es weiß, daß es zwei rote Autos, drei blaue, fünf grüne hat. Es stellt, weil ihm das Zuordnen Freude macht, fünf Autos der gleichen Marke nebeneinander.
Beim Spiel mit Bausteinen oder Stäbchen geht es ebenfalls – zunächst unbewußt, später bewußt – ständig mit verschiedenen und gleichbleibenden Mengen um. Es erkennt, daß ein Wagen vier Räder hat, daß ein Vogel auf zwei Beinen steht. Wenn es beim Spülen oder Abtrocknen hilft, teilt es die Bestecke in Löffel, Gabel und Messer ein. Es deckt den Tisch und legt vier Bestecke auf und stellt vier Teller, vier Becher dazu.
Beim Einräumen der Spielsachen macht es ihm Spaß, wenn es dabei zählen kann: drei rote, vier blaue, vier grüne Bausteine . . . Dabei sollte man das Kind jedoch nicht überfordern, sondern seinen Entwicklungsstand berücksichtigen. Es gibt Drei- bis Fünfjährige, die bis vier zählen und einige, die bereits bis zehn zählen können. Im allgemeinen wird man sich bei den Drei- bis Vierjährigen auf das Zählen bis zu vier oder fünf Gegenständen beschränken.

Schätzen. Auf der nächsten Stufe sind die Kinder bereits in der Lage zu beurteilen, ob z. B. auf dem Tisch mehr oder weniger als vier Teller stehen. Sie können jetzt auch bereits mit einem Blick zwei, drei oder vier Gegenstände erfassen, ohne sie zu zählen.
Ein Ratespiel schult diese Beobachtungsgabe: Wir legen zwei bis fünf verschiedene Gegenstände auf ein Tablett oder auf den Tisch, z. B. eine Schraube, eine Münze, einen Schlüssel, eine Streichholzdose, eine Zahnbürste. Wir decken die Gegenstände zu, heben das Tuch für zwei bis drei Sekunden hoch und dekken es wieder darauf. Dann lassen wir die Kinder berichten:

Wieviel Gegenstände und welche Gegenstände liegen unter dem Tuch?

Teilmengen und Gesamtmengen. Beim Tischdecken ergibt sich täglich die Gelegenheit zum Zählen. Im allgemeinen sind es gleichbleibende Mengen, z. B. vier Teller, viel Löffel usw. Aber dann kommt eines Tages Besuch, nun bekommt das Kind den Auftrag, sieben Teller, sieben Löffel usw. auf den Tisch zu legen.
Zwischendurch üben wir uns gelegentlich durch Ratespiele wie dieses: Wir stellen zehn Häuschen auf und neben sechs Häuschen je ein Auto. Wieviel Häuschen haben jetzt noch kein Auto, fragen wir uns.
Nach und nach beginnen wir mit dem Versuch, Teilmengen zu einer Gesamtmenge zu vereinigen. Dabei berücksichtigen wir, daß die Fünfjährigen meist schon bis zehn, die sechsjährigen bis zwanzig zählen können. Wenn sich die Gelegenheit ergibt, stellen wir sechs rote und vier blaue Autos in eine Reihe und zählen sie zusammen. Oder wir bringen Autos verschiedener Marken zusammen: fünf Mercedes, sechs Volkswagen, drei Opel, einen Fiat usw. und zählen zusammen, wie viele Autos wir haben. Viele Sechsjährige kommen bei diesem Zahlenspiel schon weit über zwanzig, einige schon bis hundert.

Zählen mit und ohne Anschauung. Beim Spaziergang auf der Straße zählen wir die Fenster der Häuser: sechs oben, vier unten, sind zusammen zehn Fenster. Was gibt es auf einem Spaziergang nicht alles zu zählen! Nachdem wir Dinge zählen können, die wir vor Augen haben, versuchen wir es mit Gegenständen, die wir nicht sehen. Wenn wir im Zimmer sitzen, überlegen wir: im Garten stehen drei Apfelbäume, fünf Birnbäume, ein Kirschbaum, ein Pflaumenbaum. Im Auto sitzen: ein Fahrer, eine Frau, zwei Kinder, wieviel Personen sind das. Auf der Straße an einer Baustelle stehen zwei Frauen, acht Männer, zwei Kinder, wieviel Menschen sind da zusammen.
Solche Aufgaben machen Spaß, besonders wenn die Anlässe variieren und an direkte Ereignisse anknüpfen. Kinder, die noch nicht ohne Anschauung rechnen können, sollte man jedoch nicht damit quälen.

Zahlenspiele. Spielend gewöhnt man sich an den Umgang mit Zahlen beim Würfeln, ja, bei allen Brett- und Würfelspielen. Man kann auch Punkte verschiedener Größe und Farbe auf Karton malen und daran das Zählen üben.

Ein Spiel, bei dem Pflöckchen in Löcher gesteckt werden, eignet sich besonders gut zum Abzählen. Da gibt es blaue, rote, gelbe und grüne Pflöckchen, mit denen man Reihen und Muster stek-

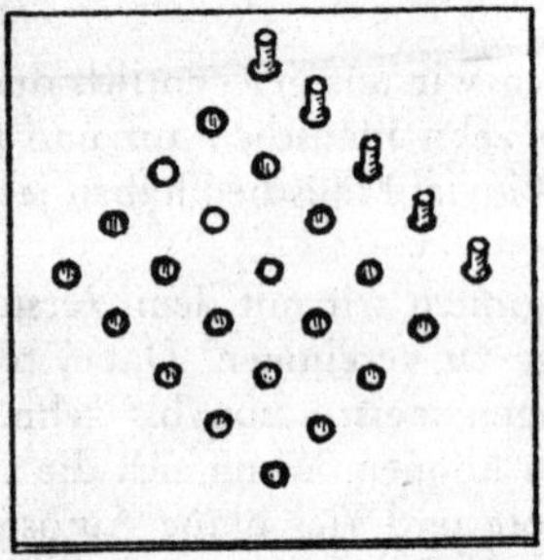

ken kann. Dabei bedarf es nur eines leisen Anstoßes, und das Kind wird, indem es auf dem Brett Reihen und Ornamente zusammenstellt, anfangs kleinere Mengen übersehen und zusammenzählen und nach und nach mit größeren Mengen umgehen lernen.

Zwischendurch werden wir, um das Zählen ohne Anschauung zu üben, immer wieder das eben einmal erwähnte Spiel anregen, bei dem Gegenstände mit dem Tuch zugedeckt werden, deren Zahl wir, dem Alter der Kinder entsprechend, langsam vermehren.

Wir können das Tuch aber auch einmal um die Augen binden und die Dinge mit den Händen fühlen, raten und zählen. Das eine Mal zählen wir, ein anderes Mal raten wir, und, wenn wir schon sehr geschickt sind, tun wir beides zusammen.

Wiegen und zählen in der Küche. Beim Einkaufen, beim Kochen, beim Kuchenbacken in der Küche ergeben sich oft Gelegenheiten zum Zusammenzählen. Wir brauchen für den Kuchen vier Eier, ein Pfund Mehl, ein halbes Pfund Zucker. Nun messen wir einmal ab, wieviel Eßlöffel ein halbes Pfund Zukker ergeben. Wir schreiben uns die Zahl auf einen Zettel und legen ihn ins Kochbuch, dann können wir demnächst kleinere

Mengen mit dem Löffel abmessen. Dabei machen wir die Feststellung, daß ein halbes Pfund Mehl mehr Raum einnimmt als ein halbes Pfund Zucker. Nach dieser Entdeckung wiegen und messen wir einmal alle in der Küche erreichbaren Lebensmittel. Bei dieser Gelegenheit können wir schon Begriffe wie Volumen und spezifisches Gewicht erklären.
Zählen und Messen macht besonderen Spaß, wenn man dabei mit Wasser umgehen darf. Wir bekommen Besuch. Vier Personen werden erwartet. Also möchten wir wissen, wieviel Kaffeetassen unsere Kanne faßt. Wir probieren es darum mit Wasser aus. Wiegen, messen, zählen wird bei allen Kaufladenspielen eifrig geübt. Hier verwenden wir auch schon Spielgeld, das man zusammenzählen und in Verbindung mit anderen Mengen bringen muß.

Geldzählen. Bei allen Spielen dieser Art ergibt sich eines Tages ganz von selbst die Notwendigkeit, Zahlen zu schreiben. Zahlen finden wir auf den Geldstücken, auf der Uhr, auf dem Metermaß. Spielgeld stellen wir uns in beliebigen Mengen selbst her, indem wir ein Stück Papier über ein Geldstück legen, mit dem unteren Ende des Bleistifts so lange darüberreiben, bis die Zahl deutlich herauskommt. Dann schneiden wir die Papiermünze mit der Schere aus. Wir erfahren dabei, daß ein Zehnpfennigstück soviel wert ist wie zehn einzelne Pfennige, daß ein Markstück soviel wie zehn Zehnpfennigstücke wert ist usw. Parallel zu diesen Zahlenspielen beobachten wir, daß die Gegenstände verschiedene Maße haben. Schon die Drei- bis Vierjährigen unterscheiden große und kleine Häuser, große und kleine Löffel, lange und kurze Strümpfe, dicke und dünne Würste.

Messen und Wiegen. Messen wir einmal diesen langen und jenen kurzen Bleistift oder Buntstift. Wir nehmen dazu einen Streifen Papier, legen ihn an den Bleistift und bezeichnen die Länge mit einem Strich, dann sehen wir genau, welches der längste und welches der kürzeste ist. Auf diese Weise können wir viele Gegenstände messen: die Bestecke, die Spielautos, unsere Bausteine und die Puppen. Wir verwenden dabei Steigerungsformen: groß, größer, am größten, wir steigern Wörter wie: lang – kurz – eng – breit – hoch – niedrig – und suchen dazu die entsprechenden Gegenstände.

Oft stehen mehrere Kinder nebeneinander. Wir schätzen zunächst: Wer ist der Größte? Wer ist der Kleinste? Weil wir es ganz genau wissen möchten, stellen wir uns nacheinander an

	Vater		Mutter		Ina		Andrea	
	April	Okt.	April	Okt.	April	Okt.	April	Okt.
Alter	36	37	35	35	7	8	4	$4^1/_2$
Größe	184	184	170	170	128	130	100	104
Gewicht	96	96	58	59	30	30	16	$16^1/_2$
Alter								
Größe								
Gewicht								

die Wand und messen mit dem Metermaß. An einer Stelle der Wand zeichnen wir die 200 Zentimeter eines Meßstabes auf. Hier kontrollieren wir in regelmäßigen Abständen die wachsende Größe der Kinder, schreiben den Namen und das Datum daneben.

Nachdem wir die Größe gemessen haben, interessiert uns auch das Gewicht. Und nun schreiben wir auch das Gewicht neben die Größe, die wir gemessen haben. Damit wir uns die Zahlen noch besser verdeutlichen können, legen wir eine Tabelle an. Ein Bogen Papier wird durch senkrechte und waagerechte Striche in Kästchen eingeteilt. Auf der linken Seite stehen die Namen der Kinder, des Vaters, der Mutter. Auf der oberen Reihe Monat und Jahr, darunter Gewicht und Länge. Die nächsten beiden Kästchen werden ein halbes Jahr später ausgefüllt und so fort.

Einordnen. Tabellen anlegen macht den meisten Kindern Spaß. Wir können z. B. unser ganzes Spielzeug auf solch einer Tabelle unterbringen, nachdem wir es gezählt und sortiert haben, schreiben wir auf, wieviel Bausteine habe ich, wieviel Bäume, wieviel quadratische, rechteckige, dreieckige und runde Scheiben sind darunter. Der Sammelbegriff Autos wird wieder unterteilt nach Farben und Firmenbezeichnungen.

Auch die Dose, in der sich stets allerlei Krimskrams ansam-

melt: große und kleine Nägel, Nadeln, Knöpfe usw., kann ich einmal in einzelne Gruppen aufteilen und aufschreiben, wieviel von jeder Sorte sich in der Dose befindet. Solange wir noch keine Buchstaben kennen, malen wir die Dinge selbst. Durch solche Spiele wecken wir die Freude am Einordnen, hieraus entwickelt sich im Laufe der Zeit das Gefühl dafür, daß ein jedes Ding seinen bestimmten Platz hat. Gleichzeitig führen solche Spiele das Kind – ungezwungen – in die Anfangsgründe der Arithmetik und der Geometrie ein.
Es lernt – scheinbar zufällig – bei jeder passenden Gelegenheit durch Aufgaben, die man während des Spiels, bei der Arbeit oder beim Spazierengehen lösen kann.
Der Eifer, den das Kind dabei entfaltet, befähigt es, seine Denkkraft an zum Teil schon recht schwierigen Problemen zu erproben. Diese Erfahrung, daß man mit einiger Anstrengung Aufgaben lösen kann, die auf den ersten Blick unlösbar erscheinen, prägt sich dem Kind um so nachhaltiger ein, weil die spielerische Bewältigung der Aufgaben mit Lustgefühlen verbunden ist. Freudige Erinnerungen wirken intensiver, tiefgreifender als der Nachgeschmack, den Schulaufgaben hinterlassen, die man oft als lästige Pflicht empfindet, die man abschüttelt, sobald man aus dem Zwang entlassen wird.

Die Musik und ihre Wirkung

Lallen, leiern, sprechen. Lange bevor das Kind sprechen lernt, dringt Musik an sein Ohr. Kaum ein Kind wächst ganz ohne Lieder auf, die der Vater oder die Mutter ihm vorsingen oder -summen. Sie singen ihm ein Schlaflied und sie singen, weil es dem Kind offensichtlich Freude macht.
Singend kann man etwas hervorheben und herunterspielen. Wenn ich das Kind unauffällig loben will, bringe ich diese Feststellung, daß ich ein gutes Kind habe, in eine kleine Melodie. Widerfährt meinem Kind ein schmerzhaftes Mißgeschick, dann singe ich ihm vor, daß die Beule, die Schramme oder die Wunde bald nicht mehr weh tun wird.
Musik und Rhythmus sind für das Kind die Brücke zur Sprache. Wo diese Brücke fehlt oder wo sie »schlecht gebaut« ist, da kommt es meist zu Sprachschwierigkeiten. Die ersten Silben und die ersten Worte lallt und leiert das Kind in taktbetonter

Folge. In einem Singsang von rhythmischen Wiederholungen bildet es seine ersten Worte und Sätze.

Wenn wir unsere Sprache einmal mit Distanz betrachten, so erkennen wir bald, daß sie sich ebenfalls in rhythmischen Abläufen bewegt. Darum erleichtern wir dem Kind den Zugang zur Sprache, wenn wir oft mit ihm singen und es gewähren lassen, wenn es Topfdeckel rhythmisch aneinanderschlägt.

Die Brücke zum Mitmenschen. In der Musik erlebt das Kind die erste – unkörperliche – Kommunikation zum Mitmenschen. Sie weckt Liebe und Zuneigung. Indem es Töne hervorbringt und wahrnimmt, beginnt es sich zu artikulieren, und es übt sich gleichzeitig im Zuhören. Im gemeinsamen Gesang lernt es sich auf andere Menschen einzustellen.

Die Musik vermittelt ihm aber auch bald differenziertere Empfindungen und Ausdrucksmöglichkeiten. Das Dreijährige erkennt bereits laute und leise Töne und verschiedene Tempi. Es kann traurige und fröhliche Musik, Tanzlieder und Schlaflieder voneinander unterscheiden.

Das Gehör üben. Mit vier bis fünf Jahren ist es bereits in der Lage, den Rundfunksendungen zu folgen, wenn z. B. verschiedene Instrumente vorgestellt werden. Es lernt einfache Lieder mit fünf bis sechs Tönen.

Um das Gehör zu üben, spielen wir – wenn mehrere Kinder zusammen sind, macht's noch mehr Spaß – »Geräusche erkennen«. Mit verbundenen Augen raten die Kinder den Klang bestimmter Instrumente, die Stimme eines bestimmten Kindes, aber auch Tierstimmen, das Aneinanderschlagen von Gegenständen, das Herabfallen eines Gegenstandes aus Metall, Holz usw. Geräusche verschiedener Art kann man aber auch auf ein Tonband bringen und damit Ratespiele veranstalten.

Die ersten Instrumente. Mit fünf bis sechs Jahren ist das Kind schon fähig, ein Instrument, z. B. Blockflöte, zu erlernen. Da-

mit es eine einfache Tonreihe erkennen lernt, füllen wir eine Reihe von gleichgroßen Gläsern mit verschiedenen Mengen Wasser. Wenn wir nun mit einem Bleistift oder einem Metallkuli an das Glas schlagen, erklingt ein klarer Ton. Durch etwas mehr oder etwas weniger Wasser können wir uns mit den Gläsern eine ganze Tonleiter zusammenstellen. Jetzt bilden die Gläser ein Instrument, auf dem wir Melodien spielen.
Ein anderes Mal bespannen wir eine Zigarrendose mit dünnen Gummiringen, die von Nägeln, die wir in die gegenüberliegenden Kanten der Dose einschlagen, gehalten werden. Durch verschieden starke Spannung der Gummiringe erreichen wir verschieden hohe Töne. Je öfter wir den Ring um den Nagel wickeln, desto höher wird der Ton.

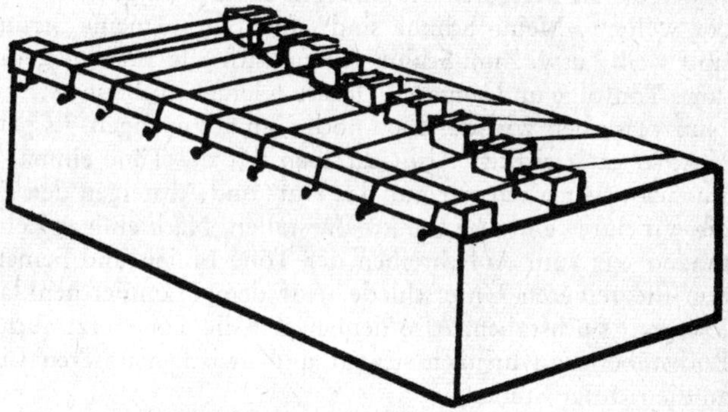

Auf diesem Instrument kann man ebenfalls einfache Melodien hervorbringen. Wenn wir auf diesen Gummisaiten Melodien spielen und sie auf ein Tonband übertragen, ergeben sich überraschende Wirkungen.
Auf solchen Instrumenten können wir mit mehreren Kindern ein kleines Orchester zusammenstellen, das eventuell durch Hämmerchenklaviere, Triangeln, Glöckchen und Klappern ergänzt wird. Im Zusammenspiel üben wir lautes – halblautes – sehr lautes – leises – halbleises und sehr leises Spiel.

Melodien erfinden. Beim Musizieren halten wir uns nicht immer nur an bekannte Melodien. Manchmal erfinden wir selbst welche. Ein Kind sagt einen Satz: Z. B. »Mein Röckchen ist blau«. Es singt diesen Satz mit einer aufsteigenden Tonfolge.

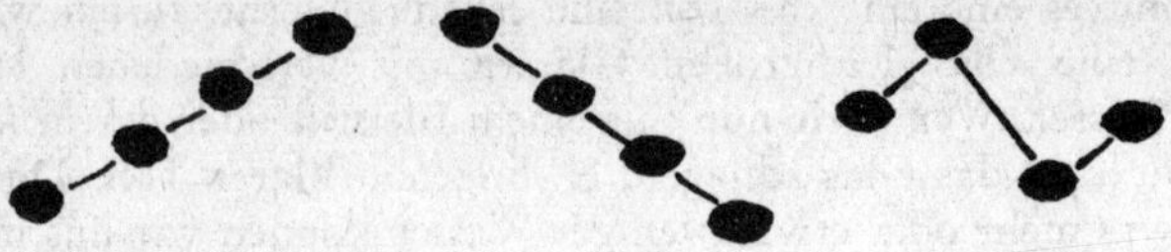

Ein anderes Kind antwortet: »Meine Bluse ist rot« mit einer absteigenden Melodie. Die anderen Kinder singen nacheinander weiter: »Meine Schuhe sind schwarz« – »meine Strümpfe sind weiß« usw. Zum Schluß einigen sich alle auf eine gemeinsame Tonfolge und singen: »Unsere Kleider sind bunt.«
Nun versuchen wir, das Lied noch einmal zu singen. Es gelingt nicht so ganz richtig. Also schreiben wir die Töne einmal auf. Zunächst bemerken wir nur das Auf- und Absteigen der Töne, die wir durch einfache Punkte darstellen. Nach einiger Zeit benutzen wir zum Aufschreiben der Töne Linien und bemerken nun die feineren Unterschiede. Auf dem Hämmerchenklavier lesen wir Buchstaben. Also nennen wir die Töne jetzt auch mit Buchstaben und bringen sie auf und zwischen unseren Linien an die richtige Stelle.

Musik, Rhythmus, Bewegung. Die Musik regt uns aber auch zur Bewegung an. In Kinderliederbüchern und Reimesammlungen finden wir viele Singspiele, Reigen und Tänze, die wir zum Teil noch aus der eigenen Kinderzeit kennen. Bei solchen Reigentänzen verbindet sich Musik, Rhythmus und Bewegung. Bei diesen Spielen kann der Erwachsene ganz zurücktreten, weil sich hier die Kindergruppe – auch eine größere Gruppe – selbst verwaltet. Die Spielregeln ordnen das Zusammenspiel auf demokratische Weise. Die angenehmen und die weniger angenehmen Rollen werden gerecht verteilt, jeder kommt einmal an die Reihe.
Der gleichen Regel folgen wir bei allen Spielen, bei denen ein einzelner hervortritt, zum Beispiel bei rhythmisch betonten Bewegungsspielen. Hier dirigiert einer durch den Takt, den er

angibt, während die anderen sich darauf einstellen. Diese Spiele sind gleichzeitig Gehör- und Bewegungsübungen, indem wir nach einem bestimmten Takt einmal langsamer und einmal schnell, mal lauter und dann leiser gehen, laufen, hüpfen, tanzen oder in die Hände klatschen. Nacheinander darf jedes Kind dazu einmal die Trommel, das Tamburin, den Gong oder einfach mit einem Stock auf den Boden schlagen, während sich die anderen, dem Rhythmus und der Tonstärke anpassend, bewegen.

Wir können uns dabei zu zweien anfassen, im Kreis oder hintereinander oder alle durcheinander springen, ohne den anderen anzustoßen. Die Fünf- bis Sechsjährigen sind dabei schon in der Lage, einen bestimmten Takt, den Zweiviertel- oder Dreiviertel-, den Dreiachtel- oder Sechsachteltakt zu unterscheiden.

Musizieren und hören macht hellhöriger. Durch den bewußten Umgang mit der Musik und mit dem Rhythmus wird das akustische Unterscheidungsvermögen geweckt; das Kind wird hellhöriger und kann mit zunehmendem Alter bestimmte Arten von Musik wacher und kritischer beurteilen.

Da Musik und Rhythmus als Kommunikationsmittel häufig mißbraucht und als ein Mittel der Manipulation angewendet wurden und werden, muß das Kind die Wirkungsmöglichkeiten der Musik kennenlernen. Angefangen über den Rattenfänger von Hameln, über die Soldatenwerber der verschiedensten Feudalherren bis hin zu den modernen Diktaturen hat man mit taktbetonter Musik immer wieder Menschen verführt.

Wer schon als Kind mit der Musik und dem Rhythmus experimentiert und sich dabei ständig artikuliert, der wird diesem verführerischen Medium distanzierter gegenüberstehen und nicht so leicht in den Sog einer ungewollten Verführung geraten.

Turnen als Bewegungsspiel

Unsere unruhigen Kinder. Da das Bewegungsbedürfnis bei vielen Erwachsenen – auf eine bereits besorgniserregende Weise – eingeschlafen ist, verstehen sie oft die Kinder nicht, die, wie

sie sagen, »keinen Augenblick ruhig sitzen können«, die »ihre Hände und Füße nicht stille halten können«.
Unsere Umwelt respektiert das Ruhebedürfnis der Erwachsenen weit mehr als den – durchaus gesunden und naturnotwendigen – Bewegungsdrang des Kindes. Weil die Kinder demzufolge öfter und länger still sitzen müssen, als es ihrer körperlichen und geistigen Entwicklung zuträglich ist, suchen sie sich hier und da – oft gerade dort, wo es die Erwachsenen ihnen nicht erlauben – Bewegung zu verschaffen.
Daß die Bewegungsfreiheit des Kindes eingeschränkt wird, akzeptieren wir dort, wo es die Rücksicht auf unsere Mitmenschen verlangt. Ein drei- bis sechsjähriges Kind ist z. B. durchaus schon in der Lage zu verstehen, daß die Eltern nach dem Mittagessen eine Stunde ruhen möchten. Es wird dieses Bedürfnis einsehen, wenn wir es ihm erklären, und es wird bereit sein, sich in dieser Stunde mit Dingen zu beschäftigen, die keinen Lärm verursachen. Es wird diesen Wunsch der Eltern um so eher erfüllen, wenn wir ihm zu den anderen Zeiten des Tages die Möglichkeit geben, sich zu bewegen.

Turnen im Zimmer. Im Zimmer gibt es Turngeräte genug. Man kann unter dem Tisch und um den Tisch herumkriechen. Man kann aus mehreren Stühlen, die nebeneinander gestellt werden, einen langen Gang bauen, durch den man sich auf allen vieren hindurchbewegt.
Zum Balancieren legen wir ein Seil auf die Erde. Die Kleineren üben »auf einem Strich gehen«. Die Größeren können dasselbe, indem sie dabei ein Glas Wasser in der Hand tragen. Manchmal legen sie beim Balancieren auch ein Kissen auf den Kopf, eine Schachtel oder eine Schüssel. Geschicklichkeit erfordert auch das Übersteigen von Hindernissen. Wir bauen dazu aus Bauklötzen, aus Schachteln oder Büchern kleinere oder größere Hindernisse auf, die die Kinder, ohne sie umzuwerfen, übersteigen oder überspringen.
Ein andermal legen wir verschiedene Gegenstände, im ganzen Raum verstreut, auf den Boden, dann laufen, hüpfen oder springen wir umher, ohne die Gegenstände zu berühren. Auf Decken, die wir auf dem Boden ausbreiten, üben wir den Purzelbaum und das Kopfstehen. Decken verwenden wir auch bei den ersten Mutsprüngen vom Stuhl oder von einer Bank herunter. Anfangs möchte das Kind dabei noch unsere Hand fas-

sen. Bei mehrmaligem Springen landet es auch freihändig sicher auf dem Boden. Bei einem Kinderstühlchen können die Fünf- bis Sechsjährigen auch einen schon recht gewagten Sprung vom Sitz über die Stuhllehne ausführen.
Während der langen Wintermonate möchte man sich auch im Zimmer Bewegungen verschaffen, bei denen man Kraft anwenden muß. Hier hilft uns eine Turnstange, die wir zwischen den Balken einer Türfüllung so anbringen, daß sie auf verschiedene Höhen eingestellt werden kann.
Viele Geschicklichkeitsübungen können wir mit dem Ball, mit einem oder mehreren, dicken und dünnen Bällen ausführen. Wir beginnen mit dem Werfen und Fangen. Dabei erweitern wir langsam den Abstand. Oder wir rollen ihn in eine bestimmte Richtung, entweder über eine vorgezeichnete Linie oder in ein auf dem Boden aufgezeichnetes Ziel. Wir können ihn in die Höhe oder an die Wand werfen. Kleinere, festere Bälle schlagen wir mit dem Stock in ein vorher bestimmtes Ziel, oder wir probieren aus, wer seinen Ball am weitesten schlagen kann. Wir können uns den Ball aber auch mit der Hand zuschlagen.

Bewegungsspiele im Freien. Mit den Ballspielen bewegen wir uns besonders gern im Freien. Auf dem Spielplatz tummeln sich die Kinder auch ohne Anregung der Erwachsenen. Anders ist die Situation bei Spaziergängen. Hier langweilt sich das Kind, wenn es sich dem Rhythmus des erwachsenen Spaziergängers anpassen soll. Sein Bewegungsbedürfnis ist lebhafter, darum sollten wir es nicht hindern, auf Bäume zu klettern, die seinen Fähigkeiten entsprechend hoch oder niedrig sind. An niedrig hängenden Ästen kann man schwingen oder Klimmzüge machen. Wenn ein Hügel oder Hang sich zum Abspringen eignet, versuchen wir Mutsprünge. Und wo keinerlei Hindernisse zu finden sind, da üben wir uns im Weitspringen oder Hochspringen über ein Seil. Wir laufen um die Wette und versuchen uns gegenseitig zu fangen.
Wer beim Ausdenken von Bewegungsspielen nicht auf die Erinnerung an die eigene Kindheit zurückgreifen kann, dem helfen Spielebücher, in denen die alten Spiele gesammelt und beschrieben sind.
Im Hinblick auf die Spiele, die wir auswählen, sollten wir bedenken, daß alle Bewegungsspiele nichts mit Turn- und Lei-

stungssport zu tun haben. Diese Spiele sollen unseren Körper und Geist beweglich machen. Während die Kinder durch solche Spiele mutiger, kräftiger, unerschrockener werden, sollen sie doch gleichzeitig dabei lernen, Vorsicht, Umsicht, Nachsicht und Rücksicht auf ihre Mitmenschen zu üben.

Eltern von heute für Kinder von morgen

Zwischen gestern und morgen. Wer Kinder erzieht, der erzieht Menschen von morgen, Menschen, die in einer Welt leben werden, von der einige von uns gar keine, einige eine sehr vage und manche eine garantiert falsche Vorstellung haben.

Wer Kinder erzieht, lebt zwar in der Gegenwart, aber er steht auch mit einem Bein in der Vergangenheit – indem er sich an seine eigene Kindheit erinnert – und mit einem Bein in der Zukunft, ob er es nun will oder nicht, denn seine Kinder werden diese Zukunft aller Voraussicht nach erleben.

Die Welt von gestern war einfacher, überschaubarer. Um sich in ihr zu bewähren, verlangte man von den Kindern vor allem Konzentration auf ein bestimmtes Ziel. Angesichts der vielschichtigen Probleme und Phänomene in der Welt von heute und mehr noch in der Welt von morgen, kommen wir mit Konzentration allein nicht weiter.

Unsere »unkonzentrierten« Kinder stellen sich auf diese neue, oft schwer überschaubare Welt schon ein. Wir sollten darum ihren – scheinbaren – Mangel an Konzentration nicht beklagen. Im Gegenteil, wir können eigentlich von der Mentalität unserer Kinder lernen. Um die komplizierten und differenzierten Verhältnisse der in einem ständigen Wandel begriffenen Welt zu verstehen, sollten wir uns allen ihren Phänomenen nicht so sehr mit zielbewußter, harter Konzentration, sondern mehr spielerisch nähern. Wir müssen sie umspielen, um sie herumgehen, damit wir sie von allen Seiten kennenlernen. Sie zeitweise links liegenlassen und wieder zu ihnen zurückkehren, um ihre Wirkung auf die Umgebung zu betrachten.

Wo wir uns heute etwas weniger konzentrieren, da sollten wir mehr korrespondieren. Viele Menschen befolgen diese neuen Spielregeln bereits in ihrem Beruf, in der täglichen Praxis mit gutem Erfolg. Und dennoch sehen sie tatenlos zu, wie man ihre Kinder immer noch nach dem Prinzip der Welt von gestern erzieht. Anstatt die Welt, in der wir leben, zu bejahen, träumen sie in der Erziehung immer noch von der Welt von gestern, als einer, wie sie sie nennen, »heilen« Welt, die es in Wirklichkeit nie gab.

Der Wandel ist das Bleibende. Unsere moderne Industriegesellschaft stellt den Menschen ständig vor neue Aufgaben. Er muß sich nicht nur auf ganz neue, oft wechselnde, vorher nicht gekannte Veränderungen einstellen, er muß auch unter Umständen mehrmals in seinem Leben seinen Beruf wechseln. Das erfordert eine ganz andersartige Ausbildung, die ihn befähigt, mit vorher nicht gekannten Gegebenheiten fertig zu werden.

Wenn die Futurologen recht behalten, wird außerdem die Arbeitszeit des Menschen immer kürzer werden. Er wird über immer mehr Freizeit verfügen, der er einen befriedigenden Sinn geben kann. Damit gewinnt das spielerische Tun – auch für den Erwachsenen – eine ganz neue Bedeutung. Um seinen Geist, seinen Körper, um seine verschiedensten Fähigkeiten wach und lebendig zu halten, wird der Mensch – viel mehr als heute – spielen.

Hier begegnen sich die Welt des Kindes und die Welt des Erwachsenen, und das Geschenk der ausgedehnteren Freizeit ermöglicht es dem Vater und der Mutter, mit den Kindern spielend zu lernen und lernend zu spielen.

Spiel und Ernst. Bei dieser Art des Spiels kann man die individuellen Fähigkeiten des Kindes viel stärker berücksichtigen und fördern. Man erkennt aber zugleich seine Schwächen und wird sie, wenn nötig, stützen und überwinden.

Mein ältester Sohn zeigte schon mit fünf Jahren ein starkes Interesse für das gedruckte Wort. Er nahm ein Stück Pergamentpapier, legte es auf die größten Druckbuchstaben in der Zeitung und malte sie nach. Dann kam er zu mir, erkundigte sich nach der Bedeutung dieser Buchstaben. Auf unseren Wegen durch die Stadt suchte er auf Ladenschildern und Reklamebildern die ihm bereits bekannten Buchstaben. Dieses Spiel machte ihm solchen Spaß, daß er mit sechs Jahren schon alle Buchstaben kannte. Ein Leselotto, bei dem die ganze Familie mitspielen konnte, hatte seine selbsterworbenen Fähigkeiten noch vervollständigt.

Unser Nachbarjunge konnte sich für dieses Spiel nicht erwärmen. Statt dessen zeigte er schon seit dem vierten und fünften Lebensjahr eine ausgeprägte Freude an zunächst kleinen, dann immer komplizierter werdenden Zahlenspielen. Er spielte mit Rechenaufgaben wie andere Kinder mit Bauklötzen.
Unser jüngster Sohn hatte dagegen ganz andere Interessen. Er hörte gern Geschichten und dachte sich selbst welche aus. Schon früh konnte er seine Vorstellungen bildhaft zu Papier bringen. Anfangs malte er Häuser, Bäume, Autos und Menschen. Bald darauf wurden daraus ganze Geschichten. Nachdem er einmal ein Leporellobilderbuch in die Hand bekommen hatte, nahm er die Anregung auf. Er schnitt lange Papierstreifen aus, faltete sie in Leporelloform und malte darauf den Ablauf seiner Geschichten.
Bei aufmerksamer Beobachtung wird man in jedem Kind eine Neigung entdecken, auf die man spielerisch eingehen kann. Dabei erlebt das Kind etwas sehr Beglückendes: die Freude an der Tätigkeit. Diese Freude wird es, wenn es sie einmal erlebt hat, später immer wieder suchen.
Viele Kinder zeigen schon früh ein auffallendes Verständnis für technische Probleme, andere haben geschickte Hände und verlangen nach handwerklicher Betätigung, nach Spielen mit Hammer und Säge oder Papier und Klebstoff. Einige freuen sich an der Musik, andere an Wortspielereien, an Reimereien oder am Theaterspiel.

Lernen ohne Zwang. Wenn man auf diese Neigungen spielend und lernend eingeht, wird die Schule im alten Sinne sich notgedrungen mit der Zeit umstellen müssen. Sie wird Erstkläßler mit ganz unterschiedlichen und ganz verschieden weit entwickelten Fähigkeiten vor sich haben, denen man nicht die gleichen Aufgaben stellen kann. Man wird – wie die Gesamtschule es anstrebt – mehr und mehr von den Jahrgangsklassen abkommen und die Kinder nach ihren Neigungen zueinandergesellen. Dabei können – ohne Diskriminierung und Einschüchterung – die Schwächen gestützt und die Begabungen gefördert werden.
Man wird dabei weitgehend auf den Zwang zum Lernen verzichten können, weil das Kind ohne Zwang lernen, sein Wissen erweitern, seine Fähigkeiten und Kräfte erproben will.
Das Kind, das noch nicht zur Schule geht, kennt ja diesen

Zwang noch nicht. Mit seinem ungebrochenen Wissensdrang, mit seiner unersättlichen Neugier möchte es alles erfassen, alles begreifen lernen. Wenn wir die Eltern jedoch mehr und mehr von der Aufgabe entbinden, ihren Kindern das erste Wissen zu vermitteln, um es öffentlichen Einrichtungen zu übertragen, verderben wir nicht nur dem Kind immer früher die Lust und den Spaß am Lernen. Wir machen auch die Eltern nach und nach zu Dummköpfen, zu Fachidioten ihres Berufs, die den Sinnzusammenhang von Mensch und Welt, von Lieben, Lernen und Leben nicht mehr erkennen.

Eltern als Lehrmeister. Das Wissen, das die Eltern dem Kind vermitteln, verlangt keine Spezialkenntnisse. Aber, indem sie ihren Blick auf die Grundlagen eines jeden Wissensgebietes richten müssen, lernen sie wieder die Dinge dieser Welt einzeln und im Zusammenhang zu sehen. So verhilft ihnen das Wissen, das sie ihren Kindern weitergeben, selbst zu einer erweiterten und vertieften Bildung.
Selbstverständlich können Eltern nicht auf alles eine Antwort geben, aber die Fragen der Kinder ermuntern sie stets aufs neue zum Nachdenken, zum richtigen Formulieren. An einem Sonntagmorgen hörte ich aus dem Kinderschlafzimmer ein Gespräch zwischen meinen beiden Söhnen. Der Zehnjährige antwortete dem Sechsjährigen zum Teil eifrig, zum Teil geduldig auf seine Fragen. Nach einer Weile rief er dringend den Vater zu Hilfe, weil er schon seit einer Weile vergeblich versucht hatte, dem kleinen Bruder zu erklären, daß unsere Welt eine Kugel ist, und er seufzte: »Der versteht das gar nicht, der meint immer, die Welt wär überall.«
Indem die Eltern die Aufgabe übernehmen, ihrem Kind die Türen zum ersten Wissen aufzuschließen, werden sie sich selbst ständig informieren und bilden müssen. Bei dieser spielenden und lernenden Beschäftigung mit dem vorschulpflichtigen Kind bekommt das Elternhaus einen ausgeprägten Inhalt, der das persönliche Gesicht einer jeden Familie kennzeichnet. Das Kind fühlt sich durch das gemeinsame Tun in dieser Familie zu Hause. Es spürt, daß es als Person anerkannt wird, und diese Anerkennung stärkt sein Selbstbewußtsein.
Bei dieser Art des Zusammenlebens wird die Frage nach dem Gehorsam allmählich gegenstandslos. Wo man gemeinsam und spielerisch an Aufgaben herangehen darf, da wird der Zwang

überflüssig. Die Freude an der Tätigkeit ist hier der Antriebsmotor. Diese Freude befähigt Eltern und Kinder zu viel größeren und besseren Leistungen als der Zwang.
Ohne Zwang bleibt aber auch die Liebe zwischen Eltern und Kindern lebendig, die bei der Geburt und in den ersten Lebensjahren bei Vater und Mutter noch ungebrochen vorhanden war und die später – aus der Zwangsvorstellung heraus, das Kind müsse gehorchen – Belastungsproben ausgesetzt wird, die viele nicht bestehen.
Eine Erziehung ohne Zwang macht Eltern und Kinder ganz einfach glücklicher. Aber gleichzeitig verlangt sie viel mehr von uns als der Gehorsamszwang. Eine Erziehung mit Zwang und Drill und Schlägen, das ist keine Kunst – aber eine Erziehung ohne Zwang, ohne Drill, ohne Schläge, das ist eine Kunst, die sich zusammensetzt aus Selbstbeobachtung, Selbstkritik, Selbsterziehung und einem Maß an Geduld, das eigentlich nur Eltern aufbringen können, die ihre Kinder lieben.

Liebe ist stärker als Zwang. Diese Liebe ist jedoch eine Kraft, die sich immer wieder aus sich selbst erneuert, da sie als Gegenreaktion wiederum Liebe erweckt. Diese Liebe kann abwarten, bis das Kind versteht, was es lernen soll. Nicht von ungefähr gönnen wir dem jungen Menschen 18 bis 20 Jahre zum Erwachsenwerden. Auf einigen Gebieten geht die Entwicklung schneller, aber in mancher Hinsicht braucht der Jugendliche tatsächlich 18 bis 20 Jahre, um zur Einsicht zu gelangen, daß er dieses tun und jenes lassen sollte. Das bedeutet, daß wir ihm 18 bis 20 Jahre ein gutes Beispiel geben müssen. Daß man vieles auch dann noch nicht begriffen hat, kann jeder von uns an sich selbst beobachten. Wir machen – so alt wir auch sind – immer noch Fehler und müssen immer noch dazulernen.

Man lernt nie aus. In der Erziehung gliedert sich der Lernprozeß in drei Phasen. Die erste durchlaufen wir in unserer Kindheit. Was das Kind in der ersten Phase, bis zum Erwachsenwerden, nicht gelernt hat, das erkennt es in der zweiten Erziehungsphase, wenn es selbst Kinder bekommt. Jetzt beginnt ein sehr wichtiger Teil der Erwachsenenbildung, die Selbsterziehung. Die dritte Phase setzt mit den Enkelkindern ein. Jetzt werden die Erinnerungen an die eigene Kindheit und die

Erfahrungen aus der Zeit der Erziehung der Kinder noch einmal hervorgeholt, miteinander verglichen und vermutlich revidiert.

In diesen drei Erziehungphasen bleibt der Mensch – mit wachsender Erfahrung – sein Leben lang ein Lernender. Erst durch diese Wechselwirkung von Erziehen und Erzogenwerden entfaltet sich das, was wir Menschlichkeit nennen.

»Wir erziehen und werden erzogen«, schreibt Pestalozzi einmal, »wir müssen erziehen, um selbst erzogen zu werden. Nur im Mutter- und Vatersinn vollendet sich der Mensch. Wir vollenden uns nur dadurch, daß wir in Liebe andere vollenden wollen. Mutter und Kind, Erzieher und Zögling erziehen einander gegenseitig, jeder bedarf des anderen.«

Literatur

zu den Kapiteln »Der Gehorsamszwang auf der Anklagebank« und »Erziehung ohne Zwang, was kommt dabei heraus«

BACHMANN, C. W.: Mögliche und in Ausführung zu bringende Verbesserungen der niederen Schulen in der Provinz Südpreußen, 1699.

BASEDOW, H.: The Australian Aboriginal. Adelaide 1925

BEAUSS, C. DE.: Begebenheiten und merkwürdige Reisen zu den nordamerikanischen Wilden. Leipzig 1794

BOAS, F.: The Central Eskimos. Washington 1888

BONNEY, F.: On some Customs of the Aborigines of the River Darling. New South Walls 1884

Chief Buffalo Child Long Lance. New York 1928.

CRANZ, D.: Historien von Grönland. Frankfurt und Leipzig 1780

CUSHMAN, H. B.: The History of the Choctaw, Chickasaw, and Natchez Indians. Greenville 1899

DENSMORE, F.: Chippeway Customs. Washington 1929.

EASTMANN, CH. A.: Die Seele des Indianers. Leipzig 1938.

GARVE, CH.: Über den Charakter der Bauern und über ihr Verhältnis gegen die Gutsherren und gegen die Regierung. Breslau 1786.

GRINDL, G. B.: The Cheyenne Indians. New Haven 1923.

GRUBB, W. B.: An Unknown People in an Unknown Land. London 1925.

HALL, CH. F.: Life with the Esquimaux. London 1864.

HECKEWELDER, J.: Nachrichten von der Geschichte, Sitten und Gebräuchen indianischer Völkerschaften. Göttingen 1821.

HILGER, M. J.: Arapaho Child Life an its Cultural Background. Washington 1952.

KARSTEN, R.: Indian Tribes of the Argentine and Bolivian Chaco. Helsinki 1932.

KNABENHAUS, A.: Die politische Organisation der australischen Eingeborenen. Berlin 1919.

KOCH GRÜNBERG, TH.: Zwei Jahre bei den Indianern Nordwestbrasiliens. Stuttgart 1923.

KRAUSE, A.: Die Tlinkit-Indianer. Jena 1885.

LANGLOH-PARKER, K.: The Euahlatje-Tribe. London 1905.
LÉVI-STRAUSS, C.: Traurige Tropen. Köln 1960.
MALINOWSKI, B.: The Family among Australian Aboriginals. London 1913.
MASSOW, J. v.: Ideen zur Verbesserung des öffentlichen Schul- und Erziehungswesens. Staatsarchiv 1800.
MEAD, M.: The Central Eskimo. Washington 1931.
MICHELSON, T.: The Mythical Origin of the White Buffalo Dance. Washington 1925.
NORDENSKJÖLD, E.: Forschungen und Abenteuer in Südamerika. Stuttgart 1924.
RAMBACH, F. E.: Von der Erziehung zum Patriotismus. Jahrbücher der Preußischen Monarchie 1798.
SELIGMANN, C. G., SELIGMANN, B. Z.: The Veddas. Cambridge 1911.
SMITH, E. W., DALE, A. M.: The Ila-speaking Peoples of Northern Rhodesia. London 1920.
WESTERMANN, D.: Afrikaner erzählen ihr Leben. Essen 1938.
WILLOUGHBY, W. C.: Race Problems in the New Africa. Oxford 1923.
ZEDLITZ, K. A.: Über den Patriotismus als Gegenstand der Erziehung in einem monarchischen Staat. In: ›Deutsches Museum‹ 1777.

Bitte beachten Sie die folgenden Seiten. Die dort angegebenen Preise entsprechen dem Stand vom Frühjahr 1972 und können sich nach wirtschaftlichen Notwendigkeiten ändern.

Goldmann Taschenbücher Psychologie und Pädagogik

Kleine Psychologie der Erziehung. Eine Anleitung für Mütter, Väter, Lehrer und alle, die mit Kindern umgehen. Von K. H. von Rabenau. Band 9501. DM 4.–

Eine Erziehungsanleitung ist keine »Rezeptsammlung« pädagogischer Fälle, ihr Sinn ist vielmehr: Kenntnisse als Grundlage zu vermitteln. Dabei stellen sich drei Aufgaben: Die erstrebten Erziehungsziele klar zu formulieren, sodann nötige Kenntnisse in der Psychologie zu vermitteln und schließlich über verschiedene Erziehungsmethoden zu informieren.

Ärztliche Aufklärung für junge Menschen. Mit einem Fremdwörterverzeichnis und 14 Abbildungen. Von Dr. Hans W. Schmidt. Band 9502. DM 4.–

Mit einer ungeheuren »Aufklärungsflut« zweitklassiger Informationen und Halbwahrheiten konfrontiert, scheuen sich noch immer viele Jugendliche, mit ihren eigentlichen Fragen an ihre Eltern oder Erzieher heranzutreten. Heute, da ein freies Sexualleben vielen als »das« Ideal erscheint, sind mit der Pille nur einige Teilprobleme des Geschlechtslebens gelöst.

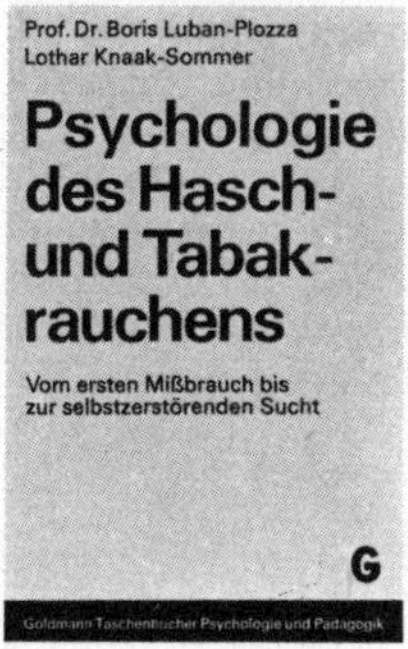

Psychologie des Hasch- und Tabakrauchens. Vom ersten Mißbrauch bis zur selbstzerstörenden Sucht. Von Prof. Dr. Boris Luban-Plozza und Psychopädagoge Lothar Knaak. Band 9504. DM 4.–

Das Tabakrauchen scheint im Vergleich zum Drogenkonsum das kleinere Übel zu sein. Dahinter verbirgt sich eine gefährliche Verharmlosung: Tabakraucher und Haschischraucher besitzen ähnliche psychische Voraussetzungen. Dieser Band liefert grundlegende Information und Hilfestellung.

WILHELM GOLDMANN VERLAG MÜNCHEN